国家社会科学基金"十一五"规划 2009 年度教育学国家一般课题"东欧转型国家的农村教育发展的研究"课题批准号 BAH090091.

■ 国家社会科学基金"十一五"规划2009年度教育学国家一般课题"东欧转型国家的农村教育发展的研究"（课题批准号BAH090091）

东欧转型国家的农村教育发展的研究

—— 以波兰、俄罗斯、罗马尼亚和乌克兰四国为例

乌云特娜　著

中国社会科学出版社

图书在版编目（CIP）数据

东欧转型国家的农村教育发展的研究：以波兰、俄罗斯、罗马尼亚和乌克兰四国为例／乌云特娜著．—北京：中国社会科学出版社，2014.7
ISBN 978 - 7 - 5161 - 4553 - 1

Ⅰ.①东…　Ⅱ.①乌…　Ⅲ.①乡村教育—研究—东欧　Ⅳ.①G729.51

中国版本图书馆 CIP 数据核字（2014）第 156746 号

出 版 人	赵剑英
责任编辑	孔继萍　梁剑琴
责任校对	郝阳洋
责任印制	何　艳

出　　版	中国社会科学出版社
社　　址	北京鼓楼西大街甲 158 号（邮编 100720）
网　　址	http://www.csspw.cn
	中文域名:中国社科网　　010 - 64070619
发 行 部	010 - 84083685
门 市 部	010 - 84029450
经　　销	新华书店及其他书店

印刷装订	北京市兴怀印刷厂
版　　次	2014 年 7 月第 1 版
印　　次	2014 年 7 月第 1 次印刷

开　　本	710 × 1000　1/16
印　　张	17.5
插　　页	2
字　　数	295 千字
定　　价	55.00 元

序

　　乌云特娜教授的研究报告《东欧转型国家的农村教育发展的研究》，由中国社会科学出版社遴选出版，这是她在出版《俄罗斯社会转型时期处境不利儿童心灵呵护的研究》、《苏霍姆林斯基教育思想传承的精神之谜》之后的又一部新作。读到书稿，我由衷地为她高兴。几年前我在联合国教科文组织国际农村教育研究中心工作，她来北京看我，谈起未来研究设想。我鼓励她利用自己对东欧转型国家的了解及语言优势研究一下这些国家的农村教育，这不但是自己学术工作的延续，也可为教科文组织的农村教育研究作些贡献，同时也为中国农村教育提供参照。我的建议与她的心愿随即一拍即合。

　　人生的许多事件看似偶然，却又仿佛真实地弥漫着一种必然。乌云特娜是我在中央教育科学研究所工作时期的博士后科研人员。她在博士后研究阶段走入我的学术研究领域并与我一起在俄罗斯、乌克兰教育方面选择研究课题。我们的相识及合作既缘于我内心那份人生经历蓄积起来的苏联情结，也缘于她在乌克兰苦学十二年的知识基础和为人处事的善良和聪慧。她的博士后工作结束后，我希望她继续梳理、挖掘苏联及东欧国家教育改革的经验与教训及其历史人文内涵，进一步锻炼学术能力、扩展研究视野、提升自己的研究水平。

　　我对本书所涉主题甚感兴趣。东欧转型国家农村教育改革发展研究是一项有一定理论性和很强政策性和应用性的研究课题，其很强的综合性本身就带有复杂性和难度。东欧转型国家农村教育的发展以其自由经济的、以人为本的时代性特征，与我国正在艰辛探索的新农村建设在历史时段上相合拍，对我国深化农村改革、加速"三农"问题解决有启示和借鉴价值。在该著中，东欧转型国家农村教育如何促进农村社会的综合发展和综合进步是其求解的主要问题。作者通过大量相关材料的收集和加工整理，揭示出以民为取向的东欧各国在社会政策、国家政策、教育政策之间深刻的契合关系，应该说，这是该著的一个特色。本书重视挖掘东欧社会转型时期健全农民教育培训、咨询体系和运行机制的经验，着力考察东欧几国转型期的政策，突出政策调整中的农村教育实践，对东欧几国如何重视农村教育，所实施颁布的规划内容，以及改革中出现的棘手问题和挑战均有比较清楚的呈现。

　　该项研究内容庞大、复杂，资料翻译与处理工作量本身已相当耗时，她要在日常教学科研及管理工作的同时专心致志完成此项工作实在不易。这也再次体现出乌云特娜较扎实、丰厚的外语功底和较高的学术驾驭能力。东欧转型国家是当今世界社会经济的一支重要力量，也是农业、农民、农村问题出现较早、解决较早的地区，东欧四国的经验对我国目前的农村教育及新农村建设无疑具有重要的借鉴意义。"他山之石，可以攻玉"，中国的现代化探索离不开国际视野。海归的年轻学者忠于学术，以己之长为祖国效力当是正途。

朱小蔓

2014 年 1 月 18 日于北京

目　录

前　言

本书是笔者主持的 2009 年度国家社会科学基金"十一五"规划教育学国家一般课题的研究成果。

本书中的东欧转型国家是指 20 世纪 90 年代初，政治和经济转型在苏联东欧拉开，各转型国家从一种社会"范式"向另一种社会"范式"转变，各转型国家社会经济结构、文化形态、价值观念、生活方式等发生了巨大的转变。经济上从公有制为基础的计划经济体制向以私有制为基础的市场经济体制转变；政治从原来的共产党一党执政或共产党领导的人民民主政权向多党制和以三权分立原则为基础的西方民主政治体制转变；在意识形态上放弃社会主义指导，实行多元化；在对外关系上，进行全面的政策调整。研究的东欧转型国家以波兰、俄罗斯、罗马尼亚和乌克兰四国为例。本书研究的农村教育发展是指以转型国家为研究对象，阐述转型国家农村教育与经济、政治和农村社会发展的内外部条件和环境，分析转型国家不同时期农村教育发展的规划纲要及实施效果，提出促进我国农村教育发展的经济、政治、社会、文化、环境等综合协调发展的模式、政策和战略。

东欧转型国家的农村教育发展的研究是时代赋予期待解决的重大课题，研究该课题有利于我国社会主义新农村建设与和谐社会的构建。东欧转型国家与我们过去有着相同的体制，我们中国的改革受到过东欧早期改革的启发。同时，我国与这些转型国家在向市场经济转型的过程中也是一种竞争的关系，看哪个转型国家有更好的农村教育发展的经验和教训，足以使我们进行冷静的思考与总结。为了能够对该问题深入研究，寻找到新的课题创新点和体现自己的研究特点，课题组认真梳理了国内外以往的研究成果，发现此项研究可以弥补东欧转型国家农村教育发展的研究空白，为我国政府宏观决策实践提供咨询支持和参考。我国学者研究国内外农村教育的文献较为丰富，但是研究东欧转型国家农村教育的文献几乎是空白，大部分研究的国家集中在美国、印度、日本、韩国、澳大利亚等国家，研究的主要内容大致分为以下三类。第一，梳理和分析了各个国家农村教育的基本状况。第二，国外教育发展与促进农村反贫困研究的内容。第三，国外农村教育发展的功能研究。东欧转型国家的农村教育研究拥有一根主线，就是从计划到市场的变革。在特定的转型时期，转型国家都面临着国内转轨和国际接轨的任务，这体现为一个自上而下的政策推进过程。农村教育作为社会的有机组成部分，也必然受制于这种政策推进过程。转型国家的农村教育也是相关政策不断出台、不断完善的过程，这就自然提供了一条研究主线——农村教育政策。为此，需收集并翻译东欧几国的学者研究农村教育的相关第一手资料，尽可能处理好翻译和研究的关系。在东欧几国的《教育法》、《教育发展纲要》、《教育章程》、《近期农村教育发展规划》、《农村教育法》、《教育补充条例》、《教育的普及性》等国家政府一级的教育文献中，专门强调发展农村教育，加强农村社会的综合发展。所以在本项目研究工作中收集了各国政府颁布的农村教育发展规划，尽可能介述全面，评价客观、深刻。要知道，统一和多样并存是转型比较研究的一个最为醒目的结论。

转型国家的农村教育发展体现了全球化背景下的共同追求，同时又各具特色。共性的研究对于理解转型的农村教育具有重要的意义，但转型各国巨大而明显的差异使得对其进行一般性讨论困难重重。不平衡发展是转型的特点，因此笼统地论述转型国家的农村教育具有一定冒险性。本研究选取波兰、俄罗斯、罗马尼亚和乌克兰四个国家进行个案研究，力图展示个案国家农村教育发展全貌。东欧几国农村教育与农业及其他教育融为一体，政府和社会的支持力度大，从基础教育到专业教育、职业教育、技术推广、继续教育形成一套完整的教育体系，强调理论与实践结合，注重生产与生活并举，通过立法并规定相应的奖励措施予以保证，设有专门的管理机构和足够的教育经费，使得农民的文化科技素质普遍提高，例如，到 20 世纪 90 年代初，波兰的农业生产者全部达到高中以上文化水平，并使文盲的概念发生变化。俄罗斯政府自1991 年以来，对农业教育和科研投资大体上以 0.3% 的速度增长。采取具体措施发展农业与农村教育，如不断更新农业专业训练，扩大农业知识教育范围：农业、农村教育对象不只限于从事农业生产的人，而把产前、产中、产后的从业人员包括在内，进行全民农业知识教育。

本课题研究的学术价值是，首先通过对东欧转型国家的农村教育发展的研究，开拓我国农村教育比较研究的视野，为农村教育研究提供政治经济学视角，并为中国的农村教育改革趋利避害提供借鉴。其次通过对东欧转型国家的农村教育发展的经验和各国的规划纲要进行整理、描述和分析，丰富和强化我们对东欧转型国家农村教育发展的认识。再次通过对东欧转型国家农村不同人群状况的考察和社区面貌的考察，认识什么样的教育制度、形态、结构、机制有助于提升农村人口的整体素质，并以此借鉴实现中国教育促进农村社会综合发展的作用。通过对东欧转型国家现有的农村教育状况的考察和反思，有助于进一步认识农村普通教育与职业教育，正规教育与非正规教育的作用和局限，为构建适合中国国情的新的农村教育体系提供新颖的、有力的理论支撑。拓展原有比较狭窄的农村教育的视野，建立"东欧转型几国农村教育促进农村社会发展"意义上的"大农村教育"概念框架，丰富发展原有的农村教育理论。本研究是一项跨学科研究，涉及经济、政治、文化等诸多学科领域，本研究对上述相应学科本身及其交叉研究提供新的视角和素材。

本课题的研究目标是，首先梳理东欧转型国家农村教育发展研究的历史文化脉络，进而对不同时期各国颁布的农村教育规划纲要的内容进行借鉴、发展和超越，为我国政府制订农村教育规划提供有意义的借鉴。其次通过东欧转型国家农村教育政策这一主线，由此把庞杂的农村教育体系贯穿起来，对有效提升农民生存能力的教育制度、课程内容、教学模式、评价方式、管理模式、农村社区资源的整合作出系统评价。最后综合东欧转型国家农村教育发展的现状研究，提出相应的符合我国农村教育发展的思想主张、理论框架特别是比较有针对性的政策建议。

本课题主要运用文献研究法、系统诠释法、问卷研究法、个案研究法和比较法，并辅之以实地考察法、访谈法，赴波兰、俄罗斯、罗马尼亚和乌克兰国家，聘请东欧几国研究专家来华进行短期合作研究。通过资料检索，搜集国内外（外国资料主要是指俄文、乌克兰文、波兰文、罗马尼亚文和英文资料）有关的论著、文章、数据等资料并对其进行整理、归类、分析、比较，充分利用相关研究成果，以便对课题要研究的问题有较深刻的理解。课题所需要资料的来源有图书馆、东欧几国相关部门的文件和统计数据、研究人员对样本人群的访谈、问卷调查结果等。分析比较东欧转型的几个国家和地区，如波兰、俄罗斯、乌克兰、罗马尼亚国家在实施各国规划和农民教育与培训战略实践中的先进经验和做法，从中找出规律性的、可借鉴的结果。选择东欧转型国家农村教育与农民教育的典型案例进行深度剖析，从中总结出成功的经验和规律性结果，探索农民教育与培训的有效途径（模式）。

第一章

波兰农村教育发展的研究

  在经济全球化和市场多元化的今天，科学技术日新月异，经济发展突飞猛进，国家与国家之间不再是彼此分割的，而是一个相互影响相互制约的"地球村"，衡量一国竞争力的主要指标不再是军事力量或者人口规模了，而是科学技术水平，是科学生产力的发展程度。科学技术的发展必定需要有基本的科学文化知识作基础，并在实践中不断创新和发展。所以教育的地位尤为凸显。如今，整个世界都把教育视为民族奠基之石，在一定程度上，教育的发展影响着整个国家经济、文化、军事、科技等诸多方面的发展，所以各个国家都非常重视教育，在政策制定和实践中都注重加强对教育的发展。

  同时，在科技领域占主导的今天，虽然技术业、服务业等第三产业的发展对一个国家 GDP 的增长贡献很大，但农业作为各个国家产业结构的基础，尽管它属于传统的第一产业部门，但它对于国家的经济发展是起基础性作用的，甚至是奠基性作用的，农业的发展落后了，或者农业经济的发展不扎实了，那相应的第二、第三产业的发展就会因缺乏原材料等导致发展受到重大影响，所以，农业的重要性显而易见，它不仅是三大产业的基础，甚至可以说是一个国家经济发展和存在的基础，没有农业的发展，就实现不了国家的发展，没有农民的富裕，就实现不了国家真正的富裕，农业的发展，农民收入的增加，农村地区的富裕繁荣是国家繁荣富强的基础，每个国家都必须重视本国农业、农村、农民的发展。

  在农业发展和农村富裕目标的实现中，农村教育的作用是不容忽视的。通过农村教育不仅可以提高农民的知识水平，丰富农村的文化生活，为提高整体国民的素质作贡献，而且也有利于提高农民的生产力水平和科学种植技术，实现农业的现代化经营模式，以集约化的生产方式实现低消耗、高产出的农业生产模式，这对于面对全球市场化的农业经济具有非常巨大的竞争优势。所以，教育，尤其是农村教育对农村经济文化的繁荣发展意义非凡，值得各个国家投入精力去发展和重视。

波兰，众所周知，是个传统的农业大国，农业的发展对于整个国家经济的发展影响重大，而且农业的发展在国家经济发展中也占有举足轻重的作用，尤其在加入世贸组织后，其农产品远销欧盟及全世界，在全球具有很大的市场。波兰农业、农村、农民的发展对于本国经济发展意义更是很可观的，波兰国家政府也一直很重视波兰农业的投入和发展，相应的，对于波兰农民也采取很多优惠政策，如减免农业税甚至农民不需要缴纳农业税，对于农民种植养殖少纳甚至不纳税等，意在促进本国农业的快速发展。同时，波兰政府也非常重视农村教育的发展，在经费投入上也按一定比例与城市相同甚至高于城市教育经费投入，目的就是缩小城乡教育发展差距，实现国家整体均衡协调的发展，并且在相当一段时期内，波兰农民的收入也有所增加，农村教育也得到了一定程度的发展。但是，由于历史长期造成的城乡经济发展差距，以及现代城乡经济发展机会的不均等，使得波兰农村经济和教育的发展相比较城市还是很落后的，城乡经济和教育发展不均衡的问题仍然存在，甚至随着市场经济的发展，这种差距似乎有扩大的趋势，所以，农村经济发展问题，农村教育问题日益引起波兰国家的注意，也引起相关部门的重视。

本章选取波兰国家作为研究对象，在概述波兰国家政治、经济、历史发展、自然资源、产业结构、文化、军事等概况的基础上，重点研究了波兰农村教育存在的若干问题，包括教育经费、教育结构、教育管理人员和教师、教育政府部门和教育监督实施部门，以及教育内容和方式、教育技术等方面存在的若干问题，并在此基础上提出一些相应的建议措施。

文章主体分四大部分论述，第一部分将波兰国家概况进行了论述。第二部分论述波兰的农业和农村问题，具体介绍了波兰的农业现状以及存在的不足，波兰农村发展的概况和农村发展存在的社会结构性问题。第三部分论述了波兰的农村教育问题，该部分也是本章的主体部分，首先介绍了波兰的学制系统以及波兰在教育方面历年所进行的一些改革尝试，接下来主要介绍了波兰农村教育存在的问题，主要从农村学前教育、农村小学教育、农村中等教育三方面进行了阐述和评价。第四部分，也是本章的主体部分，主要是针对前部分提到的农村教育问题提出若干改善建议，并更深层次地分析了波兰农村教育发展经验对我国农村教育发展的启示。具体改善建议分别从教育经费和农民收入增加方面、改善农村教育结构性问题方面、提高农村教师和管理者质量方面、增强各权力机构监督教育政策实施方面、改善农村教育"脱农"方面以及以现代化网络设施促进农村教育与农村经济共同发展繁荣等方面提出；在对我国农村教育发展方面，主要从教育观念革新、教育经费高效率使用、教育结构性问题改进、师资培训、农村网络化普及五方面进行了论述。

第一节 波兰的国家概况

一 地理位置和国家行政

波兰，国名波兰共和国，地处欧洲中部，西与德国为邻，南与捷克、斯洛伐克接壤，东邻俄罗斯、立陶宛、白俄罗斯、乌克兰，北濒波罗的海，海岸线长 528 公里，[1] 全境属于海洋性向大陆性气候过渡的温带阔叶林气候，一月份平均气温为 -5℃ — -1℃，七月份平均气温为 17℃ —19℃。其国土面积为 31.2685 万公里，人口约 3812.5 万人（截至 2006 年 12 月 31 日统计数据），其中波兰族约占 98%，[2] 此外还有德意志、白俄罗斯、乌克兰、俄罗斯、立陶宛、犹太等少数民族。其官方语言为波兰语，全国约 90% 的居民信奉罗马天主教。波兰的首都为华

① 高德平：《列国志：波兰》，社会科学文献出版社 2005 年版，第 1 页。
② 同上书，第 11 页。

沙，人口约为 170.2 万人。①

　　波兰国家起源于西斯拉夫人中的波兰、维斯瓦、西里西亚、东坡美拉尼亚、马佐维亚等部落的联盟。公元 9、10 世纪建立封建王朝，14、15 世纪进入鼎盛时期，18 世纪下半叶开始衰落。② 1772 年、1773 年和 1795 年三次被沙俄、普鲁士、奥匈帝国瓜分，1918 年 11 月 11 日恢复独立。1939 年 9 月 1 日，法西斯德国入侵波兰，第二次世界大战爆发。战后建立波兰共和国，后改名为波兰人民共和国。波兰统一工人党（共产党）执政 40 余年。1980 年，反政府组织——团结工会组织全国大罢工，波兰当局 1981 年 12 月至 1983 年 7 月实行战时状态，宣布团结工会为非法组织。1989 年 4 月，议会通过了团结工会合法化和实行议会民主等决议。团结工会在当年 6 月提前举行的议会大选中获胜，成立了以其为主体的政府。12 月 29 日，议会通过宪法修正案，改国名为波兰共和国，并且将 5 月 3 日定为国庆日。③

　　1997 年 4 月，波兰国民大会通过新宪法，新宪法于 1997 年 10 月生效，新宪法确立了三权分立的政治制度和以社会市场经济为主的经济体制，④ 新宪法规定：众议院和参议院拥有立法权，总统和政府拥有执法权，法院和法庭行使司法权；波兰经济体制的基础为经济自由化、私有制等原则；波兰武装力量在国家政治事务中保持中立。根据新宪法，如总统否决了议会或者政府提交的议案，议会可以以 3/5 的多数否决总统的决定。波兰全国行政划分为 16 个省、308 个县、2489 个乡。⑤ 目前已注册登记的政党有 200 余个，其中有影响的政党包括公民纲领党、农民党、法律与公正党、民主左派联盟党等，当然还包括波兰社会民主党、民主党、自卫党以及波兰家庭联盟党等。⑥ 2007 年 10 月 21 日，波兰提前举行议会大会，公民纲领党获胜，并与农民党联合组阁，11 月

---

①　高德平：《列国志：波兰》，社会科学文献出版社 2005 年版，第 4 页。

②　同上书，第 34 页。

③　同上书，第 57 页。

④　同上书，第 100 页。

⑤　同上书，第 4 页。

⑥　同上书，第 117 页。

16 日，波兰新政府宣誓就职，公民纲领党主席图斯克出任总理，新政府宣布奉行向弱势群体倾斜、提高工薪阶层工资、改善医疗制度等亲民施政纲领。

二　资源和产业结构

经济方面，波兰属于中等发达国家，1989 年剧变后，"休克疗法"使经济一度下滑。1992 年起经济止跌回升，成为中东欧地区经济发展最快的国家之一，加入欧盟后，其经济快速增长，但面临公共财政赤字持续增加、劳动人口大量流失、失业率较高等问题。2007 年波兰国内生产总值增长率为 6.5%，吸引外资 190 亿欧元，[①] 为中东欧地区吸引外资最多的国家，目前，波兰经济继续保持快速增长。

波兰的主要矿产资源有煤、硫黄、铜、锌、铅、铝、银等，2005 年硬煤储备量为 433.21 亿吨，褐煤为 137.24 亿吨，硫黄为 5.25 亿吨，铜为 16.03 亿吨。2007 年其森林面积 940.1 万公顷，森林覆盖率达到 30.1%。[②]

产业结构方面，波兰是个农业大国，其农业发展在整个国家的发展中占有很大的比例。2006 年农业用地 1909.9 万公顷，人均耕地面积 0.5 公顷。2006 年其农村人口为 1475.6 万人，占全国人口的 38.7%。在 2006 年，其农业总产值按现行价格计算为 649.06 亿兹罗提（约合 209.2 亿美元）。[③] 同时，波兰的工业也随着经济的发展得到了迅速的发展，2006 年其工业总产值达到 2339.67 亿兹罗提（约合 754.12 亿美元），占 GDP 的 22.1%。工业部门从业人员 298.1 万人，占就业总数的 22.8%。[④] 近几年其主要工业产品产量如表 1－1 所示：

---

① 高德平：《列国志：波兰》，社会科学文献出版社 2005 年版，第 134 页。
② 同上书，第 8 页。
③ 同上书，第 161 页。
④ 同上书，第 149 页。

表 1-1   **2004—2006 年波兰主要工业产品产量**   单位：万吨

年份 工业产品	2004	2005	2006
硬煤	10100	9790	9520
褐煤	6120	6160	6080
原钢	1057.8	833.6	998.1
硫黄（按纯量计）	82.1	80.2	80
发电量（亿度）	1520	1570	1610
小轿车（万辆）	52.2	54	63.2
水泥	1170	1140	1440

资料来源：2007 年波兰小统计年鉴、2007 年波兰统计年鉴。

与此同时，波兰的旅游业、交通运输业（包括铁路运输、公路运输、水路运输、空中运输、管道运输等）、财政金融业、对外贸易等产业也处于稳定的发展进程中，这对于波兰整个国家的经济发展和繁荣有着巨大的促进作用。下面通过表 1-2 和表 1-3 分别列出波兰近几年内财政金融和对外贸易的情况：

表 1-2   **1998—2006 年波兰国家财政收支状况**   单位：亿兹罗提

年份 财政收支	1998	1999	2000	2001	2002	2003	2004	2005	2006
收入	1266	1258	1357	1853.9	1675	1526	1527	1798	1976.4
支出	1398	1384	1511	1524.7	2072	1891	1982	2081	2227
赤字	132	126	154	329.2	397	365	455	284	250.6

资料来源：2007 年波兰小统计年鉴。

截至 2006 年年底，波兰外债总额为 1695.7 亿美元，外汇储备 485 亿美元。[1]

---

[1] 高德平：《列国志：波兰》，社会科学文献出版社 2005 年版，第 198 页。

表 1 - 3 　　　　　　　　 **2004—2006 年波兰进出口情况** 　　　　单位：亿美元

额度 ＼ 年份	2004	2005	2006
进口额	881.56	1009.04	1246.47
出口额	737.8	893.47	1091.08
差额	- 143.76	- 115.57	- 155.39

资料来源：2007 年波兰小统计年鉴。

其中，2006 年主要贸易合作伙伴占波兰外贸总额的比例如表 1 - 4 所示：

表 1 - 4 　　　　　　　　 **2006 年各国占波兰外贸的比例** 　　　　单位：%

	出口	进口
德国	27.2	23.9
意大利	6.4	6.7
法国	6.3	5.5
英国	5.7	2.8
俄罗斯	4.3	9.7

资料来源：2007 年波兰小统计年鉴。

三 文化教育

在文化教育方面，波兰自 1999 年 9 月 1 日起，实行了新的教育体制。新体制分为小学六年，初中三年，高中三年。高等教育一般为四年或者五年。[①] 2006 年普通教育经费和高等教育经费支出分别为 21.35 亿和 99.43 亿兹罗提，分别占财政预算的 1% 和 4.5%。[②] 著名的高等学府有克拉科夫雅盖隆大学（创办于 1364 年）、华沙大学（创办于 1816年）、波兹南密茨凯维奇大学（创办于 1919 年）、华沙工业大学等。

———————

① 高德平：《列国志：波兰》，社会科学文献出版社 2005 年版，第 283 页。
② 同上书，第 284 页。

表 1 - 5　　　　　2006—2007 学年各级学校、学生、教师数　　单位：所、万人

	学校	学生	教师
小学	14503	248.48	18.63
初中	7076	152.88	11.47
初级职业学校	2098	23.62	1.35
普通高中	2543	73.29	4.91
职业高中	1416	16	0.96
技校	2688	55.75	4.81
高等院校	448	194.14	10.02

资料来源：2007 年波兰小统计年鉴。

此外，波兰的新闻出版业也相对较发达，2006 年年底全国出版发行的报纸杂志约 6759 种，其中主要报刊有：《选举报》，平时日发行量 43 万份，节假日发行量 52 万份；《日报》，平时日发行量 16.3 万份，节假日发行量约 18 万份；《共和国报》，平时日发行量 16.1 万份，节假日发行量约 20 万份。除此之外，还有《论坛报》、《政治周刊》、《新闻周刊》等。[①]

波兰国家主要的通讯社有波兰通讯社（PAP）。国家主要电台和电视台是波兰广播电台和波兰电视公司（TVP）。1990 年 10 月，波兰众议院通过关于允许开办私营电台和电视台的法令。截至 2007 年年底，波兰共有全国性公共广播电台和电视台各 1 家，私营电台 174 家，私营电视公司 4 家，有线电视公司 2 家。[②]

四　对外关系

在对外关系方面，波兰奉行以亲美融欧为引擎，以睦邻周边和全

---

① 高德平：《列国志：波兰》，社会科学文献出版社 2005 年版，第 342 页。
② 同上书，第 343 页。

方位外交为两个车轮的外交政策。于 1999 年 3 月 12 日加入北约，2004 年 5 月 1 日加入欧盟。力主欧盟、北约继续扩大，强化与美国的战略合作伙伴关系，波兰准备在美国建立反导弹基地，力图改善与德国、俄国的关系。充分利用"魏玛三角"合作机制，深化波兰、德国、法国三国的合作关系。图斯克政府上台后，奉行更加亲欧的政策，重视维谢格拉德集团（由波兰、捷克、匈牙利、斯洛伐克组成）的区域合作，全面发展同波罗的海三国的外交关系，加强与中国、印度、日本和韩国等亚洲国家的合作，截至目前，波兰已同 178 个国家建有外交关系。①

第二节　波兰的农业和农村

一　波兰的农业

波兰是欧盟的农业大国之一，现有人口 3800 多万人，其中农村人口占 30%，全国耕地面积占总面积的 59%，人均耕地 0.38 公顷，农业人口人均耕地 1 公顷。② 同时，波兰的自然条件较为优越，波兰全境处于由海洋性气候向大陆性气候过渡的温带气候，低地约占国土面积的一多半，这就为波兰农业的发展提供了有力的自然条件。另外，波兰是传统的农业大国，早在 20 世纪 80 年代，波兰农业的生产值在国民生产总值中所占的比例就达到 15%，后来，在 1995 年，其农业产值急速降低到仅仅占 6%（除林业之外），表 1 - 6 概述了 1989 年后农业的变化发展趋势，虽然其农业产值有明显的下降，但是波兰的农业仍为大约 1/4 的劳动力提供就业岗位。③

---

① 高德平：《列国志：波兰》，社会科学文献出版社 2005 年版，第 350 页。
② 蔡思隆：《波兰的农业支持政策》，《中国财政》2007 年第 7 期。
③ ［波兰］托马斯：《波兰的农业与环境》，石培礼译，《瑞典皇家科学院》1997 年 11 月 7 日。

表 1-6　　　　　　　　　　波兰的农业

项目 ＼ 年份	1989	1990	1991	1992	1993	1994	1995
占 GDP（%）[a]	12.9	8.4	6.9	6.7	6.6	6.2	6.6
占总就业百分数（%）[a]	26.7[b]	26.6[b]	26.8[b]	25.6	25.7	26.9	26.9
农地面积（100 万 hm²）	18.80	18.78	18.76	18.74	18.71	18.69	18.66
谷物产量（100kg/hm²）	31.1[c]	32.8	31.9	24.0	27.5	25.7	30.2
牛（AU/100hm²）[d]	68[c]	65	62	59	53	52	52
肉产量（100 万 t）	3.03	3.10	3.15	3.12	2.88	2.66	3.02
奶产量（100 万 L）	15.9	15.4	14.0	12.8	12.3	11.9	11.5
NPK 化肥消耗（kg/100hm²）	195	164	95	62	66	71	80
农药消耗（kg/hm²）[e]	1.1	0.4	0.3	0.4	0.4	0.4	0.4

a：包括林业活动

b：直到 1991 年，根据不同的分类（1992 年的产量可能为 26.1）

c：1986—1990 年的平均

d：AU = 根据 FAO 分类的牲畜单位（马当量）

e：活力物质重量

资料来源：华沙中央统计署数据文件。

此外，波兰政府也非常重视其农业的发展，采取了一系列支持农业发展的相关政策措施，具体如下：首先，政府通过健全市场，提供培训、技术、设备，积极支持发展农产品深加工和其他为农业发展服务的产业，包括健全土地交易市场、建立农业市场、大力发展农产品加工业、加强对农业的社会化服务等。其次，对农业实行补贴制度，目前，波兰对其农业的补贴一部分来自本国，一部分来自欧盟，前者约占 60%，后者约占 40%。[①] 而且波兰政府对农业的补贴制度主要体现在两方面，一方面是对种植业和养殖业等产业生产的农产品价格实行保护政策，另一方面是对农村基础设施、农民生活条件（如煤气、自来水等）的建设予以改善，并且为农民创造就业机会、农民子女上学、青年农民

---

① 蔡思隆：《波兰的农业支持政策》，《中国财政》2007 年第 7 期。

培养等予以补贴，目的就是逐步缩小城乡差距。再次，对农业实行信贷支持，早在 1994 年，波兰政府就对农业信贷支持制定了法律法案，对向农民、农业企业进行贷款资助的条件、贷款的数量和规模都作出了详细的规定，明确了向农业贷款的金融机构和得到农业贷款的农民和企业各自所应当承担的责任，说明如果有特殊情况，政府还可以提供额外的农业贷款，并且针对不同情况对农业贷款提供利息补贴。然后，对农业予以税收优惠，包括实行有利于降低农民生产成本的消费税返还政策、对农民实行农业税优惠政策、对农民实行增值税和所得税优惠政策。最后，波兰政府对从事生态农业生产的农民给予资助和补贴，包括对生态农业研究以及生态农业执行条件分析等活动给予资金支持、对生态农产品监测费用进行补助、对生态农产品的宣传和推广予以资助等。

但是，不容忽视的是，尽管波兰政府高度重视农业生产和发展，重视农民的子女教育问题以及农民个人的发展培训，波兰的农业仍然存在很多问题。

波兰属于传统的农业大国，但并非农业强国。其农副产品虽然在欧洲乃至世界都享有一定地位，但由于其部分土地属于沙质土壤，使得用于耕地的面积减少，而且波兰在加入欧盟之前，由于房屋及基础设施建设等因素，波兰农业用地一直在逐年下降。另外，由于波兰农村人口受教育水平有限，生产劳动效率相比欧盟其他国家较低，这在一定程度上也使得波兰农业发展面临严峻挑战。

（一）小规模、低效率的私人农场占据农业地位的主体

波兰加入欧盟的商谈中最麻烦的问题就是农业部门的雇佣问题。尽管 2004 年，波兰的农、林、渔仅占 GDP 的 5.1%，但这部分产业的雇佣率仍然占据社会总雇佣率的 16%。[1] 农业的高雇佣率和农业占 GDP 的比值数据表明农业大发展还存在很大余地，同时也揭示出波兰农村经济和社会发展所面临的普遍性问题。波兰存在的农场大都是私有的并且大多数都是小规模经营的，其农业设施装备很差，通常由年龄较大的农民来经营。其中大约有一半的农场只是用来维持经营者自身生存的，对市场几乎没有贡献。农村的生活基础设施也处于不完善状态，破旧落后

---

① 蔡思隆：《波兰的农业支持政策》，《中国财政》2007 年第 7 期。

的状况始终未得到改善。所以，波兰的农村迫切需要改善，农村的发展急需要现代化设施与通信系统的支撑，从而促进波兰农村大发展和社会环境的改善。

在波兰共产主义的末期及波兰加入欧盟的过程中，波兰的农业收入是下降的，尤其在2001—2003年其下降趋势非常明显。在之后相继的很多年里，波兰农业产出的价值远低于农业投入的价值。贫穷、公开的或者隐性的失业率，以及设备差的公共设施都是波兰农村地区存在的严重问题，亟待解决。

（二）加入欧盟带来农业收入的增长以及面临的挑战

自2002年12月欧盟高峰会议协商通过了波兰加入欧盟的申请后，随着欧盟统一农业政策的实施，波兰农民的耕地得到欧盟的直接补贴，波兰农民的直接报酬也将缓慢增长到欧盟成员国的一半水平。但是这些支付可能需要用国家财政来提升（2005年达到欧盟水平的60％，2006年达到65％）。尽管2001年12月欧盟商定给予农民个体直接支付的初始额度不高，但是这些金额对于农业收入的增加也是有所贡献的，但结果表明，波兰在加入欧盟后，农村经济得到了很大的发展。同时，波兰农副食品向欧盟输出的障碍得以消除，这使得波兰能够从欧盟获得向非欧盟国家出口的好处，这促使波兰在2004年5月后农产品输出有了巨大的增长。虽然这种增长趋势在2005年年底遭受了骤然的逆转，因为俄罗斯限制了波兰农副食品的输出，迫使波兰不得不在国内市场出售农副食品，因此价格亏损不少，但加入欧盟仍然使波兰农业和农村经济得到了很大的发展，对于波兰社会的发展是有益的。

但我们也发现，波兰的大多数农民对波兰加入欧盟是持反对态度的，他们担心一旦加入欧盟将对本国农产品的市场价格造成冲击之势，使其农副产品在与欧盟其他国家的竞争中处于劣势，再加上农业结构的调整造成农村地区收入下降，失业率上升，这样将不利于其农业方面收入的提高。事实也表明，波兰在加入欧盟之后促进了本国农业和农村的发展，但由于波兰农村生产力水平较低，加之其属于经济转型国家，经济发展并不景气，造成农民的生活水平仍然比较低，在加入欧盟获得收益的同时，也面临着巨大的挑战。

二 波兰的农村

（一）生活富足，安居乐业

波兰的农村人口数量占全国总人口数量的 30%，而且波兰的生活水平相对较为富足，在享受城乡公共服务上城乡差距并不显著。据有关研究描述，波兰乡村的农民住房都修葺得很漂亮，也很别致，房前屋后干净整洁，农舍间或有柏油路相通，或有砂石小路相接，乡村之间都有公路相通，俨然一幅田园风光，风景秀丽。据介绍，早在经济体制转轨以前，波兰的农业劳动力与从事其他工作的劳动力一样，加入了社会保障体系。目前，每个劳动力每月缴纳 200 兹罗提（1 兹罗提约折合人民币 3 元）的社会保障金后，就可以享受到养老保障和医疗保障的服务，其中男的到 65 岁，女的到 60 岁就可以领取每个月 500 兹罗提的养老金，[①]并且可以继续享受医疗保障，虽然农村社会保障水平低于城市社会保障水平，但是这样的保障水平基本可以满足农民们日常生活的需要了。同时，波兰农民享有好的社会公共服务，农村的基础设施比较好，天然气、自来水、电力等都可以送到所有农户家里，而且农民在基础设施方面的负担并不重，农村的公用设施基本由政府投资兴建。而农民子女受教育的费用也由政府按实际情况有区别地予以补贴，分别将教育经费拨付给各个学校，而且教育经费拨付的比例一般是农村高于城市，这样做的目的就是为缩小城乡差距，实现全社会的公平发展和共同繁荣。虽然这幅美好图景在波兰的个别农村地区确实存在，但我们知道波兰是个农业大国，单从农业的发展方面就存在着地区差异，这势必导致广大农村地区的发展现状也存在巨大差异，最终将导致农村社会经济发展也存在很多问题，形成一个恶性循环。所以本章主要突出介绍波兰那些弱势地区的农村发展状况，尤其突出由于农村的贫困而导致的农村教育贫困的问题，旨在引起相关部门的重视，也为其他地区农村经济和教育的均衡性发展提供参考。下面将重点介绍当前波兰农村存在的社会经济问题。

---

① 蔡思隆：《波兰的农业支持政策》，《中国财政》2007 年第 7 期。

（二）波兰农村的社会经济问题

在过去的 10 年里，波兰的经济结构和社会性质发生了极大的变化，自 1993 年起，波兰在经历了大约 20 年的经济衰退后，其 GDP 出现了惊人的增长，但不容忽视的是，这种增长大多数表现在城市经济方面，城市是增长的受益者，而农村经济的增长率和收益率都相对较低。这使得城乡经济发展存在一定的差距，而且随着经济的发展和时间的推移，这种差距似乎有扩大的趋势。

据波兰农业部 1996 年统计，波兰国家约有 1.47 亿人口（约占波兰总人口的 38.1%）居住在农村，约有 8800 万人口（占波兰农村人口总数的 60%）仍然从事农民职业，但是，波兰农村人口的就业率却仅为 28%（相对于欧洲农村就业人数的 5%）。更值得注意的是，在这 60% 的农民中，仅有 16% 的农民属于专业的农民（欧洲大概有 30%）。据调查研究发现，有 10% 的农民并不能完全靠从事农业获得的纯收入维持其日常生活，约有 50% 的农民失去生存能力需要靠国家政府的养老金生活下去，这组数字是震撼人心的，也是刻骨铭心的。而且据欧盟和波兰的有关专家估计，农业市场的全面解放肯定会到来，而伴随着的现状是波兰 2100 万农民中的 30 万人无法实现经济方面的独立。[①]

波兰农业的这种状况反过来又会导致其农村人口的贫困。1997 年，波兰 60% 的农村家庭每月的收入只有 200 兹罗提，这份收入数额仅占到城市家庭月收入的 7%，同样，大约有 9% 以上的农村家庭月收入低于最低生活保障水平，再加上其他失业团体人数，低于最低生活保障水平的人数几乎能达到 18%。[②] 的确，在波兰，农村低于贫困线的人口数量始终多于城市。

在 2000 年，波兰农村人口大约有 14.5% 处于失业状态，虽然这相比于城市的 15.9% 显得略微低点，但据劳动力市场的专家估计，增加农村人口的就业率相比城市更加困难，因为城市人口的失业率可以通过在其他各行各业等第三部门的就业有所改善，而农村的就业方式比较单

---

① Anthony Levitas, Stanistawa Golinowska, Jan Herczyński, "Improving rural education in Poland", *The center for social and economy research*, 2001, p.3.

② Ibid..

一，所以很难改善，而且农村的隐性失业人数估计也有 100 万人。

农村的贫困和大量人口的失业使得提高农村教育充满很大的挑战。首先，农村的贫困使得农村父母很难有额外的钱用于孩子的教育投入；其次，农村地区的贫困使得地方政府的收入减少，它们不能向城市那样通过获得个人所得税和企业所得税而增加财政收入，而且波兰政府为了缓解农村人口的经济压力，规定农民不要求缴纳个人所得税，这就使得波兰地方政府的财政收入捉襟见肘；最后，农村的贫困和失业产生了一系列社会病状，比如酗酒、赌博和日益沦丧的人性道德问题，长期下去，波兰的农村将形成一个恶性循环，这对于一个国家的发展是极其不利的，甚至威胁到整个社会秩序的稳定。

农村家庭的贫困进而会导致农村教育的贫困化，波兰的这种情况相比欧盟国家更严重，也使得波兰本国城乡教育的差距不断扩大。实践表明，所谓"平等的修辞学"和"共产主义"对于缩小城乡教育并没有起到很可观的作用，如表 1 - 7 所示，在 1988 年，大约有超过 60% 的农村成年人读完小学后就没有继续深造，有的甚至没有读完小学。

表 1 - 7　　　　　　　　1988 年城乡成年人受教育程度　　　　单位:%

受教育程度	城市	农村
大学	9.4	1.8
高中	2.0	1.0
普通中等教育	9.3	2.6
中等职业教育	20.6	9.5
基础职业教育	23.2	24.2
小学	32.3	49.2
未完成小学教育	2.9	11.2

资料来源：Central Statistical Office of Poland, *Statistical Annual. 2000*。

令人欣慰的是，从 20 世纪 90 年代开始，大多数城乡的孩子参加了各种类型的教育，从表 1 - 8 可以看出，城乡孩子参加职业教育的人数也有了明显的增加，且相应的那些未完成基础教育的人数也有所减少。

表1-8　　　　　　　城乡孩子注册不同类型中等教育的百分比　　　　　　单位:%

	1996—1997		1999—2000		变化率	
	城市	农村	城市	农村	城市	农村
普通中等教育	38.14	18.99	45.11	24.84	6.97	5.85
中等职业教育	30.28	33.18	31.17	38.77	0.89	5.6
基础教育	27.57	46.10	20.17	35.21	-7.4	-10.89
未完成基础教育	4	1.74	3.55	1.17	-0.45	-0.56

资料来源: Central Statistical Office of Poland, *Educational Annuals*, 1997, 2000。

　　我们发现,尽管在过去的 10 年里波兰的教育状况发生了很大的变化,有大约24%的农村孩子就读普通中学,但与城市45%的比例相比仍然很低,农村35%的孩子参加完基本的培训后就可以小学毕业了,但城市这样的群体不足20%。[①] 另外,这里有一个不争的事实,那就是农村孩子相比城市孩子更难上大学,即由于基础教育条件差、家庭经济条件等因素影响,城乡高等教育入学率也存在很大差距。简而言之,虽然在过去 10 年里农村孩子参加教育的人数有了明显的增加,但城乡教育的差距仍然很大。

　　一项社会调查数据显示,波兰农村的成年人相比城市成年人对教育更加不重视,甚至对先进的教育持怀疑态度。经合组织最近所做的一项国际调查显示,约有70%的波兰成年人不能书写简单的文字,而经合组织的其他成员国家的这个比例仅为32%—45%,[②] 导致这种现状的最重要的原因就是波兰的农民对教育不重视,且从未参加过先进的基础教育培训。确实,波兰农民的测试成绩与其他经合组织国家相比,低于其40%。

　　另外,波兰的农民相比城市人有很少的机会进入图书馆或者其他形式的文化组织,而对于他们接触外部世界的唯一途径就是电视,同样,那些私立的成人教育机构大多数也设立在城市,这使得农民们根

---

① Anthony Levitas, Stanisława Golinowska, Jan Herczyński, "Improving rural education in Poland", *The center for social and economy research*, 2001, p.3.

② *Human Report: Access to Education*, UNDP/CASE Warsaw 1998.

本没有机会参加。所以，对于农民们而言，当其参加完正式的基础教育之后，要想继续提高其教育水平，实现教育程度的进修是非常困难的。

总之，农村地区的贫困和农村成年人低的受教育水平使得农村孩子在教育方面处于劣势，因为他们受教育所需费用主要来源于其家庭和父母的收入。要想缩小城乡教育差距，农村的教育应该比城市的教育办得更出色，投入的更多，但是，在现实面前，缩小这种差距是一项复杂而困难的工程。因为农村一直以来无论从教育设施还是教育环境来说，都是比城市差很多的，即使想维持农村教育水平与城市教育水平大致相同的状况也是非常困难且需要消耗很多的，所以实现农村教育的发展是一项艰巨而长期的工程，需要国家诸多方面的努力。

第三节　波兰的农村教育

一　波兰的教育学制系统
（一）学前教育
学前教育在促进孩子们的全面发展、为学校教育作准备的同时，也以帮助农村父母进行家庭教育为目的。学前教育的受教育群体以三岁到七岁的孩子为对象，特别是六岁儿童的入园率从 1977 年被义务化后，其入园率达到了 94%。[1] 作为学前教育机关，包括幼儿园，初等学校附属幼儿园，更小规模的"学前的组织"等。后两者主要是为农村孩子的学前教育提供的设施，特别是附属幼儿园的设立对六岁儿童入园率起的作用很大。从教学计划来看，近年来六岁儿童的教育和初等教育的衔接得到了重视，以六岁儿童为核心的学前教育，实际成为初等教育的预备阶段，是为初等教育的顺利实施奠定基础的，理所当然地受到重视。

（二）初等教育
初等教育是义务教育阶段，一般指从七岁入学到八年级毕业（如

---

[1]　史朝：《保加利亚、民主德国、波兰的教育概况》，《外国教育研究》1983 年第 5 期。

多次留级也只能到十七岁），平等地给予全国儿童这种教育，被认为是波兰教育制度的根本方针。学习计划由全国统一制定。最初四年是教给波兰语、理科、地理、数学、技术、美术、音乐和体育。后四年在此基础上增设俄语、历史、公民、生物、化学、物理、防卫训练，每周授课时数也从 18—24 学时渐增到 28—33 学时。[①] 同时，上完六年后，适应性、学习成绩不好的人能够转到职业准备班级。另外，波兰也设置了体育、造型艺术、芭蕾舞、音乐等特别初等学校，以实现儿童的个性化发展。

（三）中等教育，准中等教育

受完初等教育的，继续学习的人数达到 95%，申请人能够升入全部教育机关的任何一种，但是只有普通教育中学和技术专门学校、职业中等学校被看作是中等教育机构。

1. 普通教育中学

普通教育中学四年制，是以培养升入高一级学校和从事专门职业为目的的教育，毕业生具有参加升入大学的考试资格。除基础课外，有物理、数学课、人文科学课、生物、化学课等，上完两年的学生也有可能进入下面所讲的技术专门学校。

2. 技术专门学校、职业中等学校

这类学校四年制或五年制，负责培养技术工人和升入一般学校的学生。对下面讲到的初级职业学校毕业生是三年制，也为从上面所说的普通中学转入的学生开设两年制课程。

3. 初级职业学校

这类学校两年或者三年制，以培养熟练工人为教育目的，受教育者为边学习边劳动的人，也设立有企业内学校等。当选择学校时，报考人集中在特定的学校，学校以校长为中心，包括校医和心理学家组成委员会，挑选入学者。以考试成绩为主，从各种角度进行考查，考生的质量相同时，工人、农民和教师的孩子优先录取。不合格的人由考试的学校介绍给还有空缺名额的学校，为此创立了专门的情报中心。1977 年度的初等学校毕业生中，继续学习的人约占总人数的 95%，但是，升入

---

① 史朝：《保加利亚、民主德国、波兰的教育概况》，《外国教育研究》1983 年第 5 期。

中等教育机构的占 42%，其中升入普通中学的仅有 19%。①

　　波兰地方的行政机构分中央、省、区（乡）三级，最基层的组织是乡。中学归省管，亦可由省政府决定交给区（乡）一级管理。小学划归区（乡）管理。地方政府均设有督学机构（实际是教育行政机构，如同教育厅）。中学校长由省一级政府督学局任命，小学校长则由区（乡）一级政府的教育行政机构（如教育处）任命。在任命前均要征求校委会意见。教育经费由议会讨论决定后拨给各省，再下发给各区（乡）。地方政府、工厂、农村均可以资助学校，工厂也可以给学校提供一些教学设备，但在法律上并没有明确规定这是工厂的义务。中小学的教学计划、教学大纲、课程设置等均由教育部制定。教材由教育部委托教育科研机构组织专家或有经验的教师参加编写，教育部审定。

（四）高等教育

　　波兰现有的大学主要分为国立和私立两种。私立大学是 1990 年以后开始建立的。但是从人们的传统观念和学校实际的教学质量上考核，国立大学，特别是一些比较著名的国立大学，其毕业生在就业时常常更多地得到用人单位的青睐。

　　波兰的高等学校，学制 4—5 年，因专业不同修业年限也不同。在波兰，农业大学比较走俏，例如华沙农大水利与环境工程系，2000 年计划招收新生 120 人，实际报考者达到 480 多名，挑选余地大。再如，该校的兽医学院年年爆满，十分走俏，其他农业大学也是如此。波兰大学不设专门学士课程，实行研究生连读制，全日制学生硕士学位学制一般为 5—7 年，普通的为 5 年，医学、兽医类以及中断学习的需要 6 年以上，获得硕士学位的比例为 85% 左右，1999 年毕业的农科学生 81% 拿到了硕士毕业证。教育主管部门没有比例限制，只要学生各门课成绩达到规定要求，都可获得硕士学位，参加成人教育的学生也一样。攻读博士学位，学制一般为 4 年。在波兰没有指标限制，一是看学生的硕士论文质量。二是看教师有没有钱给学生做课题，课题费多的教师可多招博士生，没有课题费的就不能招收博士生。三是用校长基金招博士，这

---

① 史朝：《保加利亚、民主德国、波兰的教育概况》，《外国教育研究》1983 年第 5 期。

只限于极少数专业为了解决人才衔接而采取的应急措施。四是如果老师对某学生的发展感兴趣，但又没有科研费，可由老师出面找企业赞助，如果交涉成功，受益者需要帮企业做些事。五是完全由学生自费读博士，华沙的学校每年学费在 4000—5000 美元之间。1998 年农业院校在读博士生为 1980 人，数量相当可观。①

（五）教师培养

教师培养的任务是在综合性大学进行的，教师的培养在普通大学、体育大学等高等教育机构和技术高中、经济高中及艺术高中等中等教育机构双方面进行。高等教育机构的教师培养一般夜间课程占的比例很大（占学生总数的 45%）。② 教师培养研究所，是对教师从事进修和教育进行研究的机构，所有教师从学校毕业后每五年或十年，必须参加这个研究所开办的再训练课程，为了这个目的，教师培养研究所从 1974 年起创办了广播电视大学。

另外，波兰于 1991 年 9 月 7 日进行的教育立法中关于教育体制的建设有其独特的原则，具体包括："波兰共和国的教育是整个社会的共同福利；以波兰共和国宪法的基本原则以及全人类人权宣言声明、世界公民及政治权利盟约以及儿童权利协议为指导。关于基督信仰价值观的教育和养育要依据国际道德准则。教养工作要致力于发展年轻人的责任感、爱国心以及尊重波兰的文化遗产，另外，同时也要珍惜欧洲及世界的文化遗产。学校发展的目标在于满足每一个学生的个人发展需要，使每位学生都能够承担起相应的家庭责任以及基于团结、民主、容忍、公正及自由的原则的公民义务。"③

关于教育体系原则的阐述在法案的第一章里出现：④

（1）实现波兰共和国每个公民的基本教育权利，使每一个孩子及年轻人都受到教育与看护的权利。

（2）支持家庭教育。

---

① 黄朝禧：《波兰高等农业教育现状及改革动态》，《高等农业教育》2001 年第 8 期。
② 史朝：《保加利亚、民主德国、波兰的教育概况》，《外国教育研究》1983 年第 5 期。
③ 同上。
④ 同上。

（3）鼓励各类实体建立及运营学校及教育机构。

（4）调整学生心理及体育教育的内容、方法及组织方式，尽可能地提升对学生的心理看护以及提升特殊形式的教导方式。

（5）使残疾儿童及社交障碍儿童及年轻人能够在各类学校中接受教育。

（6）关照天才儿童的教育。

（7）统一中学的入学途径。

（8）让成人有机会完成通识教育。

（9）缩小国家特殊地区教育不公平现象，尤其是城区与农村教育不公平。

（10）创建安全与卫生的学校及其他教育机构的环境。

（11）普及环境教育。

（12）特殊照顾孤儿及经济困难儿童的教育。

（13）使教育适应劳动力市场的需求。

二 1990 年以来波兰的教育改革

自 1989 年波兰剧变后，波兰制定了新的教育制度法，该法规定，允许各种类型学校的存在，允许创办各种类型的非公立学校。每个公民都可以兴办各种类型的非公立学校，并自行编制自己的教学大纲；创办和经营非公立学校无须征得任何机构或个人批准，只要登记办埋注册即可。

新的教育制度法还确定，小学为义务教育，学制 8 年；普通中学为 4 年制；中等职业学校为 3 年制；大学为 4—6 年制。1990 年到 1991 年间，波兰共有综合大学和高等院校 89 所，大学生为 41 万人，比上一学年增加 5% 左右；普通中学 1177 所，在校学生人数为 49.36 万人，中等职业学校 4888 所，在校学生 175.13 万人，小学 18283 所，在校学生 527.64 万人，非公立学校 92 所，非公共小学 85 所。[①]

1997 年通过的波兰宪法规定：18 岁以下的波兰公民享受义务教育；公立学校实行免费教育，但允许公立高等院校的某些教育服务实行

---

① 高德平：《列国志：波兰》，社会科学文献出版社 2005 年版，第 282 页。

收费。

　　进入 1999 年，波兰实行中小学教育体制改革，这次中小学教育体制改革是波兰对中小学学校结构、教学大纲和教学方法等进行的规模最大的一次改革，并通过了新的中小学教育法。同年 9 月 1 日起，波兰新的中小学教育法正式实施，实行新的教育体制。新体制分为小学 6 年，中学 3 年，高中 3 年，中等专业学校 2 年，高等教育一般为 4 年或 5 年。按照新的中小学教育法，儿童仍然是从 6 岁开始上零级班，把原来从 7 岁开始的 8 年小学义务教育改为由 6 年制小学和 3 年制初级中学两部分组成的 9 年制义务教育。义务教育结束后，学生仍然同改革前一样，通过考试升入高中或中等专业学校。原来的 4 年制高中改为 3 年制，同时把高中分为全日制高中、职业高中和技术学校 3 种。普通高中学生学业结束后通过成人考试直接获得进入大学学习的资格。中等专业学校的学生学业结束后通过考试可获得技术工人职称，也可再上 2 年高中课程以取得参加成人考试的资格，通过成人考试可进入大学学习。①

　　改革中小学教学大纲和教学方法也是波兰此次中小学教育体制改革的重点。6 年制小学被划分为 1—3 年级和 4—6 年级两个阶段，即 1—3 年级为小学第一阶段，4—6 年级为小学第二阶段，小学第一阶段由传统的 45 分钟课堂教学法改为由老师运用自己的方法自由地掌握时间，向孩子们介绍波兰语和算术等学科在内的各类知识。小学生在第一阶段每周至少要有 3 小时自己动手的实践课。从 4 年级开始，实行 45 分钟课堂教学法，小学生除了上 45 分钟一节的各类传统课程外，增加一门外语必修课；每周增加由校长支配的 3—5 个小时自由时间，一般校长视情况增加或调整课时计划。② 此外，在小学第二阶段还增加了健康、生态、媒体等课程。小学学习结束后由不隶属于学校的地区考试委员会对学生进行考查，考查范围包括读、写、计算和有关社会生活方面的知识，考查结果对学生升入初中没有任何影响。新的中小学教育法侧重于培养学生适应现代生活的能力。从小学第二阶段开始到初中毕业，教学

---

①　高德平：《列国志：波兰》，社会科学文献出版社 2005 年版，第 283 页。
②　同上书，第 282 页。

大纲要求采取鼓励学生自学、老师指导的教学方法，重点启发学生的想象力和思维创造力；而在初中阶段增加文化和传统课，要求老师采用讨论和模拟教学的方式，引导学生积极参与社会和家庭生活；而新增加的"人与环境"、"人与现代社会"等课程，则重在让学生自己思考和解释各种社会现象。据波兰教育部负责人说，该次中小学教育体制改革旨在使波兰在教育领域开始追赶西欧国家。

这些改革和努力对于波兰的教育是非常有益的，城市教育相对存在的问题也很少，且波兰政府也在一直努力提高其教育质量，但由于社会环境以及法律体系等问题使得波兰农村教育仍然面临着很大的挑战。

三 波兰农业教育概况

波兰的经济改革始于 1989 年，当时高等院校只有 112 所，其中农业院校 9 所，到 1999 年，高校总数已发展到 266 所，10 年增加了 1.3 倍，但农业院校只增加了一所，创办于 1997 年，且为私立学校，当年招生 587 名，1999 年在校学生 930 人，有专业教师 20 名。这 10 所农业大学主要分布在华沙、克拉科夫、波兹兰、弗罗茨瓦夫和卢布林等大城市。在 10 所农业院校中设有学院 84 个。1999 年有大学教师和研究人员 6538 人，占高校总数的 8.8%。目前在校学生 8.55 万人，占学生总数的 6.7%，占全国农业人口的 4.5‰，相当于每 2000 个农业人口中有 9 个在校农业大学生。1999 年毕业于农业院校的学生 1.16 万人，占当年毕业生总数的 6.6%，其中有硕士学位的 9400 人，占农科毕业生总数的 81%。[①] 波兰实行的是正规免费教育，凡是通过正规入学考试的学生，从小学到大学一律免交学费，一般情况下，政府拨给每个农民子女的教育经费多于拨给每个城市居民子女的教育经费。政府希望通过教育，不断提高农民的素质，进一步缩小城乡差别，但政府的这种期望在实际中并没有得到显著的效果。

四 波兰农村教育面临的结构性问题

无论是波兰农村的各个公社，还是农村的各个区，为了提高其教育

---

① 黄朝禧：《波兰高等农业教育现状及改革动态》，《高等农业教育》2001 年第 8 期。

系统的质量和效率，教育结构性问题都必须得到解决，这些结构性问题存在于农村各个公社的学前和小学教育中，也存在于各个区的中等学校教育中。

对于农村各个公社而言，其中心问题就是大量小规模学校的存在和低的师生比率，这样将会增加每位学生的受教育成本；对于各个区而言，其中心问题就是不成比例且专业设置比较狭隘的职业学校教育使得很多学生进入综合类高等教育的机会减少。下面我们将进一步具体分析每一个教育阶段所存在的问题。

（一）农村学前教育

1991 年，波兰各公社开始承担起为本地区学前教育经营、维持其发展及为其发展筹资的责任。因为当时波兰的学前教育并非强制性的，所以各公社可以根据本地区实际情况提供学前教育服务，而且各公社一般只对那些愿意将 3—5 岁孩子送到零级班的家长负责，并且可以随意选择教育服务水平，这使得当时孩子的早期教育有很大的随意性，这势必影响到波兰农村孩子早期教育的水平和质量。而各个研究和实践都表明早期教育对于一个孩子的成长是至关重要的，它起着基础性的作用，对孩子以后的教育之路影响非常深远。所以，那些提出不强制实行学前教育的教育改革者们似乎应该反省，政府在维持学前教育方面是否应该拿出一部分资金用于学前教育的发展。

与此相对应，各公社并不希望从自己的财政收入里拿出资金用于学前教育的发展经费，并试图改变学前教育的收费标准，当时的学前教育并非强制性的。但大约有 90% 的家长愿意将其 6 岁的孩子送到学校读零级班，而且当时的国家规定学前教育的收费标准是不可以变动的。所以，自 1991 年，所有的公社几乎拿出自己财政收入的 50% 用于学前教育的投入。①

这种状况使得各公社的财政压力非常大，主要原因有三方面：第一，大多数农村公社的财政收入渠道单一，很少甚至没有从个人或私营企业中获得部分税收收入，一方面由于当地经济发展水平滞后，农

---

① Anthony Levitas, Stanistawa Golinowska, Jan Herczyński, "Improving rural education in Poland", *The center for social and economy research*, 2001, p. 3.

民收入水平低，另一方面由于波兰政府重视农业的发展，为了缩小城乡差距，采取了一系列惠农政策，其中就包括农民并不需要纳入缴税范围。第二，由于农民收入水平较低，他们很少有甚至没有可支配的收入用于学前教育的投资，这就使得教育经费的家庭投入几乎处于空白状态。第三，多数量小规模学校的运作需要消耗更多的师资和教育经费，而且为了使孩子得到更好条件的早期教育，也需要投入更多经费用于师资改善和教学设备更新，这些经费压力都让波兰各公社压力很大。

鉴于此，各公社为了缓解财政压力，在 1990 年到 1999 年期间先后关闭了几乎 30% 的农村小规模学校，从表 1 - 9 可以看出来，当然这些举措在当时遭到了很多教育观察者和建设者对本地政府的不满和指责，认为这是当地政府推卸责任的表现，但是，他们并没有意识到参加早期教育对孩子的重要，而参加高质量的早期教育对孩子将来的成长更为重要。

表 1 - 9　　　　　1990—1999 年城乡学前教育学校数量和入学率

单位：所、万人、%

	1990	1995	1999	下降百分比
学前教育学校数量	12308	9350	8733	29
城市	7009	5625	5453	22
农村	5299	3725	3280	38
学前教育入学人数	856.600	823.200	719.600	16
城市	665.800	661.800	574.700	14
农村	190.800	161.400	144.900	24

资料来源：Central Statistical Office of Poland, *Statistical Annual 2000*, p.248。

同时，我们可以发现，那些教育观察者和建设者的指责是不合理的，表 1 - 10 显示，尽管接受学前教育的人数在一定时期内有所缩减，但如果把 10 年内人口统计总数下降考虑在内，实际参加学前教育的人数比例是有所增加的。但是不难发现，这种增长只存在于城市，这实际上满足了城市日益增长的工人需求。

表1-10　1990—1999 年 3—6 岁儿童接受学前教育人数的百分比　　　单位:%

百分比＼年份	1990	1993	1995	1997	1999
6 岁儿童读零级班的百分比	95.3	94.9	97.3	97.1	96.7
城市	98.3	98.0	102.2	103.2	103.5
农村	90.8	89.4	90.8	89.7	88.5
3—5 岁儿童读学前教育的百分比	31.0	25.5	28.7	31.3	34.0
城市	40.5	34.7	40.1	44.9	49.3
农村	17.8	13.6	14.1	15.2	15.7
3—6 岁儿童读学前教育的百分比	48.2	43.6	45.3	49.0	50.8
城市	56.3	51.6	56.5	60.6	63.9
农村	36.6	33.1	33.4	35.0	35.2

资料来源: *Ministry of Education materials for Sejm*, 1996—2000。

从表 1-10 我们不难发现，1999 年，农村 3—5 岁孩子登记注册学前教育的人数仍然比较低，仅有 88.5% 的农村 6 岁孩子参加了学前教育（而城市为 100%），并且不足 16% 的农村 3—5 岁孩子注册进入学前教育（城市几乎达到 50%）。这种状况是极其令人担忧的，因为很多国际上的研究者们建议加大对孩子早期教育的投入，这将对其将来的经济文化生活水平产生关键性的作用，尤其是对于社会的弱势群体更是如此。

事实上，农村各地区的教育并不完全因为管理不善而受到谴责，考虑到维持大量小规模学校或者花钱让孩子进入更大学校的花费以及农村家长对送孩子参加学前教育的犹豫现状，农村各地区采取的关闭小规模学校的做法是理性的。换言之，他们通过关闭大量中心地以外的小规模学校以及将学前教育纳入小学教育体系中的做法是有道理的，这使得农村班级的平均规模与城市相接近，见表 1-11，这在一定程度上缓减了地区政府的财政压力。

表 1 – 11

学前教育班级的规模

单位：人

年份 地区	1991	1999
城市	7.8	20.8
农村	18.6	23.6

资料来源：*Ministry of Education materials for Sejm*, 1992, 1999。

毫无疑问，波兰孩子的早期教育问题仍然需要得到大力的改善，而且波兰在未来的 20 年里将会面临更大的社会经济挑战，而其中最起码的就是农村 6 岁大的孩子都应该向城市孩子一样接受学前教育，而且考虑到孩子早期教育对于社会弱势群体的特殊意义，更多的 3—5 岁的农村孩子也应该接受学前教育。我们在后文将会提及关于增加农村学前教育的经费支持、发展农村教师的新技能以及说服更多农村家长在孩子早期时将其送到学校接受早期教育。

（二）小学教育与体育设施创建

农村各地区的小学教育沿袭了一直以来的教育系统，即仍然存在着大量的小规模学校。在 1991 年，平均每个农村小学里有 127 名学生，而相比之下的城市里却有 700 多名学生。相应的，城乡师生比例也存在着很大的差异，在农村，一名教师平均对应 13.34 位学生，而城市则为 18.64 位学生。[①] 考虑到农村小规模学校的存在以及低的师生比例问题，使得维持农村每位学生受教育的消费高于城市。

这些问题迫使国家政府必须思考一个问题：要想缩小城乡每位学生小学教育所耗资金的差距，政府可以通过教育津贴补贴多少，换句话说，政府可以多大程度地接受每个学生的教育消耗，或者是政府可以多大程度地提供教育补贴以使得农村孩子的教育高消耗趋于普通水平，这些都将对农村初等教育的发展有着重要的影响，需要国家政府谨慎对待。

当然，缩小师生比例并不能真正彻底解决小学教育存在的若干问

① Anthony Levitas, Stanistawa Golinowska, Jan Herczyński, "Improving rural education in Poland", *The center for social and economy research*, 2001, p.3.

题，但是，让地方政府明白国家政府发布政策的真正意图却是非常有必
要的。事实上，波兰政府已经决定，由于农村小学教育的师生比例低于
城市约30%，所以农村地区应该得到高于城市30%的教育津贴。自
1995年起，教育部在分配教育资金方面给农村分配的资金多于城市的
30%，而这项举措的实行，对于农村大多数地区，多分配的教育津贴足
够维持其已存在学校的教育了。

　　但是，农村有些地区由于小规模学校的数量太多，政府多分配的那
部分津贴根本不能帮助其解决教育工作正常进行遇到的问题，迫使其关
闭一部分学校并且辞退一部分教师，这样的举措是令人心痛的。毫无疑
问，这样的做法也会产生两方面的冲突：一个是当地政府与当地居民的
冲突，即由于关闭部分小规模学校，使得该地区的孩子在是否继续上学
的问题上处于徘徊期，因为政府的这种做法意味着他们如果继续读书则
需要付出比以前更多的教育消耗，这就使得当地居民与当地政府之间形
成一定的冲突；另一个是当地政府与国家政府的冲突，即国家政府鼓励
所有适龄儿童参加初等教育，而且提出不让一个孩子辍学的口号，但当
地政府迫于财政压力关闭一部分学校，势必会让一部分孩子面临辍学的
困境，这与国家政府所倡导的是相违背的，结果会导致地方政府与国家
政府之间形成一定程度的冲突。

　　据有关人士了解，由于农村地区经济的压力，迫使其在过去19年
左右的时间里先后关闭了很多小规模学校。根据波兰国家统计局显示，
在过去的10年里全国小学学生的入学率下降了约13%，而其中城市占
14%，农村占8%，这表明农村小学学生的入学率下降相对比较缓和。
而与此同时，全国全职教师雇佣率下降了9%，其中城市占8%，而农
村却占到11%，这表明农村的教师雇用率有了明显的下降。

　　农村教师雇用率明显的下降，使得农村师生比率有所提高，从
13.4提高到了13.87，而城市教师雇用率下降的相对较少，使其师生比
率从18.68下降到16.90，[①] 这意味着虽然农村低的师生比率现状有所改
善，但要想继续维持小规模学校的运作并与城市接近，仍需要让一部分

---

　　① Anthony Levitas, Stanistawa Golinowska, Jan Herczyński, "Improving rural education in Poland", *The center for social and economy research*, 2001, p. 3.

教师退休而提高师生比率。而城市地区虽然教师雇佣率下降较小，但其通过扣除教师工资和缩小班级规模等举措，进而可以减少对教育津贴的消耗。更重要的是，尽管农村学校大量的裁员使得其拥有的教育津贴增多，但其将津贴的大多数用于学校的工资运作方面，尤其在近 10 年里，其用于学校工资运作的资金占总资金的 82%，见表 1-12，而真正用于学校教材、教学实施改善等教学设备方面的资金所占比例仍然很少。

表 1-12　　　　　　　　各地区教育工资在资金预算中比例　　　　　单位:%

地区＼年份	1994	1995	1996	1997	1998	1999
华沙	52.2	49.2	55.5	55	56.4	58.1
城市	52.2	51.7	67.1	68	67.8	72.2
郊区	50.6	54.4	72.5	73.8	74.5	76.6
农村	59.5	63.5	78.8	79.9	80.6	82.2

资料来源：2000 年波兰小统计年鉴（GUS BDL 2000）。

同样，人口下降对各类设施使用的影响也因城乡而异。在城市，人口的减少使已存设施的使用压力减小，因为学校的班级规模和容量都有所减小。而在农村，人口的下降导致学校的关闭和学校规模的缩小，正如他们的劳动力数量减少一样，无论他们发展得多快，最终还是停留在原点。事实上，具有讽刺意味的是，许多关闭学校的倡导者们还倡导农村各地区加大对教育设施更新和扩大方面的投入，这种投入甚至要高于城市。

表 1-13　　　　　　　各地区教育预算中教育投资所占比例　　　　　单位:%

地区＼年份	1994	1995	1996	1997	1998	1999
华沙	9.2	5.3	8.0	10.4	9.2	5.4
城市	5.7	6.0	5.2	6.1	6.2	5.0
郊区	11.2	13.2	9.1	14.1	10.4	9.6
农村	18.3	19.5	13.6	14.8	13.8	12.6

资料来源：2000 年波兰小统计年鉴（GUS BDL 2000）。

　　在 1999 年国家授权的情况下，波兰农村各地区在为 7—9 年级的学生创建体育馆方面也面临着很多困难。分散的学生人口和小的学校规模需要其建立分开的体育馆，但各个体育馆的规模和范围都是国家统一规定的，所以这就需要农村各地区在学校现代化和交通运输设施方面增加投入，而这些问题在城市看来根本就不存在或者是微不足道的。但是，农村各地区利用创建体育馆的机会，在平均班级规模和提高师生比例方面都取得了显著的成效，见表 1－14，使得农村学校的师生比例甚至高于城市。

表 1－14　　　　　各地区小学班级的平均规模和体育馆数量　　　　单位：所、人

	小学学校规模			体育馆数量		
	城市	农村	总计	城市	农村	总计
学校数量	4924	12018	16942	2726	2686	5412
班级平均规模	24.44	17.70	21.23	25.39	23.01	24.60
平均师生比率	16.44	12.99	14.87	20.09	31.07	22.57
每个教室的学生数量	25.47	15.46	20.27	24.78	21.67	23.73
每所学校的学生数量	477.99	128.55	230.11	151.83	69.40	110.92

资料来源：Central Statistical Office of Poland From Special Orthogonal Group 2，*Statistical Year-book of Poland*，Poland Statistical Publishing House，2000。

　　总之，低的师生比率以及人口数量的下降迫使农村花费比城市更多的预算工资，而学校的关闭和体育馆的创建也迫使农村各地区投入更多的资金。而城市是有能力投入更多资金的，但农村却没有任何缓和的余地，因为农村教育相比城市从家长那里得到的额外收入更少。

表 1－15　　　　　城乡父母对学前和小学教育的贡献率

	地区类型		
学前教育	农村	郊区	城市
学生数量（人）	108039	144513	379300
家庭对子女的教育投入（兹罗提）	689.97	847.38	1168.94
家庭投入占国家平均投入的比例（%）	65.91	80.94	111.66

续表

	地区类型		
小学教育	农村	郊区	城市
学生数量（人）	1361267	1068631	1908791
家庭对子女的教育投入（兹罗提）	15.01	14.08	18.89
家庭投入占国家平均投入的比例（%）	85.41	80.11	107.47

　　资料来源：Central Statistical Office of Poland From Special Orthogonal Group 2，*Statistical Yearbook of Poland*，Poland Statistical Publishing House，2000。

　　综合考虑，由于农村地方政府的贫困，农村家长经济收入水平的有限，使得农村地区学校教育得到的教育经费很贫乏，而所有的现状都意味着波兰农村各地区和农村的学校不能为其学生提供像城市那样的教育设施，包括：图书馆、各类运动设施、电脑、课外活动以及第二语言的教学。确实，最需要这些服务设施的人群却最没有机会享受它，这也预示着波兰的农村教育将面临更大更多的挑战。

（三）农村孩子的中等教育

　　对于波兰农村的中等教育，其实际上已经被城市教育所代替。从表1-16、表1-17、表1-18可以看出，仅有小部分的学生在农村或者小镇上接受中等教育，而大多数农村孩子选择在城市接受普通中等教育和职业教育，有些城市中等教育学校中有5000人不是本地人，这意味着约有83%的农村孩子选择在城市读普通中学，而约有73%的农村孩子选择在城市读中等技术学校，87%以上的农村学生选择在城市读中等职业学校。

表1-16　　　　　　按居住地统计的普通中等教育学生数　　　　单位：人、%

	按学校位置划分的普通教育			
	城市	小城镇	农村	总计
	学生数量			
居住在城市的学生数	180164	3896	1682	185742
居住在农村的学生数	48262	3779	5626	57667

续表

	按学校位置划分的普通教育			
	城市	小城镇	农村	总计
居住地的影响率				
居住在城市的学生数	78.87	50.76	23.02	76.31
居住在农村的学生数	21.13	49.24	76.98	23.69
学校位置的影响率				
居住在城市的学生数	97.00	2.10	0.91	100.00
居住在农村的学生数	83.69	6.55	9.76	100.00

资料来源：2005 年波兰小统计报告（S – O5 reports，CO MEN）。

由上表我们可以看出，来自农村就读普通中学的人数在整个国家教育人数中仅占到约 24%，而这部分人对于农村则意味着大部分的群体，而小城镇的人数也只是约 50%，农村学校与城市学校在竞争上处于很大的劣势地位，可能因为经济原因，也可能因为学术水平差等。

表 1 – 17　　　　按居住地统计的中等技术学校学生数

	按学校位置划分的技术学校			
	城市	小城镇	农村	总计
学生数量				
居住在城市的学生数	128975	2720	6798	138493
居住在农村的学生数	77171	3970	16138	97279
居住地的影响率				
居住在城市的学生数	62.56%	40.66%	29.64%	58.74%
居住在农村的学生数	37.44%	59.34%	70.36%	41.26%

续表

	按学校位置划分的技术学校			
	城市	小城镇	农村	总计
学校位置的影响率				
居住在城市的学生数	93.13%	1.96%	4.91%	100.00%
居住在农村的学生数	79.33%	4.08%	16.59%	100.00%

资料来源：2007 年波兰小统计年鉴（S－O7 reports，CO MEN）。

由表 1－17 我们发现，尽管农村孩子在农村或小城镇上技术中学和普通中学的人数占总人数的百分比相近，但来自农村的学生数量占到城市学校学生数量的约 38%，这也从另一角度说明阻碍农村学生进入城市普通中学的主要障碍是学术障碍，而非经济原因。

表 1－18　　　　　按居住地统计的中等职业学校学生数

	按学校位置划分的职业学校			
	城市	小城镇	农村	总计
学生数量				
居住在城市的学生数	79930	1434	1564	82928
居住在农村的学生数	71538	3463	6639	81640
居住地的影响率				
居住在城市的学生数	52.77%	29.28%	19.07%	50.39%
居住在农村的学生数	47.23%	70.72%	80.93%	49.61%
学校位置的影响率				
居住在城市的学生数	96.38%	1.73%	1.89%	100.00%
居住在农村的学生数	87.63%	4.24%	8.13%	100.00%

资料来源：2007 年波兰小统计年鉴（S－O7 reports，CO MEN）。

以上这些表都说明农村孩子参加中等教育的困难性。无论是普通中等教育，还是中等职业教育学校，如果它们大多数设置在农村或者小城镇，则会增加农村孩子就读中学的机会，农村参加中等教育的人数也会有所增加，但是，这种假设却是不可能的，结果使得农村孩子不得不到城市读中学，接受与城市孩子一样的竞争，结果不可避免地会产生非常突出的差距问题。因为无论是普通教育，还是职业教育，农村孩子的入学成绩大多数低于城市孩子，这种差距归根结底是由于农村孩子接受的小学教育与城市就有差距，进而导致这种差距随着年级的增长呈现继续扩大趋势。

同样，为了接受中等教育，农村孩子要么选择来回往返于学校和家之间，要么选择住校，而这两种方式都会无形中增加农村家庭在教育方面的额外支出，但选择第一种方式则既浪费时间也消耗精力。所以，这种状况将导致农村孩子分化为三种类型：第一种是有足够经济条件可以承担住宿的，第二种是选择来回往返于学校和家之间的，而第三种则是面临辍学的。事实表明，在过去的 10 年里，选择住宿的学生很少，其中普通教育的大约有 25%。职业教育的约有 31%，这意味着大多数农村孩子选择来回往返于学校和家之间的上学方式，结果，学校与家的距离、路的质量以及公共交通的便利性成为影响农村孩子参加中等教育的重要因素。

在中等职业教育方面，令人悲哀的是，农村孩子在接受中等职业教育时应选择什么专业以及如何选择并没有专门的指导中心予以指导，这个问题是应该得到相关部门重视的。因为农村孩子和城市孩子将来毕业后面临着同样的劳动力市场压力，而相比城市孩子，农村孩子所接受的基础职业教育相对薄弱，所以在某些中等职业学校中，农村孩子面临着被劝退的困境，因为这些职业学校的教育目的是培养专业化的人才，而农村孩子在这些学校中总是处于技术的最底层，和城市孩子相比较有很大的差距，而且他们职业技能的弹性也相对较小，因为其从小就很少有接触到各种外语教学以及计算机相关操作训练的机会。

确实，波兰的中等职业教育一直处于争议之中，在过去的 10 年中，波兰的父母和学生都开始担心职业教育的可信度，结果越来越多的孩子选择接受普通中等教育，而不去那些被认为前景不好的职业教育学校读书，结果使得很多职业教育学校面临更大的压力，很多学校管理者开始着手改善教育系统，希望扭转学校的教育局面，尤其是城市的职业教育学校，拥有当地政府的财政支持使得其改革的步伐加快。学校管理者将自己的自治与当地政府的预算相结合，共同改变着学校的教育系统，但是，这种改革大多数是自发的，与当地政府部门和管理部门是不协调的，与当地劳动部门和教育部门的关系也不大，但是却给很多波兰人民造成一种假象，使其觉得改革后的职业教育似乎有了更大的就业保障，所以在很长一段时期内，很多波兰的家长和孩子选择去这些职业学校就读，结果使很多专业人才出现过剩现象，如会计和计算机类人才。另一方面，很多没有进行改革的职业学校为了增加入学率开始转向普通教育，而这种转变并没有对课程的设置和教师的资格进行认真的审查和考核，使得其课程设置一直处于争议之中，而其教育质量也备受质疑。

与此同时，农村地区的职业教育并没有做相关的改革，一方面由于农村学校数量少，农村孩子选择的余地较小，致使学校管理者面临的压力较小；另一方面，自1999年开始，农村的各类中等教育被相关政府部门所控制，农村学校管理者相比城市有很少的能力来筹集改革学校所需的费用，所以农村职业教育的改革相对较少。事实上，农村学校的管理者也并不明白应该如何对农村的职业教育进行改革，他们在教育经费的处理上有很大的不自主权，而且究竟什么样的举措可以增强农村孩子将来在劳动力市场上的竞争力，这个问题的答案始终处于空白。

所以，重要的问题是提高农村教育的质量，缓解其就业的竞争压力。与此相对应，农村地区也存在着大量的所谓"农业学校"，学校一般平均约有15万名学生，这些学校一般由农业部经营，直到1999年，这些学校以高消费而著称。一方面是由于其所接受的财政比重大和低的师生比率问题，另一方面是由于这类学校扩展的建筑、工作场所和土地占用所消耗的资金较多，结果使其成为消耗最大的教育基地。但结果是，其提供的教育质量并不高，很多农业学校毕业的学生文化专业知识不扎实，关于农业技术方面的知识和实践能力也相对贫乏，使其处于教育的空白阶段。有人提倡关闭这部分高消耗低效率的农业学校，但这些学校的关闭又对提高波兰农村教育质量和改善农村经济发展状况有很大的影响，需要谨慎对待。所以当务之急是考虑如何提高这部分学校的教育质量，学校应该为学生提供什么样的培训，这种培训既是适合其现代教育的要求，又是适合其未来职业发展的，而这些问题的提出和改善都是波兰农村中等教育系统将来面临的重大挑战。

第四节　改善波兰农村教育的对策建议

如今，波兰政策制定者面临的主要问题就是如何提高农村教育的质量，而提高农村教育质量所需的资源又是不确定的。简言之，正如我们前面所述，波兰在最近十几年里用于教育投入的资金已经很多了，其占有 GDP 的比例已经很大了，而且与其他欧盟国家相比，波兰用于教育投入的资金也已经很多了，如果一味地让其继续增加教育投资的做法似乎不会有什么效果了，而且对波兰国家财政也会造成巨大压力。所以如何提高波兰农村教育的质量成为波兰政策制定者们面对的非常棘手的问题。

鉴于此，波兰政策制定者应该清楚地认识到，适当的增加教育投资和充分利用已有资源是提高农村教育质量的重要途径。要想充分利用已有资源，必须加强管理部门之间的配合协调工作，科学地对已有资源进行再分配。新投入的资金不仅仅要用于解决当前财政紧张的问题，更重要的是加强其利用效率，而对于新投入资金的来源渠道，波兰政府可以通过倡导公共部门的投入增加教育经费的来源，拓展教育经费的筹资渠道。其中关键的就是充分利用已有资源的使用效率，提高农村教育的质量。

然而，尽管人们开始意识到提高教育质量的重要性，但大多数政策制定者将精力并未放在提高地方政府的能力，以及学校和教师质量的改善上，只是许诺要提高教育质量，充分利用已有资源，这实际上只是一句空口号，并没有起到实质性的作用。

近期，在波兰国家内部出现两种声音：有一些政策制定者倡导通过政策增加资金，为农村小学和初中提供更多的奖学金，尤其是为农村孩子提供更多经济方面的资助；另一些倡导者则建议通过增加农村孩子的教育投入来平衡其受教育的机会。无论是哪种方式，提倡为农村孩子投入更多的教育经费的说法是有意义的，它可以通过社会救助以及各类慈善事业为农村孩子捐资助学，一定程度上缓解了政府的财政压力。但是，我们也应该认识到，尽管为农村孩子投入额外的教育资金，使其能够到城市里读普通中学，但如果交通不通畅或者道路建设不健全，这样的做法似乎也没有多大意义，所以公共基础设施的改善对于农村孩子接受高质量的教育也有着很大的影响。

关闭小规模学校的做法也引起了很多政策制定者的关注，但是这些做法对提高农村教育的质量成效并不显著。而且一些农村已经一致认为小规模学校不应该关闭，那样会影响一小部分群体受教育的机会，对于教育部给予的教育津贴，应该采取多样性的分配原则，根据小规模学校0—3年级三个等级而划拨教育经费。的确，这样的提法也是有一定意义的，提出小规模学校根据人数获得相应的教育津贴也是有道理的。

但是，这样的做法似乎又是不科学的，是对整体教育事业发展没有意义的，因为这些小规模学校地处偏僻地带，而且数量多质量低，要想维持这些学校的运作需要花费的经费相当于城市学校的2—3倍，更重要的是这些学校的高消耗并不能带来与之相对应的收益，所以以上这些建议还是有待于思考和斟酌的。

同样，教育部已经颁布了一项计划，即小规模学校有特殊的法律权利，它可以被个别教师单独承办，也可以被教师和家长共同承办。教育部希望通过该计划放松对学校创建的限制，采用多主体承办学校的原则，一方面使得更多学校得以维持和发展，另一方面也减轻政府的财政压力。这种想法不是没有道理的。但是，这样的做法会产生两种后果：一种是更多的私人和社会团体创办了大量的小规模学校，但结果却很难发展下去，因为维持这些学校运作的花销的确很大；另一种是这些学校在一定程度上得到了维持和发展，但其教育质量是令人担忧的，无论从办学经验，还是办学理念来看，都缺乏一所教育机构应有的教育理念和运作模式。所以尽管这种做法维持了小规模学校的运作，但却可能以高的社会成本为代价。

综上所述，波兰有关研究者提出的建议在某种程度上有其实用价值，但也存在着很多漏洞和不足，下文在对诸多波兰研究者提出的建议进行分析阐述的基础上，提出改进建议。

一 增加教育经费投入，提高农民收入水平

（一）政府加大对农村教育经费的投入力度，建立农村教育经费的保障机制

缓解农村教育经费短缺的关键是解决国家政府财政紧张的问题。教育，尤其是基础教育，它属于一种公共产品，应当由政府负全部责任，所以建议波兰政府加大对农村教育经费的投资力度，并严格规定农村教育投入的恰当比例，根据各地区实际的教育发展状况进行合理的教育经费投入，且根据基础教育不同的阶段特征，划分合理的投资比例，在投入一定的情况下，也可以考虑将用于城市教育的投入部分转移到农村，因为部分资金对于城市起的作用很小，甚至家长就可以补偿，而对于农村教育的作用却很显著。此外，更重要的是建立农村教育经费的保障机制和严格的经费使用监督机制，切实发挥国家在公共财政资金配置方面的作用，通过建立一套完整的农村教育经费保障机制和严密的监督机制，保证农村教育经费在国家财政投入的情况下，做到依法、合理、科学、充分的使用，避免资金浪费和"专款不专用"的腐败现象的发生，进而为农村教育的发展提供长久的保障。

（二）拓宽筹资渠道，多渠道筹措农村教育经费

由于波兰政府每年的财政收入有限，再加上各种基础设施的兴建和各项费用的巨大支出，造成政府财政赤字状况居高不下，所以从长远发展来看，农村教育经费完全由政府负担是不实际的，要想使农村教育得到更好的发展，除了波兰政府对农村义务教育经费的保证外，还应该通过其他渠道尽可能多地筹措教育经费，比如可以通过建立"义务教育基金会"接受来自社会各界的捐助，也可以仿效中国的"体育福利彩票"模式，发行"教育彩票"，让全社会人都来关心和资助农村教育，还可以借助新闻媒体，大量宣传农村教育的重要性，让波兰整个国家的人们都意识到农村经济发展离不开科学的农村教育，而整个波兰国家的经济发展更离不开其国内农村教育的发展，进而使人们形成重视教育的观念，更真心更主动地为农村教育发展奉献一份力。最终，所得资金由波兰政府根据有关政策统一进行调配，切实定向用于农村教育，同时建议波兰国家放宽对学校办学条件的限制，鼓励多主体办学，增加学生入

学的机会，丰富学生受教育的资金来源，促进农村教育的丰富发展。

（三）科技兴农，政策惠农，增加农民收入

波兰虽然被称为欧洲的农业大国，但并不能称得上是一个农业强国。因此，波兰政府应该重视农业科研的创新和各项先进技术的推广，建立比较详细系统的农业科研规划，做到科技兴农，增加农民的农业收入，进而促进农村教育的发展。具体而言，波兰政府可以通过聘用专业人才建立专门的农业科研咨询中心，将各项新的农业生产技术和农业生产创新信息向农民们介绍推广，提高农民的劳动生产率和劳动创造性，同时也可以解答农民们在实际劳动生产中遇到的各种问题，调动农民的劳动积极性，也增加了他们生产劳动的科学性和创造性。同时，波兰国家可以借鉴西方欧洲国家农民教育培训的经验做法，如制定农民培训的相关法律政策，从法律上保障农民受教育培训的权利，也可以增加农民培训工作的权威性和实效性，或者制定有关农民培训的制度，包括"绿色农业证书"，使得农民通过接受培训或真的相关专业证书，在从事农业种植、农产品加工、农产品销售等方面更加专业，更加以科学技术和高质量产品在国际市场上占据优势，为农民增收、农业繁荣、国家经济振兴作出贡献。另外，波兰政府也应该制定出台一系列惠农政策，如降低农民种地需要向政府上缴的土地税、资产税、资源税等，减轻农民的赋税负担，也可以根据实际需要少收甚至不收某些农产品的销售税，鼓励农民向世界其他国家出口农产品，在国际市场上形成竞争力，最终有利于农民收入的增加和农村教育的发展。

二　农村教育结构性问题的改进

（一）提高学前教育经费投入，实现教育机会均等化

通过上文的叙述，我们已经强调农村教育结构性改革的重任落在了地方政府身上，也讨论了农村政府面临的社会经济和教育结构性问题的挑战，而且这种挑战相比城市更加严峻，最后，我们认为尽管农村地区从国家那里获得的教育补助金较多，但由于自身收入较低且获得家长对教育的赞助较少，与城市相比，仍然面临着资金匮乏的困难。

这种复杂的问题在学前教育上显得尤为突出。一方面，国家对学前教育并没有实施强制性，而是由各地方政府负责，所以地方政府从国家

那里根本得不到教育补助，使其用于学前教育投入的资金只能从已有资金中扣除；另一方面，国家又强制地方政府对那些愿意将 6 岁孩子送往学前教育学校的家长负责，而农村家长相对于城市家长在孩子早期教育的投入方面又相对贫乏，所以在法律上使得农村地方政府比城市面临着更大的财政压力，因为其本身就财政紧缺和资源匮乏。

同时，在城市，所有 6 岁儿童的父母都愿意将孩子送往学前教育读书，而农村不愿意送孩子读学前教育的家长超过 10%，这导致了早期孩子受教育机会的不均等问题非常严重。事实上，为了平衡城乡孩子受教育的机会，不仅农村 6 岁的儿童应该接受零级班教育，而且也应该鼓励农村家长将 5 岁大的孩子送往学校接受幼儿教育。

针对此问题，大多数政策建议者都建议从财政角度解决教育不均衡问题，一部分是针对 6 岁儿童的学前教育问题，一部分是针对 5 岁儿童的幼儿教育问题，下面我们将对两部分内容分别予以阐述。

第一部分的第一步是规定所有 6 岁儿童必须接受学前教育，第二步是借助教育助学金等教育资助方式让所有 6 岁儿童登记注册学前教育，第三步是通过缩减工业工程和计算机等学科领域的教育财政支出，进而将其转移到学前教育的经费中，为农村 6 岁儿童提供更多的教育助学金。

首先，通过缩减工业工程和计算机等学科领域的支出，将其支出减少 3.6%，对于城市的普通教育支出则能减少约 3.3 亿兹罗提，而这部分资金相当于很多农村或郊区普通教育资金的 1/3，这是非常可观的一笔资金，[①] 它可以在农村或者郊区建立很多普通教育学校。这项措施从政府角度看，在财政方面是中立的，其对 6 岁儿童的教育助学金增长的份额只是从缩减对城市普通教育的某些学科领域的支出中得来的，对于其自身并没有增加支出，而对于城市的普通教育，这种措施的影响却是多样性的。对于那些富裕的辖区，通过缩减工业工程和计算机学科领域的投入造成的损失将高于 6 岁儿童所获得的那部分助学金。的确，据统计，从华沙流失的损失达到 9 亿兹罗提；对于某些城市的普通教育，这

① Anthony Levitas, Stanisława Golinowska, Jan Herczyński, "Improving rural education in Poland", *The center for social and economy research*, 2001.

样的举措对其影响并不大，而对于那些相对贫困的地区，这样的举措也只是使其税收稍微有些增长罢了。

然而，这样的举措对于农村各地区的学前教育却起到了很大的作用，使其财政方面的状况也有了很大的改善，所有农村6岁的儿童都有机会受到学前教育。据统计，通过这种资助方式，农村学前教育儿童的入学率增加了11%，这个建议不仅减轻了农村关闭小型学校和解聘教师的压力，也在一定程度上增加了已存教学设施的使用效率。换句话说，这项举措是政府部门对教育资金的再分配，它不仅使教育均等化问题得到改善，而且提高了已有教育资源的利用效率，城市的学前教育也并没有因此而受到大的影响，因为城市的家长一般都拥有更好的能力以私人的方式为学前教育作出贡献。

该建议的第二部分则是倡导建立一种保障系统，为农村5岁儿童进入幼儿教育机构提供资金保障。通过该项目，教育部将尽可能保障所有5岁儿童能够进入幼儿教育机构学习简单的加减法并接受专业教师的培训。

因为教育部目前正在筹划该项目的实施，所以其没有足够的资金用于教师的培训，很多已存的私人或公共师范学校出于商业性的利益需求，会为教师培训提供专业的服务，这就需要教师自己出资参加培训。通过该项目，一方面可以使每个5岁大的儿童有机会进入幼儿教育机构，另一方面，教师通过培训可以扩展其就业前景。据估计，通过该项目，我们预计农村20万名5岁儿童中的15%将有机会在该项目实施第一年进入幼儿班，另外15%将会在接下来的时间相继进入，直到所有农村5岁儿童的75%进入幼儿教育机构。[1]

该计划为农村学前教育提供资金方面，我们预计在计划实施第一年将需要花费8亿兹罗提，并且在达到期望能力的5年后将需要花费40亿兹罗提。随着农村学前教育成为义务制的，我们建议对农村已有资源进行科学的在分配，增强资源的利用效率。

该计划的实施可以有以下两种方式。正如我们前面所述，农村教育

① Anthony Levitas, Stanistawa Golinowska, Jan Herczyński, "Improving rural education in Poland", *The center for social and economy research*, 2001.

是一个包含管理策略的教育，它并不依赖于一些客观性的指标，如农村人口的就业人数以及每家每户的收入等，要想办好农村教育需要一定的管理智慧。我们发现，波兰有很多大城市的经济发展非常迅速，而且这种发展也带动了相邻的郊区的经济发展，同样，农村教育的发展也可以借助相邻城市的发展而发展。据1999年波兰教育部统计，为了让农村教育的发展接近城市，国家政府将城市收入的30%用于农村教育的发展，尤其是采用就近救济的方式，这样的举措使得相应的农村教育的发展优于同等条件下的其他地区，而且其学校教育的网络化、现代化程度也高于同等状况下的其他农村地区。实施该项目的另一种方式就是减少农村学前教育学校的数量，将节省下来的资金用于支持该项目的实施。确实，这种措施与第一种方式相结合，不仅可以减少农村教育的消耗，也可以为其发展提供更多的教育补助金，最终促进农村教育的优质发展。

而且，随着该项目的实施，参加农村零级班成为每位5—6岁儿童的义务，由国家为农村义务教育提供更多的教育补助金有非常多的益处：首先，它可以帮助农村孩子克服其经济障碍而尽早地进入学校接受专业的教育；其次，它可以缓解政府的财政压力并且提高已有教学设施和教师资源的利用效率；最后，它使得农村适龄儿童进入学前教育成为可能，一方面提高了农村教育的质量和农村人口的素质，另一方面随着农村经济的发展，学前教育的费用将会以差异性的原则予以清偿，补偿政府财政方面的损失。

最后，也许更重要的是，国家教育部应该提供一系列的资格证书给教师和当地政府，以提高其早期教育的质量，这个过程须由教育部设置一系列的培训来完成，确实，目前波兰农村学前教育有50%的教师并没有高的学历，学前教育更像一个幼儿看护中心，而非学校，所以教师的质量亟待提高。

综上所述，波兰研究者提出的改善其农村学前教育质量的建议主要从经费投入和提高教师质量角度阐释，这些建议也有很大的可参照性，但需要更加完善，才能增加该建议在实际中的可行性。

第一，在教育经费投入方面，由于波兰政府规定参加学前教育并未成为所有适龄儿童必尽的义务，所以会导致农村部分家长出于经济原因或者从孩子安全角度而阻止一部分孩子入学，所以首先应该做的就是加大对农村家长的教育，大力宣传孩子早期教育的重要性，让部分家长意识到孩子接受学前教育对其以后发展的特殊意义，进而积极主动地愿意将自己的孩子送往相对应的学前教育机构学习。与此同时，家长重视孩子早期教育又会使得其愿意努力为孩子的教育投入更多的教育经费，这在一定程度上又能缓解地方政府的财政压力，所以，首先加大对农村家长的教育宣传是很有必要的。

第二，鉴于地方政府单独承担学前教育经费的负担问题，可以考虑通过以下途径得到缓解，即加强对政府官员的教育和监督力度，并且各个年度用于本地区教育发展的经费投入要制定严格的预算体系，保证将有限的教育经费切实用到学前教育的发展上，提高对已有经费的利用效率，避免资金滥用和浪费的现象发生。同时，政府可以和当地某些企业实行一定程度的合作，即学校承诺购买企业内部生产的学校建筑材料、学校设施以及学校工作人员所需日常用品，而企业则需要为学校的发展赞助部分资金，进而实现政府和企业一对一或者一对多的合作关系，一方面促进本地区企业经济的发展繁荣，另一方面也可拓宽学前教育经费的筹资渠道，缓解地方政府的财政压力，实现企业和教育的双赢局面。

第三，针对农村学前教育的教师质量低的问题，加大对教师的培训力度是必须的，而这些培训课程应包括幼儿心理学、学前教育学、学前课程设置等方面的相关学科，旨在使得学前教育工作更加科学有益；在教师培训的费用方面，可以采取地方政府和教师个人共同承担的原则，鼓励教师出去参加正规的培训工作，并且制定有效的激励措施，增加教师参加培训的积极性，进而促进学前教育质量的提升。此外，也可以采取全国巡回教育的政策，使全国各个优秀的教师在各个地区，尤其是在那些偏远的山区农村地区进行巡回讲授，对当地的教师提供一些实用的教学方式和技巧，不仅能起到振奋人心的作用，也在一定程度上提高了农村学前教育的质量。

（二）适度关闭小规模学校，实现地方政府财政分配高效益

正如本章前面所指的，地方政府对于学校的管理是有责任的，波兰教育系统的完善在很大程度上取决于地方政府财政计划设计以及对各类政策执行的意愿和能力。对于小学教育，其中心问题就是小规模学校的数量多、高消耗和低效率问题，这是农村各地区之间巩固调整学校面临的重要问题。对于中等教育，其中心问题就是提高农村孩子的入学率以及通过改善职业教育为农村孩子提供更多必要的职业技能以有益于其以后更好地适应劳动力市场需求，这也是农村地区职业教育合理化面临的重要问题。

为了提高农村教育的质量，波兰教育管理者建议采取的第一项措施是，通过关闭一部分小规模学校和充分利用已有资源来缓解政府财政压力，但是，无论从长远还是短期来看，小规模学校关闭的问题还有待商榷，因为这样做的后果将产生两类矛盾，第一类是在财政方面地方政府和国家政府之间形成的矛盾，第二类是在学校关闭方面地方政府和家长之间的矛盾。

所以，针对这个问题并没有明确的解决办法：一方面维持这类学校的运作需要花费很多，而且其提供的教育质量并得不到保证，也不能为学生提供像大规模学校那样的服务设施；另一方面，老师和家长在一定程度上是愿意接受这类学校的，因为它可以提供给当地孩子更多的受教育机会，并且某种意义上它可以作为本地区的文化中心，如果关闭这些学校，很多当地的孩子将不得不去其他地区上学，而因为交通的不便利以及地形环境的复杂问题使得这类孩子在上学方面面临很大的困难，所以从这个角度看，小规模学校是不应该关闭的，因为很少有同等条件的学校可以接受这些因关闭学校而失学的孩子。

但是，继续坚持发展这类学校的做法又是不可取的，因为其高消耗和低质量的问题很严重。当然也有一部分人建议让家长参与学校的经营和管理来减轻地方政府的财政压力，但是这样的做法似乎也有待斟酌，因为我们并不能保证让家长投入教育经费就能保证这类学校的教育质量有所提升，即不能保证投入和收益是成正比的。

事实证明，由于农村各地区分布相对分散，再加上人口数量的锐减，为了实现每位适龄儿童都有学上的目标，小规模学校的存在是不可避免的，但是，因为大量小规模学校的存在所产生的高消耗和低质量的问题又是非常棘手的，亟待解决，鉴于此，适度关闭部分小规模学校，尤其是那些地处偏远、学校人数极其少的小规模学校是有必要的。有人或许会质疑这样的做法会迫使那些地区的孩子面临辍学的困境。所以在执行该建议的同时，也应该出台相关补贴措施，如对那些因关闭本地学校而需要到外地读书的学生给予物质上的资助和经费上的补贴，使其能顺利实现转学。同时，政府也应该将关闭部分学校所节省的资金用于集中学校教育的经费投入上，提高这些学校的教育基础设施和教育质量。此外，政府也应该加强公共基础设施的建设投入，一方面可以有助于农村经济的兴荣发展，另一方面也解决地处偏远地区孩子的交通问题。总之，适度关闭部分小规模学校的同时，需要相关地方政府将节省的资金用于其他诸如公共基础服务设施和集中学校教育的投入上，尽最大努力缓解那些因关闭本地区学校而上学受阻的学生和家长的困境，实现真正意义上的所有适龄儿童"有学上"、"上好学"的教育目标。

同样，在中等教育中也存在着很多问题。许多观点认为现存职业教育已经过时了，应该对职业教育结构进行重构，也有一些观点认为现存的职业教育的内容和方式过于单一，应该教授学生更广的职业技能和更贴近生活现实需要的知识。但是面对此问题，国家政府并不明确针对不同地区应该教授什么样内容，应该如何做到有针对性的教学。而要解决这个问题，要么就把职业教育结构和内容调整的权利交给学校创立者和管理者，要么就听从一些教授级别人物的建议进行统一规划，而后者似乎更具有科学性和说服力。

为此，波兰有关研究者建议采取的第二项措施就是要发展制定一系列可以兼顾地方和国家的政策，这些政策的实施可以采取一系列方式进行，并且大多数已经被列入波兰国家政府文件中，如《关于农业和农村地区的条约》，见下文：

- 提高农村孩子的早期教育；
- 巩固农村学校的网络建设工作；
- 提高农村孩子享受高质量中等教育的机会；
- 提高教师的职业技能和培训力度；
- 发展和逐步形成信息时代的终身学习观；
- 各地方政府应该设立相关的执行监督部门，制定相关的规定，以保证国家政府的政策顺利实施，以达到教育目标的实现。[1]

---

① Anthony Levitas, Stanistawa Golinowska, Jan Herczyński, "Improving rural education in Poland", *The center for social and economy research*, 2001, p. 3.

实现该项目的第一步就是严格执行近期的民主选举制，并且明确这些选举出的官员为政府所划分的相关区域负责；第二步就是国家政府和地方政府都应该明白提高教育的一系列措施都是与其发展和规划紧密相连的，而且这些规划的实施事先需要有足够的资金为它们的顺利实现做准备。

换句话说，国家政府必须要求地方政府在进行教育系统规划中扮演积极的角色，而所谓的教育系统则应该包括学前教育、中等职业教育以及各类教育服务培训设施、各种文化团体、非政府组织和一些私人部门的教育行为。为了使该项目的实施更有效率且与政府的期望相一致，教育部必须对该项目实施的相关细则进行解释说明，并且制定一系列详细的资金分配条款，以使地方项目的发展与教育整体项目的发展相协调，相互促进，从而实现更大的意义。

这些条款的制定也应该包括一系列的要求，如建立社会监督机构和计划部门，经济合作机构以及各个项目实施的标准，形成一个自我监督的新机制。让各个地方政府从自身角度和集体的角度看清自己并不仅仅是学校的一个赞助机构，而是要以主人翁的角色去认真执行和贯彻该项目的顺利实施，明白教育是一个终身的过程，它的改善需要持续不断的努力和社会各个群体的协力配合。

最后一步，也是关键的一步，就是国家政府需要为各地区提供一定数量的资金，以帮助其制定用于发展教育的经济规划所需，然后通过财政支持保证其顺利实施。同时，国家政府应该拿出一部分资金用于建设地方政府和国家政府的合作部门，以保证地方政府实施的计划与国家政府的期望相一致。最后，国家政府也应该拿出一部分资金用于支持地方政府部门执行已经指定的财政合作计划。

但是，我们不得不承认这项措施仍然存在着明显的几个问题：第一，要求国家政府提供的这部分资金如何衡量其限额，而且他们从何而来，这里并没有明确的答案，但有一部分观点还是有借鉴意义的。这个系统实际暗示了当前国家政策中关于教育预算中的所谓指拨款项服务，而这笔资金也应该在各地区官员的手里，且这笔资金需要分配给各地方部门以帮助其实施教育计划。同时，各地区政府与国家政府的联盟状态还处于初级阶段，所以导致这笔教育经费的分配问题还处于盲点状态，但有一点是可以确定的，即它们的分配和使用问题只针对各个地区，而不是全国普及性的问题，它们的分配具有地区性和特殊性。鉴于此，应该且必须做的就是加强国家政府和地方政府部门的合作机构设置，即加强国家政府与地方政府的联盟状态，实现已有资金的高效益分配。与此同时，通过中间机构的设立，使得国家政府能更好地把握各地区的实际状况，进而在资金分配和政策管理方面有针对性，可以根据各地方经济和教育发展的现状有区别地进行资金投入和分配，地方政府部门也可以更加充分地使用已投入的资金和资源，顺利地实施符合本地区经济和教育发展现状的政策措施，实现地方政府与国家政府目标的一致性，最终使地方的发展促进国家整体状况的发展，实现共赢的局面。

第二，为了提高农村教育的质量而进行的资金分配问题涉及很多部门及其代理机构，需要注意的是各部门并不清楚它们各自的权限。如教育部，它是借助各级官员及其管理者进行运作的，其职责就是制定教育方面的政策。农业部，它控制着一大笔来自欧盟和国家农业发展特别项目的资金，但这些资金的分配却由现代农业发展机构所控制，同样的这种问题也存在于劳动部和社会保障部中，它们用于保障文化建设和健康的资金，同样也可以用于教育事业发展。这种权责不明的问题需要引起相关部门的注意。鉴于此，当下需要努力的就是从国家政府到地方政府，都要建立一套严密的组织系统，将组织内部的各部门职能和权力义务予以严格的划分，达到权责明确。同时，也应该建立相关的监督系统，对各部门职能的实施予以监督，进而使整个国家系统和地方系统明确各自的职能和地位，并严格履行自己的职责，从而促进教育资金的科学、高效分配。

第三，国家政府应该通过建立特别类型的地方政府的方式实施各教育项目，即拿出一部分少的资金建立一个花销不大的小规模地方政府，该政府的职责就是专门负责研究该项目的计划和监督实施。这样不仅有利于国家政府和地方政府的沟通与协调，也有利于国家政府对地方政府实施项目的工作进行监督，最终将有利于整个项目实施的严谨和科学性，便于为国家政府和地方政府在实施项目时提供建议和参考。这样的做法虽然会消耗掉一定数额的资金，但这种小数量金额的消耗却能带来巨大的回报和效益，所以这种做法还是有借鉴意义的。

总之，要想保证各教育项目的顺利实施，国家政府有必要拿出一部分资金建立一个辅助于地方政府部门和国家部门的中间部门，用于发展协调各地方官员之间的关系，并且向各地方官员明确各项目实施的期望结果，进而更科学地指导各地方政府官员采取行动。也可以让其明确教育资金应该如何进行科学合理的分配，以保证项目的充分实现。确实，如果不做这样的规划，将会导致一些地区用于发展教育的专项教育资金面临缺乏的困境，而另一些地区教育资金则出现过剩现象，也避免了很多地方政府官员出于自身利益考虑将大笔教育资金流入本地区而导致资金分配不公的问题。

（三）完善中等教育系统，提高农村教育质量

正如前文所述，波兰的中等教育存在的问题也很多，首先，波兰农村中等教育的位置基本被城市所取代，即意味着波兰农村孩子大多数都在城市里接受中等教育，这种状况从某种角度理解有一定的积极意义。它一方面有利于教育资源的集中利用，提高教育资源的利用效率，实现资源的优化配置，另一方面也有助于农村孩子和城市孩子享受同样的教育资源，提高农村孩子的教育质量。所以，这种中等教育场所转移的现状从某种程度上来说有一定的积极意义。但是，在农村中等教育场所逐渐被城市所取代的同时，也产生了一系列问题，具体表现在：首先，由于农村孩子的基础教育大多发生在农村地区，而城乡二元经济结构的影响使得农村和城市孩子的基础教育设施方面一直都存在很大差距，所以导致城乡孩子基础教育质量上存在很大差异，而当其进入中等教育后，其所处于同样的教育环境中，并面临着同样的升学压力和就业竞争力，这在一定程度上对于农村孩子是不公平的，因为他们的基础相对城市孩子较差，当其面对同样的竞争时会处于不利的地位，甚至面临被淘汰的命运。其次，由于农村孩子基础教育程度较低，在进入中等教育后，学校一般并不会考虑根据农村基础教育的现状设置中等教育课程内容以及课程类型，而是会按照国家统一规定安排教学活动，而国家的这种统一规定的主要参照主体是城市的教育现状，所以对于农村孩子接受这样的中等教育内容和教学方式存在很大的困难。这样一方面容易导致孩子们在学习过程中不断受挫，渐渐失去学习的兴趣而养成一些其他不良的恶性习惯，另一方面，也使得学校的教育安排面临困境，学校的成绩和声

誉受到不良影响，有的学校为了在教育评价中获得好的成绩，甚至会劝退某些成绩不好的学生，这将会产生更多的恶果，无论对于学生个人，还是对于社会的稳定和谐，都是不利的。最后，农村学生进入城市就读中等教育，其外语以及计算机等相关知识技能相比较城市孩子也有一定程度的差距，有的农村孩子甚至从来没有见过计算机，所以在中等教育教学中讲解的各种计算机操作技能、办公自动化等知识对于农村孩子简直就是天方夜谭。长此下去，厌学、逃学甚至退学的状况将会频繁发生，这对于国家鼓励所有学生参加中等教育，实现教育优质资源共享的初衷是相违背的，后果也是令人遗憾的。

同时，波兰孩子的中等职业教育也存在着很大的问题，其中最主要的就是职业学校专业的设置，课程教授的方式。无论是教育管理者，还是学校管理者，甚至是在教育第一线的教师，在这方面都处于盲区状态，他们并不清楚农村职业教育该如何开展，该教授孩子们什么样的知识技能和相关专业知识，甚至不明白该设置哪些专业以供孩子和家长选择。这就使得波兰的中等职业教育处于空白发展期，使得波兰接受中等职业教育的毕业生在毕业后，文化基础知识缺乏，相关专业知识更是非常贫乏，最终无论从学术水平上，还是专业技能上都无法胜任社会工作的实际需要。结果导致失业，大量人口的失业一方面使人们产生"读书无用论"的论断，另一方面，也会产生一系列社会不和谐因素，如偷盗、抢劫、吸毒等 系列不良的社会行径。这对于 个社会的稳定和谐发展是极其不利的，波兰中等职业教育存在的问题亟待解决，否则会产生一系列循环恶果。

另外，波兰农村所谓的"农业学校"也存在着若干问题，集中表现财政消耗大、教育质量低，农业学校所培养出的人才并不能为农村经济所服务，反而消耗了国家和地方更多的人力和财力，这个问题也是需要有关部门重视和解决的。

所以，鉴于以上中等教育存在的诸多问题，提出若干建议，希望对改善波兰农村中等教育有参考价值。

首先，由于波兰农村人口分布分散，所以在波兰各个地方都建立一所中等教育学校是不现实的，针对这种状况，农村中等教育在城市进行也是有一定意义的，但是中等教育完全被城市取代是不科学的，这样将会导致上面所列的问题的出现。所以，对于这个问题，建议将中等教育学校有所分别地分布在农村和城市。对于那些基础教育条件好的可以直接安排进入城市中等教育学校，和城市孩子享受同样的教育资源和面对同样的考核标准，而对于那些基础教育相对薄弱的农村孩子，可以专门设立一所或者几所中等教育学校，各学校的课程设置和教学计划大纲可以兼顾城市和农村的实际教育现状，实现农村教育向城市教育的一个过渡。在这里毕业的学生在加强基础理论知识教育的同时，学习一些新的与社会实际相接轨的知识，使其在毕业后一方面拥有坚实的理论知识作基础，同时知识创新和学习方面的能力也有很大的提升，这在一定程度上可以缓解其就业时的压力，增加其就业的机会。同时，国家应该倡导相关就业单位对这类学校毕业生采取一些优惠政策，如给其提供一些上岗前培训的机会，使其通过学习缩小与普通中等教育的学生的差距。另外，对于中等教育孩子的升学问题也应该有所优惠，制定出台一些特殊地区孩子加分政策以及优先录取政策，使每个愿意努力继续深造的孩子有机会参加高等教育，不断在学习中提升自身的知识素养和社会价值。此外，从国家到地方市级政府，应该出资鼓励建立一些先进的培训机构，对于那些缺乏现代技术知识（如计算机技术等）的农村孩子予以培训和教育，使其在课外时间参加基础性的现代技能培训，进而更好地适应现代社会对人才的要求。这在一定程度上可以缓解弱势地区孩子的就业和升学压力，增强其学习工作的信心，最终不仅有利于其个人的发展，也有利于国家经济的发展和实现社会的稳定和谐。

其次，针对农村中等职业教育处于盲区的现状，应该从国家到地方进行一定的反思和学习。国家教育部和人力资源部应该根据国家建设发展的实际需要，综合考虑所需人才的数量和种类，确定国家职业教育的招生数额和专业类型。而地方政府和教育部则应该在考虑国家建设需求和本地经济发展需求的基础上，确定本地区每年职业教育招生的数量和专业类型，依据经济发展需要设置专业类型。更重要的是，各个专业要有专业的教育设施和教师，并且成立专门的职业发展指导中心，对孩子们选择专业进行科学的指导说明。这样将有利于孩子在接受中等职业教育，选择相关学习专业时更加科学合理，在遵循自己学习兴趣的同时，将以后的就业和地区经济的发展综合考虑。不仅有利于自身能力的发展，也有利于学习后迅速将所学专业技能应用于实践中，一方面解决自身的就业问题，另一方面也为国家建设培养更多实用型人才，最终将有利于教育质量的提升和国家的发展。

最后，针对"农业学校"高消耗，低效率的问题，在这里提出几点看法。我们都知道，"农业学校"建立的初衷就是培养农村经济发展需要的人才，即将学校的教育工作与农村的现实发展需要相结合，所以其教育重点并非科学文化知识，也并非一些理论性的知识，而是与农村实践相结合的各种农业经营技能和种植技能，其培养人才的最终目的就是以科学的农业知识技能促进农业的现代化发展，进而促进农村经济的发展。所以，对"农村学校"教育的目的明确后就可以根据目的进行教学安排了。具体可以从以下几方面着手发展"农业学校"。一方面，对于学校来说，在课程设置和教学目标设立上，"农业学校"应该将理论知识学习和实践技能学习相结合，其中，以理论知识学习为辅，农业技能学习为主，在学生掌握基本理论知识的基础上，重点发展学生的农业知识技能。理论知识学习就以国家规定的统一教材作为学习资料，而专业知识教材则应该根据当地自然地理条件以及经济发展现状编写，在对学生学习成绩的考核上，也可以采取特殊的考核方式，主要考核学生的实践操作能力和农业方面的专业知识。当然，这样的教学方式和考核方式也需要国家相关政策的支持和鼓励。另一方面，对于"农业学校"学生高消耗的问题，国家政府和地方政府可以通过制定相关政策措施，鼓励当地农资企业和"农业学校"相互合作，农资企业为"农业学校"学生的教育和实习提供教育基地，而"农业学校"的学生则可以更加方便而有效地参加实践工作，将所学知识运用于实践中，增强学习的效率。这样不仅节省了"农业学校"的教育资金消耗和实习基地建设的消耗，也方便了企业寻找合适的人才，有助于企业生产效率的提升和企业文化的兴建，最终可以实现双赢的局面。

三　提高农村教师的技能，实现培训工作的高效率

正如我们前面所述，尽管波兰农村教育的受教育人数在过去10年里有了显著性的增多，教师的质量也有了很大的提高，但是农村教师的数量和质量还是与城市无法相比的，更重要的是，农村教师质量的提高

工作也是难以把握的。

自 20 世纪 90 年代开始，随着许多私立学校和大学的涌现，很多愿意从事教师职业的人相继参与了教师职业的相关专业学习。相应的，许多公立大学和师范大学也提供了各科知识的师范教育，教师培训的萌芽开始大规模出现，并按照一定要求展开对教师的培训工作以及典型性教育。但这些培训大多数是非正式的，结果导致教师培训的工作缺乏规范性，教师培训的质量较弱，而且关于教师培训和资格测验的培训信息也很少，且大多数培训机构都是短期的。所以通过培训的教师质量在实质上并没有得到提升。的确，据统计，已经有约 40% 的教师通过了短期教育培训并获得了相应的培训结业证书，但是他们所参加的培训大多数是半天式的培训课程，其实际教师技能也并没有因参加培训而有显著提升，这使得很多教师培训工作只是流于形式，并无实际效果。

还有一点就是很多教师培训机构的真实信息是很难获得的，各教师培训机构并没有专门的档案室，这些机构的设立背景和培训质量等都不清楚，参加培训的教师并不清楚自己所参加培训机构的质量如何。这个问题尤其在农村更为凸显，因为农村获得信息的渠道更加狭窄，处于相对封闭状态。

由此可以清楚地发现，对于教师培训质量的提升还有很大的发展空间，教育部应该在提高教师质量工作方面扮演积极的角色，制定相应的培训制度和标准，以满足农村教师和学校领导者接受培训的需求。需要注意的是，各类教师培训最好安排在学校暑假时，这样就能保证那些不便参加夜校或周末培训的教师有更多的机会参加培训工作，提高培训的参与度。

正如前面所指出的，我们认为波兰孩子的早期教育非常重要，尤其是弱势地区孩子的早期教育。所以，教育部在制定培训项目时应该重点考虑农村教师的实际情况，以增强其参加培训的机会和力度，尤其是针对农村学前教育的教师，要切实实现其教育能力的提升，为农村孩子的早期教育打好基础，最终也将促进农村教育质量的提高和农村教育事业的发展。

据了解，目前，波兰农村约有 10% 的小学生在联合班级（不同年级在同一个教室）里接受教育，并且这种联合班级的数量将随着人口的减少而有增加的趋势，如果我们所倡导的为农村 5 岁儿童提供上学保障的项目得不到落实，联合班级的数目还会继续增加。[①] 但是，对于联合班级应该如何分配时间给不同的年级，以及如何科学合理地管理和运作这样的班级，在教育方式上仍然处于空白状态，这对于农村教育质量的提高有非常大的阻碍作用。如果没有科学的管理和规划，会使农村教育陷入高消耗低质量的困境。所以，对联合班级的教师进行重点培训是非常有必要的。

　　此外，对于农村专业学校教师的培训工作也应该引起特别的关注，尤其是那些农业学校的教师。正如前文所阐述的那样，应该为农村学生提供更多的上学机会，他们应该得到额外的关心，农村教育质量的提高工作也需要得到特别的关注。因此，为农业学校的教师提供专业的培训，科学合理地对其所授课程，授课内容以及授课方式进行培训和指导是非常有必要的。这不仅提升了教师个人的教育技能和资格能力，也满足了农村教育的现实需要和学生个人学习工作的需要。我们应该建立一些专门的项目让农村学生更好地对现代经济和社会有一定的认识和了解，包括对银行、保险、税收、健康安全等一系列行业规则的认识和理解。

　　同时，在农村进行专业科学的职业教育培训也是非常有必要的。因为波兰农村的职业教育似乎一直是脱离其实际状况的，并没有为学生提供相应的实际工作技能，使学生毕业后并不能成为一个好的受雇者。例如，大多数农业学生毕业后的专业技能相对狭窄且并不能将所学技能应用于其他工作领域，并且很多单位部门反映农业学校的毕业生甚至缺乏最基本的劳动技能，包括从安全性生产到工具的使用装备方面，这样将严重影响其生产效率和效益。长此下去，将拉大波兰与其他欧盟国家同类工人生产效率之间的差距。所以，尽管教育部已经针对农业教育在课程的设置和引进方面做了努力，但针对农村职业教育教师的培训还是有必要的，只有这样才能使农村职业教育更加健康合理的发展。

　　另外，农村各部门教育系统管理者的技能也应该得到提高，具体包

---

① Anthony Levitas, Stanisława Golinowska, Jan Herczyński, "Improving rural education in Poland", *The center for social and economy research*, 2001, p. 3.

括经济、管理以及对教育部门运作的法律框架有明确的认识和理解能力，也包括对教育过程与功能有科学认识的能力。在现实中，各级官员非常缺乏对他们所管理学校科学评价的能力，只把精力放在学校的财政和学校硬件设施上面，忽视了真正与教育本身相关的目标和质量问题。长此下去，会使各地方政府陷入困境，制定实施的教育政策并不适合本校的实际情况，甚至自己都无法真正认识到所制定政策的意义所在。所以，在提倡对农村教师加强培训的同时，对农村教育管理者的培训也是迫在眉睫的。

为了提高培训的质量，教育部应该为农村教师颁布一系列的培训方案以供参考，这些培训过程应该包含一系列的项目，包括上文提到一些教育管理技能和某些潜在的能力。各项培训课程应包括教学纲要、教学方式以及详细的教学说明，一些练习册以及与之相关的辅助教学设施等，并且在培训后应该进行某些形式的练习、考试等，以帮助其更好地使用已有的教学设备，提高教育的效益和质量。而且一旦这些设备准备好并且得到教育部的批准认可，它就可以运用于波兰教师的培训机构中，一项与之相搭配的培训计划也将应运而生。这些培训的费用应该由教师个人和国家共同承担，在某些特殊情况下也可以由地方政府承担一部分费用。

教育部要保证教师培训项目的质量，既是为了教师自身，也是对那些潜在的资金赞助者负责。据我们估算，准备一个这样的教师培训项目将不会超过 150 万兹罗提，其中 50 万兹罗提用于培训材料的准备费用，剩下的 100 万兹罗提用于培训机构建立的保障费用。一年 4 个培训过程的进行将会花掉约 600 万兹罗提，这就是教师培训项目的投入成本，这些费用构成对教师培训工作的保障。如果一年有 2000 位农村教师参加培训，这样的培训项目将花费 2000 万兹罗提。

当然，农村教师在计算机和外语方面的技能也存在很大的不足，约有 20% 的农村学校仍然用俄语授课，仅有 30% 的农村学生有机会接触英语，[①] 农村学校教师的外语能力亟待提高。但是，提高语言能力效果

---

① Anthony Levitas, Stanisława Golinowska, Jan Herczyński, "Improving rural education in Poland", *The center for social and economy research*, 2001, p. 3.

是很难估量和评价的，因为语言技能的获得是一个长期的过程，短时间内的培训是无法看到效果的。此外，由于农村经济条件和科学技术条件相对较差，计算机的培训工作进行也很难，相比较而言，城市的计算机培训市场似乎更具有吸引力。

鉴于这些情况，下文将提出一些加强农村各类教师培训工作和农村教育管理者培训效果的建议，以供有关部门借鉴。

首先，针对不同类型教师予以针对性的教师培训，特别重视农村各类教师的培训工作。对于联合班级的大量存在及其发展，培养高质量的教师对其教育质量的发展是非常有意义的，也是紧迫的。所以，建议无论是各地政府，还是学校以及教师个人，都要重视教师培训的工作展开，即针对联合班级的特点，学会科学合理地分配教学时间和教学任务，并且形成一套科学的教学模式，将各年级的学习任务和学习目标进行科学的规划和预测，并且在实践中不断完善，时常与学生进行沟通，以提高学生参与教学的积极性。同时，负责教学和管理联合班级的教师们应该参加专门的联合班级教育培训班，学取各种先进的、科学的教学管理经验，进而提高自身的素质，促进联合班级教学和管理工作的顺利实施和高质量发展。对于专业学校的教师，其教学的主要目标就是在教授各科基础理论知识的同时，传授各种与农业实际、与社会实践工作相结合的实践技能，因为其所教育的群体在毕业后面临着择业与就业，所以在教授基础理论知识的同时，应该更加重视实践能力的培养。对于农村各专业教师的培训工作一方面需要学校及相关部门的支持，另一方面也需要国家政府和地方政府予以一定的资金支持，让学校有充足的资金用于建设学生实践的教育基地和购置各种实践所需设备。对于各科教师的培训工作应该有针对性地进行，一般的基础性理论知识培训应该放在次要位置，而将培训工作的重点放在教师的实践技能和对各类机械化设备操作的技能上，使教师受培训后可以迅速将其运用于实践教学中，其所接受的培训内容与教学实践相结合，从而提高培训的效率和效益，最终促进农村职业教育的质量。

其次，对于各培训机构的规范性工作是必须要做的。针对各培训机构质量参差不齐、追求利益最大化以及培训机构内部信息隐秘等问题，国家政府应该出台一些规定，将培训机构从设立到培训工作展开都予以规范。如在设立方面，国家应规定培训机构的成立必须有高质量的培训人员，有严格的组织结构和先进的组织文化，并且经过合法的申请后方可成立。而对于各培训机构追求利益最大化的问题，国家政府对其目标应该予以教育，并且制定严密的评价系统，以质量作为评价依据。对那些培训质量好的培训机构予以奖励，而对于那些培训质量差甚至连续三年都达不到培训质量最低考核标准的则予以强制性关闭，这样将有利于各培训机构重视自身的培训质量，形成以质量取胜的氛围。针对各培训机构信息不公开，尤其是对于农村地区教师获取信息更加困难的问题，国家政府应该出台相关规定，要求各培训机构都应建立自己的合法网站，在网站上随时更新完善自己的信息，并且将历年培训成果以及不足公布于网上，将自身各科的培训工作安排和进程以及培训重点都公布于网上，以方便各位参加培训的教师查找参阅，有针对性地、有重点性地进行选择。同时，最重要的一点，就是必须要求各培训机构发布的信息真实可靠，不带任何吹嘘任何虚假的成分，如果有违反规定的将面临严重惩罚，而这项工作的顺利进行一方面靠有关法规的强制实行，另一方面也依赖于各类教师及相关人员对培训工作的监督和适时举报。最终将有利于整个教师培训行业的科学发展，也大大地促进农村教师培训的质量提升，以及农村教育事业的发展。

最后，各学校的教育管理者的培训工作也是不容忽视的。一个国家，一个地区，乃至一所学校，其发展的模式和质量在一定程度上与教育政策的制定者和管理者有很大关系，合理科学的教育政策和先进科学的管理方式对于学校教育发展功不可没。所以，加强对农村学校管理者的培训也是很有必要的，一方面，应该通过培训使学校管理者学会认识学校管理工作，并且形成学校管理思维，有基本的学校管理知识理论，对一些国内外先进的学校管理思想和成功典范有一定程度的了解，并且在学习和了解的过程中能结合本校实际取其精华，去其糟粕，促进本校管理工作更先进科学地发展，这是作为一名学校管理者所必须具备的基本素质。另一方面，学校管理者应该定时不定时地关注和学习国家关于教育的各方面政策，真正认识各项教育政策的真实意图，进而结合本地区实际情况，因地制宜地实施，从而在积极响应国家政策的同时，也能实现自身学校的积极健康发展，最终能兼顾本地区学校和国家教育的利益，保证农村教育时刻跟随国家脚步，紧跟时代趋势，进而实现更加健康、积极、有效的发展。

同时，有些学者也倡导无论是学校教师人员，还是学校教育管理者，都可以尝试采用流动制教学和工作的做法，这种做法具有积极的参照意义。通过这种流动制教学和工作的方式，可以将一些优势地区先进的教学经验和管理经验传授到那些相对弱势的地区，同时在各地区之间的流动制教学和工作，也可以实现教学经验的互相交流与互动。但是，从法律的角度考虑，这种实现方式是相对困难的，因为只有学校，而非政府，才有权力直接雇用教师，所以如果没有学校的配合，这样的安排似乎也很难实现。所以，建议放宽对农村语言和计算机相关培训的规则限制，并且发展一些特殊的项目以吸引这方面的专家到农村地区工作。政府可以通过对其予以工资补贴、税收减免或者费用赞助等手段吸引并留住相关专家，这样不仅有助于提高农村教师的语言和计算机能力，也促进农村教育多方位的发展，以使其更加接近现代化，更接近社会。这样将有益于农村教育质量的提升和农村教育事业的发展，而这种状况反过来也将会有利于农村地区经济的发展，从而吸引更多优秀的人才愿意到农村任教，最终形成一个教育和经济相互促进相互发展的良性循环圈。

四 建立权力分散系统，实现教育监督

正如前文所强调的，管理学校的基本责任在于地方政府，但是通过地方政府的管理也会造成波兰教育质量的多样性。这种多样性源于地方政府管理能力的不同，也源于它们对本地教育系统资金支持的意愿和能力，更深层次的是源于各地所面临的社会经济和结构性的问题。

所以，学校的多样性需要中央政府予以统一监督，避免孩子因为所处地域不同或者所处地区管理机构不健全而接受的教育水平不平等，或者都是接受低水平教育的问题出现。同时，前文也指出，地方政府还面临着重建小学和初中教育的任务，所以就要求其对自己所管理学校的本质和质量有一个科学的判断。换句话说，就是要求他们对本地区学校的教育工作予以科学的评价，并在实践中进行一定的监督。

然而，当前的实际情况是中央政府和地方政府对教育工作的监督力

度都很弱。按照传统，学校教育的质量和控制权应该由管理者负责，确实，波兰各地方的管理者也的确一直以来都负责评价学校是否按国家教育标准规定而展开教学、配备师资和教学设施的。但在过去的 10 年中，各地区管理者在执行这些任务时的能力是弱的，一方面由于其自身储备资金不足的问题，另一方面是由于管理者的权限随着官员改革规模的扩大发生了急剧的变化，即通过减少某些部门而新建一些部门以满足其发展的需要，而在这个废旧换新的过程中使得监督权限不明确，对教育的评价和监督工作也处于空白期。

因此，波兰国家政府意识到应该发展一种新的监督系统来监督学校的教育工作，而且在最近的几年里已经有一种叫作"国家标准化水平测试"的监督工具将在波兰的 6 年级、9 年级和 12 年级中运用。这个测试工具可以提供学校教育的各种信息，也可以提供一些特别地区和私立学校的信息。但是，这个标准化的测试在投入使用一段时间后遭到了人们的批判，因为在现实中很多教育的成败衡量标准与孩子的家庭以及孩子家长的社会经济关系相关联，教育质量并不是唯一影响教育成败的因素，这使得这项测试工具的测试结果并不是精确的。所以人们对其适用性产生了怀疑，而国家政府对其适用性也应该认真思考。

鉴于此，发展一种新的更完善的教育监督工具将是国家政府和地方政府都需要考虑的工作，而且这种工具的发明对农村教育工作的监督尤为重要，因为统一农村各地区关于教育的理解以及开展教育的任务是非常迫切的。

制定这些评价工具的要求就是必须可以精确地对教育系统的各个数据进行统计、分析和决策。因为教育部缺乏对各个学校教师资格信息和学校质量的详细记录，而各个学校教育质量的多样性将会对整个国家的教育工作产生重要影响，所以该工具的发明很有必要。同样，波兰教育部对教师工资和雇用率的统计数据也相对缺乏，各学校只为其提供一份单一的目录报告，而报告中并没有根据教育服务水平的不同而列出不同的目录，也没有根据全职和兼职的不同有特别的说明。这不仅使国家政府对地方政府工资的增长额难以估算，也难以对整个国家教育过程的质量进行跟踪评价，最终教育部和地方政府都缺乏关于各类型学校的精确信息，以及地方政府为各类培训所支付的费用，结果导致国家和地方在制定提高学校质量的策略上也无法把握。

当然，这里也需要加强对教育管理者及全体员工的培训工作。同时，教育部对学校管理者工作的标准、工作量以及工作程序进行明确的规定和指导也是非常有必要的。学校管理者通过接受各种专业的培训，将会对其巩固职业教育的重建和教育资金的分配能力产生重要影响。在这里，尽管并没有对学校管理者培训工作的资金进行合理的预算，但我们认为国家政府应该对这些工作的展开进行科学的财政预算，教育部也有责任对这些培训工作的展开及过程进行一定的规范。

与此同时，教育部也应该鼓励构建一些与地方政府相当的社会机构，这对于各地区中等教育满足本地区劳动力市场需求有重要的积极意义；可以通过教育法律系统组成学校义务协会来实现，也可以通过对已存在的协会提供资金和项目来实现，无论是哪种方式，该建议的意图就是鼓励社会团体（包括各单位雇主、劳动办公室、联合部、私立学校、社会各界专家）参与并发展本地区的教育，并对本地区教育事业的发展进行赞助和监督。

最后，希望教育部帮助提高各种培训测试、访谈和社会分析等方式的使用率，以实现所有学校自我监督的目的。事实上，教育部已经帮助制订了一些基本培训测试手册，并且波兰的各个领域的专家已经在一些发展较快的地区将这些培训手册投入使用。但是，这些自我监督项目的实施也希望得到学校和地方政府的共同支持，我们相信通过学校和地方政府的通力配合，这些监督手册的应用将会更加广泛而有效率。据我们预计，如果在5—6所学校执行这样的自我监督项目，则需要花费约6万兹罗提，那么这样将需要地方政府承担一半的费用，照此算法，一年300万兹罗提将可以实现500—600所学校在接下来的时间对自己的教育工作和表现予以监督。这在很大程度上将可以实现教育工作更加明朗化，也利于国家政府更加科学合理地制定相关教育政策，最终促进教育工作的高效率发展。

五 教育理论与农村实践相结合，以教促农

正如前文所阐述的，波兰的农村教育"脱农"问题不仅出现在中等教育领域，基础教育和成人教育方面也存在着严重的"脱农"问题。

因为农村教育所学内容与农村实际相脱离，致使一部分农村受教育者在毕业后面临失业的窘境，他们要么在农村地区待着，靠祖祖辈辈传下来的农业耕作技术和畜牧业养殖技术生存，过着入不敷出的生活；要么就是不安于现状，进入城市打工，变成新的流动工人或者打工者。而前种生活方式的选择会使波兰的农村、农业以及农民始终处于一种萧条状态，使波兰的农村经济得不到重大而长远的发展。同时，由于部分群体的贫困，使得波兰政府用于生活补贴、社会救助等方面的财政经费增加，进而增加政府财政压力。而后一种生活方式的选择又会产生一系列连锁问题，包括农村人口大量涌入城市给城市环境、社会治安以及生活资源形成的压力，同时对城市劳动力市场也形成一种巨大的冲击力。另外，农村进城务工的农民的大量出现，又会导致大量留守儿童、流动儿童、无人照顾的老人等问题的出现，这在教育上又给政府增加了很多压力，而国家也需要出台相关政策措施解决这些问题。由于农村教育的"脱农"问题所导致的结果是多方面的，而负面作用更加明显，所以，对于农村教育"脱农"的问题是值得有关部门思考和重视的。

另外，国家政府在意识到这个问题的同时，也采取了相关的对策建议，如加强对农村成年人的农业培训，对农业种植予以补贴，也对农民种植和养殖提供一些补贴和鼓励措施，但结果并不明显。一方面，对农村成年人进行的培训太过于先进，如加大对其进行计算机培训的措施，使得农民们接受完培训后得到的不是种植的技术，而是纷纷购买计算机，甚至沉迷于游戏之中；另一方面，国家政府对于农业的补贴并不能改变农业落后衰败甚至被人歧视的命运，农民这个职业相比较工人教师等其他职业就看似低等。所以，很多农民还是纷纷舍弃自己的家园，到城市务工，成为新兴的进城务工者。

针对此问题，特提出若干意见，以供参考。首先，从教育方面来说，在基础教育方面，波兰国家教育部应该优化课程设置，根据实际需要对农村和城市进行有区别的课程设置，包括课程的内容和课程的教授方式。比如，在农村教育的课程中增加田园课程，让儿童们从小对自己所处地区的地理条件、经济状况、人文环境等有比较清楚的认识，并且形成对自己家乡的亲切感和自豪感，从小热爱自己的家乡，有长大后建设自己家乡的愿望。在课程的教授方式上，应该选择教学与实践相结合的方式，通过课本让学生了解自己的家乡，并通过开展各类实践活动去引导和开发学生的思考力和创造力，使其长大后能更好地服务于本地区经济的建设和发展。

在中等教育和成人教育方面，应建立相关的"农业学校"，而农业学校的课程设置应涉及农村、农业、农村经济等各方面，学生通过参加农业学校的学习和各项农业种植技能的培训，增加一定的农业先进知识和技能，在毕业后可以将所学知识迅速应用于农业实践中，做新型的高素质农民，使农村教育更好地为农村经济发展服务。

同时，在农村也应该为成人开设一些成人学校和职业学校，减少农村人口的文盲人数，将基本的文化知识对其予以传授和普及，增强农村人口的基本文化素质。

需要注意的是，对农村成人所开展的农业知识培训，应该与其切身感受和经验相结合。如用科学的理论为农民们介绍本地区的土壤、水源、物质资源、自然环境等，让他们能科学理性地了解自己的家乡，然后将一些国内外先进的种植技术，科学的种子搭配和育种技术传授给农民，让他们能更加科学地安排自己所种植的农作物类型。并且将国内外目前的农作物、动植物的需求量和供应量数据予以介绍，以帮助农民们能更加科学合理地安排种植的种类和数量，能使自己的农产品在市场销售上取得更好的成果，进而增加农民的收入。

另外，针对波兰农村毕业生因为所学知识在农村无法运用，大量进城务工的现象，波兰政府应该采取措施鼓励这部分人留在农村就业，对其在农村就业设立一些优惠政策。如鼓励其自主创业，创业者可以无息向国家贷款，向国家少缴甚至不缴纳赋税。虽然这种做法在短期看来会减少国家的财政收入，但是，从长远来看，这种政策的实施既可以缓解城市就业压力，更重要的是带动了农村相关产业的发展和很多人的就业，带动了农村地区经济的多元化发展，为农村经济的发展增添更多的新活力，也促进农村经济更好地发展，形成良性的循环圈。

此外，由于波兰地区的工资水平比较低，致使波兰农村的一部分人离开农村，转向英、美等国家去工作，结果造成了波兰农村人才的外流，农村专业劳动力的严重缺乏。针对此问题，波兰政府首先应该提高本国人民的工资水平，将各类优秀人才留住，最终这部分人为农村经济发展、为国家创造的价值将远远超过为其提高的工资比例，这对于波兰农村经济乃至整个波兰国家经济的发展都是非常有利的。

六　采用现代网络设施，促进农村经济和教育共同繁荣发展

对于波兰农村学校，当前最迫切的需要是为孩子们提供一些现代化的设施，以帮助其面对"信息化社会"而作准备，这些现代化设施包括计算机和各种网络技术能力。

当然，波兰的政策制定者们也意识到这方面的需要，并且也努力在这方面做了些小的项目。自1998年以来，波兰政府为全国部分基础教育和中等教育学校安装了计算机，每个计算机教室安有10台计算机，且这些设备覆盖了4000所学校，特别是在波兰大城市里的学校，这些设施的总费用约为23.5亿兹罗提，约有900名教师通过这些项目得到了相关技能的培训。[①] 但是，波兰农村的基础教育系统并没有得到这样的设施和服务，而且波兰农村的教师通过这些项目得到相关培训的人数也很少。更糟的是，农村教师得到的技能培训并不适合其现实教学的需要，而且这些培训项目也没有专门针对农村孩子和青年人提供适合其现实需要的文化和教育培训。

所以，在当今这个全球化的信息社会大环境下，我们认为有必要专门针对农村提供一些先进的设施，帮助农村社区进入信息化时代，如著名的"信息通信中心"或者"电脑村"。

"电脑村"是一种综合性的设施，可以为农村提供各种各样的计算机和电子交流服务设施，包括传真、电子邮件和网络交流。"电脑村"运动最早是在20世纪80年代由瑞典发起的，后来发展到很多国家。"电脑村"是专门为农村人口提供"新经济"的成果，并且将农村合并进入"信息化社会"的一个现代化项目。"电脑村"经常为农村孩子和青年人提供各种教育方面的服务，为农村经济的发展和农村人口非农收入的增加作出了很大的贡献。尽管"电脑村"已经成为全球农村发展的趋势，但目前波兰的农村并没有实现"电脑村"，而匈牙利国家已进

---

① Anthony Levitas, Stanistawa Golinowska, Jan Herczyński, "Improving rural education in Poland", *The center for social and economy research*, 2001, p. 3.

入"电脑村"。所以我们相信匈牙利进入"电脑村"的经验对于波兰肯定有很大的参照性价值,匈牙利的经验应该与波兰有很大的相关性,我们将其总结为以下几点:

- 一国对该项目的热诚并不能保证其顺利实施,匈牙利政府是通过融入美国国际开发署授权项目,才使得这个项目得以顺利运转;
- "电脑村"项目并不是由上级颁布的法令发起,是上级倡导的,而地方城镇的支持才是其成功运转基本的保证,需要城镇自身付出一些努力(包括为家庭资助一些设施以及对单位员工进行培训等);
- "电脑村"项目的效率与教育文化和经济发展的功能相关,且直接影响着孩子和成年人教育的质量;
- 倡导培训"电脑村"全体职员并且发展与之相关的培训内容,其目的是培养专业的"电脑村"使用者,并且开发一种"电脑村"监督系统,作为"电脑村"运作整体不可分割的一部分,而且要努力与"匈牙利电子协会"成为专业的合作伙伴,这是保证该项目运转的必备条件。

通过匈牙利的成功经验,建立"电脑村"项目对于波兰似乎更具有吸引性了。一些波兰联络部和科学研究部的专家正在准备起草一份文件,在文件中他们提出需要创建一个网络设施的项目,使数据传输速度达到128k/s。这个项目预计要求政府在三年里花费将近8.5亿兹罗提,以保证这些设施将覆盖全国所有的基础教育学校。文件中也提出要在农村和郊区设置"电脑村"项目,在三年里总共需要花费约8.7亿兹罗提(每个"电脑村"花费约4万兹罗提,共有2100个"电脑村")。[①]

然而,这个项目忽略了两个关键性的问题,其一是匈牙利在其项目中包含的培训"电脑村"全体职员和创建一个监督系统,其目的是使该项目的持股者对项目的效益有个考核标准,并且在相互比较经验中互相学习;其二是这个项目假定的是政府只提供大规模设施而不考虑各地

---

① Anthony Levitas, Stanistawa Golinowska, Jan Herczyński, "Improving rural education in Poland", *The center for social and economy research*, March, 2001.

区实际的需求水平，这将会在很大程度上导致一些设施仍然处于闲置状态。所以，我们认为应该建立一个具有领航性的项目，即为了质量而忽视数量的项目，或许这个项目更有助于为其他各地方做榜样和参考作用，到时再将该项目运转的经验进行推广，以实现各项设施使用效率的最大化。

因此，建立一个具有领航意义的项目以支持波兰农村"电脑村"项目的创建是非常可行的，这个项目大概由以下几个元素组成：

- 该项目保证创建 30 个"电脑村"；
- 通过对"电脑村"全体职员和地方居民进行专业的培训，增加其对"电脑村"项目的使用效率；
- "电脑村"为该项目培训内容提供保证，包括网址、数据接入口、教育软件、目标群体和农村人员等；
- 建立一个"电脑村"监督系统。

各地方政府应该在竞争中保证各自项目的顺利实施，这些竞争指标包括它们先前在计算机和电脑网络等相关领域的发展水平，以及它们为设置"电脑村"而愿意付出的花费。

另外，关于"电脑村"的教育功能和经济功能。我们可以发现，"电脑村"可以为地方居民提供关于农产品和价格、劳动力市场等信息，以增加农村地区农民的非农收入和机会（如旅游业和手工制造业）。农民通过享受互联网带来的各种新的关于农业先进技术信息以及国际上各农产品的供求信息，进而更加科学合理地安排自己的种植。另外，通过网络宣传本地区有特色的手工业和旅游信息等，这对于当地经济的发展和农民收入的增加意义非常之大。更重要的是，"电脑村"也可以作为一个文化中心，使波兰人民在享受文化遗产的同时，不仅将其传递给子孙后代，也可以将其传递给居住在国外的波兰国民，进而增强本国人民的爱国主义教育，实现民族自豪感和自信心的提升。

我们已经对该项目实施所需费用进行了相关的预算，见表 1 – 19①：

---

① See Z. Kotowski, R. Kotowski, "For a more detaiIed discussion of the budget", *The center for social and economy research*, March, 2001.

表 1－19　　　　　　　　　波兰创建"电脑村"的预算　　　　　　　单位：兹罗提

项目条目	预计花费
保证创建 30 个"电脑村"	3700000
保证创建农村网址、教育软件等设备	1000000
"电脑村"效益监督系统	125000

其中，这些项目的资金来源包括：国家政府预算、农业及农村发展项目援助、国际学校心理协会等、国家农业部支农项目组、地方政府财政预算、农村企业赞助及农民家庭支出、国际社会的赞助等。

第二章

俄罗斯农村教育发展的研究

现代世界的格局正在以前所未有的速度发生着变化，经济、科技、社会文化关系以及人类生活本身，在一代人的生命期限内就发生了深刻的变化。教育已成为人类广阔的活动领域之一，它的动态发展业已有机地加入到这些变化中。教育与其他社会机构有着千丝万缕的紧密联系；教育的状况和效率成为表征一个国家在发展水平、世界地位、竞争实力、国际威望等方面的重要指标。但是，教育又不仅仅是反映人类共同体状况的镜子，教育更可以被比作放大镜，因为教育在一个极大的范围内反映和表现出社会发展的矛盾过程，以及这一过程的乐观和悲观方面，使人类的社会矛盾、自然矛盾一目了然。

全球化，这是社会经济国际化新阶段的重要属性。在这个社会经济发展阶段，引导全球经济的整体机制正在酝酿，劳动的国际分工不断深化，世界各国、各民族之间的人口流动和文化影响正在扩大。教育则是促进人口流动的关键要素，比如人才学术交流及技能劳动力引进，同时世界经济全球化的发展也加速了教育全球化的进程，促进各国进行教育改革。当今，科技领域在对国民总值贡献中起重要作用，第二、第三产业的崛起与发展及其所创造的国民生产总值是我们不可忽视的，但农业作为各个国家产业结构的基础，尽管它属于传统的第一产业部门，但它对于国家的经济发展是起基础性作用的，甚至是起奠基性作用的。农业发展落后或者农业经济的发展不扎实，第二、第三产业就会因原材料匮乏等造成发展源动力不足，从而导致整个国民经济的衰退。农业的重要性显而易见，它不仅是三大产业的基础，甚至可以说是一个国家经济发展和存在的基础，所以农业整体水平的提高会引起国家经济发展水平的提高，农民实现真正的富裕，国家才会真正富强。可见，一国农业的发展，农村地区的繁荣，农民收入的增加是国家繁荣富强的基础，每个国家都必须重视本国农业、农村、农民的发展。

在农业发展和农村繁荣目标实现的过程中，农村教育的作用是不容忽视的。通过进行农村教育不仅可以提高农民的知识水平和技能，丰富农村的文化生活，还可以形成良好的道德风尚，为提高整体国民素质作贡献。通过进行农村教育，提高农民的生产效率和科学种植技术，实现农业的现代化经营模式，以集约化的生产方式实现低消耗、高产出的农业生产模式，这对于面对全球市场化的农业经济具有巨大的竞争优势。所以，教育，尤其是农村教育对农村经济文化的繁荣发展具有重大意义，各个国家有必要投入人力、物力、财力去发展和重视农村教育。

俄罗斯作为第二次世界大战后的超级大国之一，其经济、科技、社会、文化、卫生、教育等各方面的发展水平均为他国相关方面发展的风向标，城乡发展也是如此。众所周知，苏联幅员辽阔、人少地多，它拥有世界上最肥沃的黑土地带和最多的未开垦土地。俄罗斯作为世界上国土面积第一的国家，其农耕面积也占据世界前列，虽然气候条件恶劣，但农业产量及产值在世界排行中名列前茅，俄罗斯是历史上农产品出口量贡献较大的国家之一，据有关统计，俄罗斯是世界第三大农产品出口国，可见其在世界上的农业地位。所以，俄罗斯农业、农村、农民的发展对于该国经济发展意义是很显而易见的，俄罗斯国家政府也一直很重视俄罗斯农业的投入和发展，从历史上的五次农业改革可以看出联邦政府对农业的重视程度。相应的，联邦政府采取惠农政策以提高农民积极性，如国家统一实行优惠信贷、农业投入补贴、农业统一税（STA）政策，另外还实行价格和收入支持政策，充分保护农民的权益。[1] 所有措施旨在促进本国农业的恢复发展。俄罗斯农民须持有农民职业资格证书方可经营农场。因此，俄罗斯政府也非常重视农村教育的发展，在经费投入上也按一定比例与城市相同甚至高于城市教育经费投入，目的就是缩小城乡教育发展差距，实现国家整体均衡协调的发展。农产品创收使得俄罗斯农民的收入有所增加，农村教育也得到了一定程度的发展。但

---

① 朱行：《俄罗斯农业政策最新变化及分析》，《世界农业》2007 年第 12 期。

是，由于历史长期造成城乡经济发展的差距，以及现代城乡经济发展机会的不均等，使得俄罗斯农村经济和教育的发展相比较城市还是很落后的，城乡经济和教育发展不均衡的问题仍然存在。所以，农村经济发展问题与农村教育问题日益引起俄罗斯联邦政府的注意，也引起国家其他相关部门的重视。

本章选取俄罗斯国家作为研究对象，在概述俄罗斯国家政治、经济、历史发展、自然资源、产业结构、文化、军事等概况的基础上，重点研究了俄罗斯农村教育存在的若干问题，问题涉及教育经费方面、教育结构方面、教育管理人员和教师方面、教育政府部门和教育监督实施部门方面以及教育内容和方式、教育技术等方面存在的若干问题，并在此基础上提出一些相应的建议措施。本章主体分四大部分论述，第一部分将俄罗斯国家概况进行了论述；第二部分论述俄罗斯的农业、农村、农民问题，具体介绍了俄罗斯的农业现状以及存在的不足，俄罗斯农村发展的概况和农村发展存在的社会结构性问题；第三部分论述了俄罗斯的农村教育问题，该部分也是本章的主体部分，首先介绍了俄罗斯的学制系统以及俄罗斯在教育方面历年所进行的一些改革尝试，接下来主要介绍了俄罗斯农村教育存在的问题，主要从农村家庭教育、农村学校教育、农村社会教育三方面进行了阐述和评价；第四部分，也是本章的主体部分，主要是针对前面部分提到的农村教育问题提出若干改善建议，分别从教育经费和农民收入增加方面，组建农村教育现代化网络，加强农村教育信息化建设方面，提高农村教师和管理者质量方面，增强各权力机构监督教育政策实施方面，探索农村教育模式，提高农村教育效率方面等提出一些措施建议。

第一节　俄罗斯的国家概况

一　地理状况和行政区划

俄罗斯联邦位于欧亚大陆的北部，是世界上领土面积最大的国家，领土面积 1707.54 万平方公里，占地球陆地面积的 11.4%，是苏联总面积的 76.3%。① 领土略呈长方形，包括欧洲的东半部和亚洲的北部，从最东端白令海峡的杰日尼奥夫角到最西端加里宁格勒州的波罗的海海岸，长约 1 万公里，跨越 11 个时区。② 俄罗斯拥有漫长的边界线，边界的东、北部是海界，西、南部主要是陆界。总长度超过 6 万公里，其中海疆约占 2/3，海岸线长 4.3 万公里，共 12 个海相邻：北临北冰洋的巴伦支海、白海、喀拉海、拉普捷夫海、东西伯利亚海和楚克齐海，东濒太平洋的白令海、鄂霍次克海和日本海，西濒大西洋的波罗的海、黑海和亚速海。俄罗斯的陆路边界约占其疆界的 1/3，共 14 个国家接壤：挪威、芬兰、爱沙尼亚、拉脱维亚、立陶宛、波兰、白俄罗斯、乌克兰、格鲁吉亚、阿塞拜疆、哈萨克斯坦、蒙古国、中国和朝鲜。此外，在东部还同日本和美国的阿拉斯加隔海相望。俄罗斯联邦边界线总长 60932.8 公里，其中海界 38807.5 公里，江河界 7141 公里，湖泊界 475 公里。中俄边界长达 4300 多公里，其中东部边界 4280 公里，西部边界 54 公里。③

　　俄罗斯国土面积广阔，各种地形地貌均有。地形复杂多样，以平原为主，其中平原、低地、丘陵占国土总面积的 60%，高原和山脉各占 20%。④ 俄罗斯境内地势东高西低，辽阔的平原分布在西部，以叶尼塞河为界，以东大部分是高原、山脉，以西主要是平原。平原部分以乌拉尔山为界，分为东欧平原和西西伯利亚平原两部分。俄罗斯联邦的地形平展辽阔，可耕地面积广大，平原部分大多被植被覆盖，为经济发展提供了丰富的林业资源和陆地野生植物资源。俄罗斯高原和山脉的面积不大，但其间却蕴藏着丰富的矿藏资源（俄罗斯矿产资源种类繁多，储量丰富，自给程度高，煤、铁矿、石油、天然气、铜资源均居世界前列），也是众多河流的发源地（叶尼塞河、勒拿河、鄂毕河等，繁衍了 250 多种具有经济价值的水产品），是经济发展必不可少的物质基础。

---

① 潘德礼：《列国志：俄罗斯》，社会科学文献出版社 2010 年版，第 1 页。
② 同上。
③ 同上书，第 2 页。
④ 同上书，第 4 页。

俄国十月革命前，沙皇俄国是一个单一制的多民族的封建专制国家，全国划分为几十个省，由沙皇及各边疆区军事行政长官直接管辖。1917 年十月革命以后，成立了以自治区为主体的俄罗斯社会主义联邦共和国。根据 1918 年苏俄宪法，只有民族自治实体（以后发展为三种形式的民族自治实体，包括民族自治共和国、民族自治州和自治区）能够作为联邦主体加入俄联邦，而其他以俄罗斯人为主要居民而划分的州或边疆区则仍按单一制的原则由俄联邦中央实行由上而下的统一管理。1991 年苏联解体后，俄罗斯联邦内的各行政区域、自治实体共同签订《联邦条约》。条约明确规定：各民族自治实体，各边疆区和州同为联邦主体，各主体在与中央的关系中权利平等。1993 年 12 月 12 日，经全民投票通过了新的《俄罗斯联邦宪法》。宪法规定了新的俄罗斯联邦体制。俄罗斯联邦共有 89 个行政主体，其中有 21 个共和国，10 个自治区，1 个自治州，2 个联邦直辖市，6 个边疆区和 49 个州。① 普京执政期间，随着联邦体制的改革，为适应社会经济发展的需要，俄罗斯联邦主体出现了合并的趋势。由此一来，截至 2008 年 3 月，俄罗斯联邦主体的数量减少到 83 个，其中：共和国 21 个（数量未变）；自治区 4 个（原为 10 个）；自治州 1 个（数量未变）；联邦直辖市 2 个（数量未变）；边疆区 9 个（原为 6 个）；州 46 个（原为 49 个）。②

二 居民与宗教

俄罗斯国家统计委员会 2003 年 10 月 28 日公布了 2002 年全国人口普查的主要数据。俄罗斯联邦有常住人口 1.452 亿，其中城市人口 1.64 亿，占 73%，农村人口 3880 万，占 27%。③ 在世界各国人口数量排名中俄罗斯占第 7 位。与 1989 年人口普查结果相比，俄罗斯人口减少 180 万，其中城市居民减少 160 万，农村居民减少 20 万。④ 俄罗斯的人口自然增长率一直较低，在整个 20 世纪居民人数大幅度减少的状况

---

① 潘德礼：《列国志：俄罗斯》，社会科学文献出版社 2010 年版，第 2 页。
② 同上书，第 4 页。
③ 同上书，第 12 页。
④ http：//www. russia. org. cn/chn/？ SID = 15&ID = 27.

出现过三次。第一次是在十月革命和国内战争时期，第二次是在卫国战争时期。这两次人口减少与战乱局势密不可分。第三次是在和平的 90 年代，即"改革"时期。以 1992 年为界，俄罗斯人口始终呈现绝对减少或负增长态势。由于经济衰退，人民生活水平下降，导致人口出生率下降，死亡率上升，人口自然增长率出现持续多年的负增长，但俄罗斯政府针对该现象采取鼓励生育政策，于 2001 年状况有所改善。1992 年以来，俄罗斯人口增长率如表 2 - 1 所示：

表 2 - 1　　　　　　1992—2001 年俄罗斯人口增长率　　　　　单位:%

年份	1992—1993	1993—1994	1994—1995	1995—1996	1996—1997	1997—1998	1998—1999	1999—2000	2000—2001
人口增长率	- 0.02	- 0.2	0.1	- 0.3	- 0.4	- 0.5	- 0.3	- 0.6	0.5

俄罗斯地域辽阔，人口平均密度低，目前每平方公里近 8.43 人，是世界上人口密度最低的国家之一。但人口分布极不平均，欧洲地区人口稠密，占全国人口的 78.5%，平均每平方公里 34.4 人;[①] 而且人口主要集中在中央区、伏尔加河沿岸区、北高加索区和乌拉尔区，这四个区的面积占全国总面积的 13%，占全国总人口 57.4% 的居民居住在这些地区。[②] 西伯利亚和远东地区地域辽阔，面积占全国总面积的 21.5%，平均每平方公里 2.32 人,[③] 而且主要集中在南部铁路沿线地带。

在俄罗斯的人口性别结构中，男性比重一直低于女性。多年保持着男性居民占总人口的 47%，女性占 53% 的比例。[④] 由男女人口比例可以推断俄罗斯的人力资源状况，同时由农村、城市比例可见俄罗斯农村迫切发展农村劳动力的需求。

---

① 潘德礼:《列国志：俄罗斯》，社会科学文献出版社 2010 年版，第 13 页。
② 同上。
③ 同上。
④ 俄罗斯联邦国家统计委员会:《2002 年俄罗斯统计年鉴（统计汇编）》，第 87 页。

表 2-2　　　　　2002 年 1 月 1 日不同年龄段性别比例分布情况　　　　单位：千人

居民总数	居民总数		城市居民		农村居民	
	男性	女性	男性	女性	男性	女性
	67282	76667	48769	56312	18518	20355
其中各年龄段：						
0—4 岁	3240	3066	2243	2120	997	946
5—9 岁	3652	3471	2468	2346	1184	1125
10—14 岁	5533	5292	3814	3644	1719	1648
15—19 岁	6200	6008	4406	4334	1794	1674
20—24 岁	5495	5406	4029	4062	1466	1344
25—29 岁	5259	5163	3948	3951	1311	1212
30—34 岁	4879	4655	3767	3525	1112	1130
35—39 岁	5257	5331	3812	3980	1445	1351
40—44 岁	6147	6448	4465	4876	1682	1572
45—49 岁	5539	6086	4113	4710	1426	1376
50—54 岁	4553	5279	3475	4178	1078	1101
55—59 岁	2135	2706	1642	2118	493	588
60—64 岁	3525	5100	2555	3772	970	1328
65—69 岁	2285	3689	1560	2602	725	1087
70 岁以上	3588	8967	2472	6094	1116	2873
在全体居民中，尚未达到劳动年龄的人口	13702	13063	9415	8971	4287	4092
劳动适龄人口	44186	43143	32767	32755	11419	10388
超过劳动年龄的人口	9399	20461	6587	14586	2812	5875

资料来源：俄罗斯联邦国家统计委员会：《2002 年俄罗斯统计年鉴（统计汇编）》，第 87 页。

俄罗斯国内大多数居民信奉东正教，教徒有七千余万，遍及全国，占全国人口一半左右。东正教在俄罗斯已有一千多年的发展历史，俄罗斯国家文化的主要特征是由东正教文化构建和传播的，所以当今世界把俄罗斯文明称为东正教文明。东正教征服俄罗斯的过程，也是俄罗斯农民征服东正教的过程。俄国农民接受基督教的过程及对东正教文化的改造过程，形成了俄罗斯农村文化的主要特征。但是，俄罗斯农民在东正教信仰上，特别迷信于俄国东正教特有的圣像崇拜，专心于神秘主义，所以俄罗斯农村经济落后与其密不可分，俄罗斯联邦政府正努力加大措施进行俄罗斯农村教育，以实现教育强国的目标。

三　经济改革

俄罗斯的经济可以划分为几个阶段：解体前后戈尔巴乔夫执政期间、叶利钦执政期间、2000 年普京执政后。

苏联解体前的最后几年，也就是戈尔巴乔夫执政期间，俄罗斯拥有苏联 60% 的 GDP 总值、64% 的国民财富（土地、森林、矿藏除外）、57% 的第二产业产值、46% 的第一产业产值、62% 的基础建设投资额和 52% 的进出口贸易外汇。按照俄罗斯统计机构根据国际比较法计算，1990 年俄罗斯的国民生产总值为 12258.5 亿美元，为美国的 22.2%；人均国民生产总值为 8252 美元，为美国的 37.4%。其国民生产总值在世界的份额按汇率计算为 4.72%；按购买力平价法计算为 5.21%。[①]

20 世纪 80 年代以来，计划经济的破绽逐渐显现，俄罗斯的经济处于停滞和衰退阶段，其经济实力骤然下跌：1985 年按照购买力平价法计算，它的 GDP 总值约占世界的 4%，为第 6 位；它的出口创汇占世界份额的 2.94%，为第 9 位[②]。至 1991 年，其国内生产总值在世界的比重已经下降到 3.36%，在国际经济排行榜下降至第 9 位；其出口创汇率下降到 1.61%，经济地位跌至第 14 位。[③] 当然，其某些产品的产量仍在世界上占有一席之地：80 年代后期，俄罗斯每年生产占世界份额 32% 的天然气、9% 的石油、12% 的化肥和 8% 的水泥。[④] 同美国相比，

---

① 潘德礼：《列国志：俄罗斯》，社会科学文献出版社 2010 年版，第 200 页。

② 同上。

③ 同上。

④ 同上书，第 201 页。

它的石油、天然气、金属切削机床、拖拉机、钢、化肥、水泥等产量占据优势，而电力、煤、谷物、肉类的产量却只相当于美国的 1/3 左右，相对来看，俄罗斯的农业发展较美国而言较为缓慢，所以俄罗斯政府应积极发展农业、农村、农民。苏联解体后，由于改革脱轨俄罗斯陷入严重的经济危机，经济实力明显下降。

1992—1993 年俄罗斯两大最高权力机关（总统和人民代表大会）发生激烈冲突，最终叶利钦于 1993 年 10 月以武力解散了俄罗斯首届民选议会，取得这场政治斗争的最终胜利。叶利钦上位后，采用西式休克疗法进行经济整改，但整体效果不理想，经济衰退现象没有发生改变。1995 年俄罗斯的国内生产总值在世界的比重下降到 1.96%，为第 11 位。[①] 随着 1996 年经济状况的持续恶化（见表 2 - 3），俄罗斯经济实力在世界的排名已被排挤到第 11 位以外。1995 年出口在世界的比重下降到 1.61%，为世界的第 19 位。[②] 与 1990 年相比，1998 年俄罗斯 GDP 跌幅累计已超过 50%，经济实力在世界经济排行榜上从第 2 位滑落到第 15 位。[③] 人均国内生产总值列世界第 50 位，俄罗斯现已处于中等强国的范畴，曾经的超级大国不复存在。

表 2 - 3　　　　　　　　俄罗斯重要工农业产品产量

年份	1996	1997	1998	1999	2000	2001
钢（万吨）	4930	4850	4370	5150	5920	5900
石油（万吨）	30100	30600	30300	30500	32400	34800
天然气（亿立方米）	6010	5710	5910	5920	5840	5810
电力（亿度）	8472	8341	8272	8462	8778	8913
煤（万吨）	25700	24500	23200	25000	25800	27000
谷物（万吨）	6930	8860	4790	5470	6550	8520

资料来源：《2002 年俄罗斯统计年鉴》，莫斯科，2002 年，第 358、363、365、414 页。

---

① 潘德礼：《列国志：俄罗斯》，社会科学文献出版社 2010 年版，第 201 页。

② 同上。

③ 同上。

　　普京执政的八年中，俄罗斯政局稳定，经济持续快速增长（见表2－4），俄罗斯国内生产总值从2000年至2007年增长了72%，工业生产增长了56.2%，零售业增长了141.3%，对外贸易总额增长了401.9%，固定资本投资增长了159.3%，居民实际收入增长了141.4%。① 2007年，在世界经济特别是主要发达经济体增速放缓的大背景下，俄罗斯经济仍保持了快速发展势头。普京执政以来俄罗斯在政治经济等方面所取得的效果显而易见。梅德韦杰夫在任期间坚持俄罗斯经济改革大方向不动摇，保持了俄罗斯经济持续稳定发展。2012年普京又重新竞任总统职位，继续大力度支持和改革俄罗斯的社会经济及科教文卫事业。

表2－4　　　　　　　　俄罗斯主要经济指标变化情况

（按可比价格计算，为上年的%）

年份	1999	2000	2001	2002	2003	2004	2005	2006
国内生产总值	105.4	109.0	105.0	104.7	107.3	107.2	106.4	107.4
工业产值	111	112	105	103.1	108.9	108.0	105.1	106.3

　　外贸创汇也是每个国家促进经济发展的重要手段之一，俄罗斯联邦政府为发展对外贸易经济，鼓励出口，实现贸易顺差，政府在财税费政策方面给予支持和优惠待遇。其具体的方针、政策和措施主要体现在三个重要的文件中：《1993—1995年刺激工业品出口的措施纲要》、《联邦发展出口纲要》（1996年2月2日第123号政府决议）、《俄罗斯联邦1996—2005年出口战略大纲》。普京执政以来，根据国内经济发展现状和全球经济一体化的趋势，调整了对外贸易方针，鼓励工农企业开展对外贸易经济活动（见表2－5），抵制国际市场歧视行为及贸易倾销等不正当竞争行为，争取早日加入世贸组织。

---

　　① 潘德礼：《列国志：俄罗斯》，社会科学文献出版社2010年版，第199页。

表 2 - 5　　　　　　　　1995—2007 年俄罗斯对外贸易额变化　　　　单位：亿美元

年份	外贸总额	出口	进口	顺差
1995	1450	824	626	198
2000	1499	1050	449	601
2001	1556	1019	538	481
2002	1683	1073	610	463
2003	2120	1359	761	599
2004	2806	1832	974	858
2005	3692	2438	1254	1184
2006	4686	3039	1647	1392
2007	5782	3552	2231	1321

资料来源：http//www. gks. ru/bed/regl/B08 - 11/IssWWW. exe/stg/d03/26 - 02. html。

　　经济是基础，是发展国内外其他项目的支柱并在一定程度上起主导作用。俄罗斯经济在普京、梅德韦杰夫执政后取得了良好长远的发展，经济基础决定上层建筑，经济的快速发展为俄罗斯的科教文卫事业提供了正能量，促进其又好又快发展。

四　科教文卫体

　　俄罗斯的科学技术经历了学习和赶超西方的过程，形成较为完备的科研体系。在当今科技竞争激烈的情况下，俄罗斯的技术能力依然稳居世界前列，尤其在基础研究方面。俄罗斯科研主体可以分为四大系统：俄罗斯科学院系统、专业部门研究系统、高校研究系统、企业系统。科研经费来源于两大系统：预算资金、预算外资金。俄罗斯实行科技立法，先后出台了《科学和国家科学技术政策法》、《关于国家支持科学发展和科技开发的决定》、《关于成立联邦发展电子技术基金会的决定》等一系列有关国家科技发展的法规，还颁布了总统纲要。近几年，俄罗斯创立了"俄罗斯科学发展学说"。[1] 该学说强调科学是复兴俄罗斯最重要的资源，认为科学和科技潜力是决定国家未来的宝贵财富。另外，

---

① 潘德礼：《列国志：俄罗斯》，社会科学文献出版社 2010 年版，第 440 页。

俄联邦政府重视国际交流合作，通过双边或多边国际科技合作来参与国际分工，加速全球一体化的进程。

教育方面，俄罗斯教育体系完备，科教工作一体化，加强国际学术交流合作。联邦政府根据社会需要和儿童身心发展规律及教育状况进行教育改革，以提高国家整体教育质量为旨归。从 20 世纪 80 年代中期开始，俄罗斯的办学主体实行国家参与型多元化模式，从国家包办变为国家—社会办教育，后又进行学制改革、课程改革等一系列促进俄罗斯教育深入发展的举措。

俄罗斯的文艺成果在世界上位居前列，在文学、音乐、美术、舞蹈等各方面都有较高深的造诣。文学方面：积极浪漫诗歌代表普希金、莱蒙托夫、十二月党人雷列耶夫；小说家果戈理、列夫·托尔斯泰、高尔基、陀思妥耶夫斯基、奥斯特洛夫斯基等。音乐方面：彼·伊·柴可夫斯基的《叶甫根尼．奥涅金》、《黑桃皇后》，芭蕾舞曲《胡桃夹子》、《天鹅湖》、《睡美人》；安·鲁宾斯坦的代表作歌剧《恶魔》、声乐曲集《波斯恋歌》；肖斯塔科维奇是世界公认的卓越作曲家之一，他的交响曲代表作有电影《青年近卫军》、《攻克柏林》，戏剧《李尔王》、《哈姆雷特》等。美术方面：安德烈·鲁布廖夫是俄罗斯最早的画家，代表作有《三圣图》，另外还有我们熟知的列宾的《伏尔加河上的纤夫》等著名作品。舞蹈方面：俄罗斯的芭蕾舞艺术在世界上首屈一指。俄罗斯艺术家创造的文艺作品在世界上的地位和影响较大，为别国学习和借鉴提供了样板。

经济转轨以来，俄罗斯的医疗保健体制也有所改变，取消了原来的"公费医疗"，实行"医疗保险"制度（见表 2-6）。但是，俄罗斯有种类齐全的医院门诊部、专业的医务人员和医疗科研机构，卫生机构的投入一般由国家统一拨款。2001 年，俄罗斯约有 400 万人从事医疗工作，全国约有 1.1 万所医院共有 165 万张床位，平均每万人有 115 张床位。在医务人员中，医生有 68 万人，平均每万人有 47 名医生。①

---

① 潘德礼：《列国志：俄罗斯》，社会科学文献出版社 2010 年版，第 513 页。

表 2 – 6　　　　　　　　　俄罗斯的医疗机构和医务人员数

年份	1995	1996	1997	1998	1999	2000	2008
医院（万所）	1.21	1.18	1.15	1.11	1.09	1.07	0.65
医院床位（万张）	185.05	181.27	176.07	171.65	167.24	167.16	139.85
每万人床位数（张）	126.1	123.9	120.6	117.8	115.5	115.9	98.6
门诊部、诊疗所（万）	2.11	2.21	2.17	2.11	2.11	2.13	1.56
医生数（万人）	65.37	66.92	67.34	67.98	68.25	68.02	70.38
每万人有医生数（人）	44.5	45.7	46.1	46.7	47.1	47.2	49.6
中级医务人员（万人）	162.88	164.86	162.63	162.09	161.17	156.36	151.12
每万人有中级医务人员（人）	111.0	112.7	111.4	111.4	111.3	108.4	106.5

资料来源：《2002 年俄罗斯统计年鉴（统计汇编）》，莫斯科，2002 年，第 239、242 页。

俄罗斯的体育事业蓬勃发展，并注重国际交流，新闻出版业发展迅速，出现百家争鸣、百花齐放的竞争局面。

五　外交关系

苏联解体后，俄罗斯的外交政策随国际形势的发展而作出相应调整，大致分为四个阶段：亲西方外交（1992 年上半年），这个时期俄罗斯的外交政策的特点是争取加入强国阵营，争取西方大规模援助，寻求庇护；初步调整（1992 年 10 月至 1995 年），1993 年 4 月《俄罗斯联邦对外政策构想的基本原则》出台，谋求与西方建立战略伙伴关系，提出推行"双头鹰政策"，提出"防止片面发展某个地区的方针。将同亚太地区、南亚、西亚的关系提到优先发展的地位"等；多极化外交（1996—2000 年），1997 年、1998 年总统的《国情咨文》和《俄罗斯联邦国家安全构想》显示出俄罗斯的多极化外交政策，基本原则是全方位和避免走向对抗，最大限度地维护俄罗斯国家利益；务实性外交（2000 年至今），普京担任总统一职后，对外交政策作了进一步调整。[①] 这一时期的外交特点是"国内目标高于国外目

---

① 潘德礼：《列国志：俄罗斯》，社会科学文献出版社 2010 年版，第 549—552 页。

标"、"加强睦邻友好关系"、"加强经济合作"等。另外,"金砖四国"的亮相及其合作机制的建立,对世界经济风向有不可置否的影响,后于 2010 年 12 月吸收南非加入该新兴经济体,对世界经济一体化、多元化作出了贡献。

第二节 俄罗斯的农村综合发展现状

一 俄罗斯的农业

(一) 苏联农业遗留的诟病

农业,一直是苏联国民经济发展的薄弱环节。国家给予农业高度重视,农业财政拨付预算占据国家资金预算的相当比例且自实行战时共产主义政策时起国家投入农业的资金是逐年上升的,与此同时集体农庄的雇工和国营农场的职工的收入较同时期其他行业的薪酬占有相对优势。但是,这一时期的农业劳动生产效率却停滞不前。据 1987 年苏联的一个文件透露,在过去的二十年间,尽管国家计划的农业增长目标一再减少,但其实现率还是从 84% 降到 46%。以五年为计算单位的农业增长水平,二十年里从 4.2% 下降到 1.6%。[①] 农业投入与产出、产出与分配之间的巨大反差表明,苏联农业是一个低效产业。新经济政策下农业经济改革的失败,给原本"孱弱"的农业火上浇油,其主要表现在以下几个方面。

农业经济全面衰退。1991 年农业生产总值较 1990 年下降了 5%,谷物产量下降 24%,牲畜存栏数减少 8%,畜产品总产量降低 7%。[②]与此同时,由于国家经济局势动荡加之通货膨胀严重,农业投资减少5%,用于农村基础设施的资金微乎其微。农业生态环境恶化。多年来化肥施用不当、工业废弃物的污染及粗放式的耕作和饲养活动,使苏联的土地中有机质含量大幅减少。在俄罗斯联邦的 1.325 亿公顷耕地和

---

① 张泉欣:《"休克疗法"与俄罗斯农业市场化改革》,《农村经济与社会》1994 年第 5 期。

② 同上。

8800万公顷草牧场中，有3800万公顷（18%）已变为沼泽和乱石滩，有近4000万公顷（20%）盐碱化，8700万公顷耕地被侵蚀。[①] 著名的俄罗斯"黑土地带"，由于滥垦乱造，沟壑交错，土壤腐殖质含量由10%降为5%，有近200万公顷农业用地受到放射性污染。此外，农村青壮年劳动力"离农"现象严重，造成农业队伍老化、素质低下，而且土地资源利用效率低——在东欧有"数百个村子空荡地竖立在原野上"，[②] 耕地和草牧场成片荒芜。

苏联末期改革采用不改变集体农庄和国营农场传统经济结构的新经济政策，通过国家宏观农业政策支持、推行全国的经济核算制度和"三自"原则（即企业自负盈亏、自筹资金、自治），支持和鼓励合作、集体和家庭承包等多种经营形式，以寻求国家与个人公共利益最大化。改革取得有效进展，但是并没有从根本上改变农业的经济现状，尚未形成新的农村经济运行机制。农业经济的全面衰退、农业生态环境的恶化、经济机制改革的挫败导致苏联拥有20%的世界耕地却不能满足仅占世界8%人口对食品最基本的需求，这就是作为继承国的俄罗斯农业存在的弊病。

（二）俄罗斯农业改革措施及成效

1. 农业用地私有化

1991年12月21日苏联的11个共和国领导人聚首哈萨克斯坦首都阿拉木图签署了《阿拉木图宣言》，正式宣告苏维埃联盟解体。作为苏联的继承国，独立后的俄罗斯承袭了绝大部分资源——76.3%的国土和52.2%的人口。有近60%的耕地、70%的草场、20%的牧场和96.6%的林木储备等苏联的农业资源留在了俄罗斯联邦。[③] 俄罗斯巨大的农业资源优势，在当今也跻身世界前列，其发展潜力尚可预见。与此同时，苏联的政局混乱、经济衰退、社会问题尖锐等诸多难题也留给了俄罗斯

---

① 张泉欣：《"休克疗法"与俄罗斯农业市场化改革》，《农村经济与社会》1994年第5期。

② ［英］特欧德·沙宁：《改革下的苏联农业》，林秀力译，当代世界出版社1998年版，第89页。

③ 张泉欣：《"休克疗法"与俄罗斯农业市场化改革》，《农村经济与社会》1994年第5期。

联邦。解决这些复杂而又棘手的难题，俄罗斯政府需重磅出击。农业用地私有化改革就是在这一背景下出台的。1990 年 11 月，俄罗斯联邦出台《农户农场法》和《土地改革法》，承认农村土地产权私有化，希望农民效仿西方利用私有土地组建家庭农场。但是，这次强制性制度变迁由于与俄罗斯民众的集体意识不相符，并没有立即在农村推行。1991 年 12 月，以农村土地私有化为核心的激进式农业改革拉开了序幕。叶利钦连续发布了两个土地私有化的总统令——《关于俄联邦实现土地改革的紧急措施》和《关于改组集体农场和国营农场的办法》。文件规定，在 1993 年 1 月 1 日之前，所有集体农庄和国营农场必须进行改组，允许农场成员持有土地份额离开农场和农庄，组建私人家庭农场。截至 1995 年 7 月 1 日，俄罗斯 95% 以上的国营农场和集体农庄重新进行了登记，然而，这些农场和农庄大多数仍然保留原有的经营模式，仅仅是对其土地所有权进行改组转换。①

农村土地私有化改革将原有的国营农场和集体农庄经过重新登记、改组成为农场企业，所有权由原来的国有制变为股份制，农民单独或集体拥有私有土地，形成家庭农场经营形式，部分农民则在房前屋后开辟耕地，改革后俄罗斯农业生产主体包括农场企业、家庭农场、居民经济。作为俄罗斯农业改革的期望目标，家庭农场或集体农庄对俄罗斯农业的贡献不大，拥有少量土地的居民经济却为俄罗斯居民提供大量农副产品（见表 2-7）。

表 2-7　　　　　1991—2008 年俄罗斯农场企业、居民经济和
家庭农场的发展速度和贡献率　　　　　　　单位:%

年份	环比发展速度			不同农业主体的贡献率		
	总量变化	农场企业	居民经济	家庭农场	农场企业	居民经济	家庭农场
1991	95.5	91.0	108.7	—	68.6	31.2	0
1992	90.6	82.7	108.1	—	67.1	31.8	1.1

———————————

① ［俄］B. B. 博里索夫娜:《俄罗斯农业改革的经济后果》,《西伯利亚研究》2000 年第 4 期。

续表

年份	环比发展速度				不同农业主体的贡献率		
	总量变化	农场企业	居民经济	家庭农场	农场企业	居民经济	家庭农场
1993	95.6	90.9	102.7	166.7	57.0	39.9	3.1
1994	88.0	83.9	95.3	86.2	54.5	43.8	1.7，
1995	92.0	84.6	103.4	97.4	50.2	47.9	1.9
1996	94.9	89.9	100.4	95.2	49.0	49.1	1.9
1997	101.5	102.4	99.4	126.3	46.5	51.1	2.4
1998	86.8	78.5	94.6	80.2	39.2	58.6	2.2
1999	104.1	105.4	102.9	116.6	41.2	56.3	2.5
2000	107.7	106.5	108.0	121.5	43.4	53.6	3.0
2001	107.5	111.1	103.0	136.2	43.9	52.4	3.7
2002	101.5	101.9	100.1	116.6	39.8	56.5	3.7
2003	101.3	96.2	104.2	111.4	39.7	55.7	4.6
2004	103.0	104.8	99.6	130.7	42.6	51.5	5.9
2005	102.3	103.1	100.7	110.6	41.2	53.2	5.6
2006	103.6	104.3	101.6	118.0	41.2	52.3	6.5
2007	103.4	104.9	102.1	105.2	47.6	44.3	8.1
2008	110.8	116.2	102.1	127.8	48.1	43.4	8.5

资料来源：http//www.gks.ru/free-doc/new-site/business/sx/tab/ - sel3.html；http//www.gks.ru/free-doc/new-site/business/sx/tab/ - sel2.html。

2. 营建现代农业组织体系

根据俄罗斯政府《关于改组集体农庄和国营农场制度的决议》和俄罗斯农业部《关于改组集体农庄和国营农场的建议》，国营农场和集体农庄及其企业实行了改组和重新登记。到 1992 年年底，俄罗斯境内的 1.29 万个国营农场和 1.25 万个集体农庄有一半完成了改组工作，到 1994 年 1 月 1 日有 95% 完成了重组和登记注册，其中大部分改组为集体企业、合作企业、股份制企业和私有企业，约 34% 保留了原有组织形式。[①] 到 1998 年年初，农业组织形式构成发生了根本变化。新登记

① 林跃勤：《俄罗斯农业改革及其借鉴经验》，《俄罗斯中亚东欧市场》2006 年第 3 期。

注册之后的私人农户（农场）和农民经济组织达 28 万个、各类农业企业共 2.7287 万家（见表 2 - 8）。① 俄独立初期农业组织形式改革将大型集体农庄、国营农场改组为小型农场、合作社和农业企业，采取分割方式将农业组织规模缩小，意图通过有效管理和整治扩大各农业企业的经营效果和经济效益。但是实力较弱的小农场企业由于不抵国家经济危机的打击，80% 的农业组织经营惨淡、负债累累。农场萧条导致农业衰退。为了扭转这种不利局面，叶利钦在任后期调整农业发展方针，鼓励生产组织合作经营，实行农业生产一体化，即将产前、产中和各环节耦合在一起，以减少赘余环节，降低经营成本，提高经营效率。普京执政后旨在发展大农业，建立现代大型农工商综合体，实现农业一体化。普京认为，建立大型农工综合体是"发展国内经济的最重要的途径之一，同时也是关系到农村千百万公民生活前景的问题"，培育和发展"大商品生产者"是俄罗斯"农业的未来"。2001 年俄罗斯农业部发展现代农业专门会议形成的文件也强调，俄罗斯农业在商品化生产基础上方能长足有效发展。

表 2 - 8　　　　　1998 年年初俄罗斯农业企业所有制形势变化　　　单位：万、%

合作类型	数量	比重
合作社、集体农庄和混合农业	1.0264	37.6
有限责任公司	0.5962	21.8
封闭型股份公司	0.4770	17.5
开放型股份公司	0.0524	1.9
国有与市政所有企业	0.2990	11.0
合伙企业	0.0214	0.8
其他企业	0.2563	9.4
合计	2.7287	100

资料来源：俄罗斯农业科学院与农业问题与信息研究所：《俄罗斯农业改革：构想、经验与前景》，科学出版社 2000 年版，第 124、125 页。

---

① 林跃勤：《俄罗斯农业改革及其借鉴经验》，《俄罗斯中亚东欧市场》2006 年第 3 期。

3. 市场化条件下改革农业生产计划与价格管理体制

由于苏联时期农业思维意识的延续和实行过分集中的计划管理体制一直没有得到根本改变，如集体农庄和国营农场两种所有制的"接近论"和"过渡论"就是其反映。生产品种、生产数量、上缴数额、产品价格、劳工薪酬待遇等均按计划指标确定。这既不利于发挥各地的土壤优势（相反往往造成主观计划与实际情况脱节），也难以充分调动生产者的积极性、创造性，最终束缚了农业生产者，使农业一直停滞不前。独立初期，俄罗斯采用西方农业改革发展战略，进行土地私有化、改组集体农庄和国营农场，发展由家庭农户（农场）经济、合作制经济和股份制经济等构成的多元混合经济，使俄罗斯农业走向市场。国家取消对农业下达生产指标和粮食订购任务的强行管制，而是通过市场调节调整农业市场，促进农业明朗化发展。事实上，《阿拉木图宣言》公布之日起，俄罗斯已放开包括农产品在内的全部物价，国家对农产品原则上按市场价格收购，为了促进农业市场机制的发育，俄罗斯采取取消地方分割、农业经营垄断等措施，建立俄罗斯联邦统一农产品市场和农发展基金会。

4. 国家制定政策方针，为农业发展提供政策支持

首先，制定振兴农业基本方针政策，明确农业长远发展战略。2000年6月俄政府批准实施的《2001—2010年俄罗斯联邦农业食品政策基本方针》规定，2001—2005年农工生产目标为年均增长3%—5%，2006—2010年年均增速不低于5%—7%。① 为此，它还规定了对农产品市场、农用生产资料市场和农耕土地市场的政策调节措施。2002年12月，俄政府颁布实施《至2010年农村社会发展专项纲要》，旨在促进农业体制改革等。2005年4月初，俄政府通过《俄罗斯联邦农村可持续发展构想》，旨在解决俄罗斯农村贫困问题、人口负增长、生产停滞、固定资产折旧严重及更新缓慢等问题。

其次，建立国家发展农业的综合机制。第一，加大对农业的财政支持力度。1999年国家预算对农业拨款首次呈现逆转上升趋势，此后呈

① Институт Экономии РАН: *Опытрыночныхпреобразованийисовершенствованиесистемы государственногорегулирования*, Москва, 2001.

逐年增加状态。仅联邦预算用于农牧业的拨款就从 1999 年的 88 亿卢布增加到 2003 年的 312 亿卢（增长 2.5 倍）。此外，联邦还推行农村社会综合发展纲要，提供惠农政策，增加农民收入，减轻农民负担。从 2002 年年初开始推行统一农业税，税种由原来的 28 种税减为 10 种，这一措施使农民每年少缴税 150 亿卢布（约 5 亿美元）。为解决农民卖粮难问题，联邦财政于 2002 年、2003 年分别拨款 20 亿、50 亿卢布，以调节粮食市场价格。第二，改善农业投资环境，促进农业投资增长。联邦政府鼓励国内企业对农业进行投资，促进农产品产业化发展，另外还积极吸引外商投资农业，促进本国农业的现代化发展。1999 年，俄罗斯农业吸引外资 3200 万美元，食品工业吸引外资超过 10 亿美元。2000 年，农业领域吸引外资同比增长 30% 左右，2001 年又增长 28%。①第三，提供对农业的信贷支持。俄罗斯农业银行建立优惠信贷基金，对筛选出来的具有竞争力的农业企业提供优惠贷款。2001 年，农业银行向 3800 家农业企业提供了 47 亿卢布的贷款，其中 48% 贷给了农业生产企业，23% 贷给了农产品加工企业，17% 贷给了农产品销售企业。同时，农业债务重组，发展农业土地抵押贷款；制定土地抵押法、土地评估法、地籍簿法，为农用土地处置提供法律依据，对闲置土地进行招标，并实行承租人投资权益担保。第四，建立大型现代化农工综合体，提高农业机械化水平。2004 年 7 月 28 日，俄政府出台《俄罗斯联邦政府 2008 年以前工作重点》，该政策将推动合作社和农工综合体的一体化进程，发展大型农工集团，提高农产品和水产品在国际市场上的竞争力为发展要义。2005 年上半年，俄罗斯财政部从发展基金中拨出 1000 亿卢布，实行农业机械租赁制，提高机械设备的利用率和翻新率，提高机械服务站的服务水平。第五，转变农业产业发展方式，调整农业产业结构。调整重点是发展农产品深加工和食品加工工业，完善粮食干预机制，提高农工综合体各个部门的附加值。

---

① Институт Экономии РАН: *Опыт рыночных преобразований и совершенствование системы государственного регулирования*, Москва, 2001.

再次，开拓农村就业渠道，减少农村失业人数。1999 年，在俄罗斯政府就业机构登记的农村失业人口（拥有土地或家庭副业的除外）为 36.8 万人。一方面，政府通过增加农民教育和职业技术培训机构、发展农业服务业（运输、文化、休闲、娱乐）等方式增加农村就业机会。另一方面，加强农村生活基础条件，扩建乡村公共基础设施和工程设施，以增加就业岗位。

最后，在对外贸易上，确立关税政策及在"入世"谈判中坚持农业补贴要求符合国内农业生产者的利益。联邦为了保护国内农业生产者，1997—1998 年以来建立严格的海关督导机制并提高农产品进口税率。同时，在"入世"谈判中，坚持对农业生产者利益的保护不动摇，即"入世"之后每年对农业的补贴额只能从 162 亿美元递减到过渡期结束时的 129 亿美元，而重要谈判对手则要求将年度补贴额降为 10 亿美元。①

俄罗斯的农业经历了艰难的改革历程，在政府、社会团体、农民自身的共同努力下，其成效到 21 世纪才显现：从 GDP 与农业增长率的对比看，在 1992—2002 年间，农业增长率呈现先下降后上升的变化。2002—2003 年上升幅度显著，2004—2005 年超过了俄罗斯联邦 GDP 的增长率。2002—2008 年 7 年粮食年均产量为 7699 万吨。2006 年，粮食总产量 7840 万吨；2007 年，世界出现大范围粮食危机，俄罗斯粮食总产量竟达到 8140 万吨；2008 年，更是破纪录地达到了 1.08 亿吨。② 俄罗斯农业产品总值也连续增长。以 2008 年为例，粮食收入增长了 1350 亿卢布。国家对农业的补贴获得丰厚回报，2008 年对农作物产品每补贴 1 卢布，回报率是 2.2 卢布（2007 年为 1.7 卢布）；对动物产品每补贴 1 卢布，回报率是 2.0 卢布（2007 年为 1.3 卢布）。③ 如表 2 - 9 所示，俄罗斯国内农业产值 1992—2008 年逐年上升且涨幅较大，产业结构调整完成，与此同时，俄罗斯的粮食出口状况也很乐观，这从侧面也反映了俄罗斯改革的有效性。农业是农村经济的支柱产业，农业

---

① ГоскомстатРоссии：*Малоепредп ринима-тельствовРоссии*，Москва，2001.

② 林曦：《俄罗斯农业改革措施与现行管理机制》，《中国科技论坛》2009 年第 12 期。

③ 同上。

发展带动农村经济的发展，为农村各项事业的发展提供了平台和发展的契机。

表 2 - 9　　　　　　1992—2008 年俄罗斯农业产值部门结构

部门 ＼ 年份	1992	2000	2004	2005	2006	2007	2008
总产值（10 亿卢布）	—	774.1	1345.2	1494.6	1711.3	1940.5	2602.7
种植业（%）	48.1	55.1	55.4	52.8	61.1	51.5	55.7
畜牧业（%）	51.9	44.9	44.6	47.2	38.9	38.5	44.3
合计（%）	100	100	100	100	100	100	100

二　俄罗斯转型期的农村社会

（一）人口迁移，村庄数量急剧下降

由于地理、历史和文化传统等方面的原因，俄罗斯城市和农村人口比例非常悬殊，城市人口远远多于农村人口，占总人口的 73.3%，尤其是俄罗斯独立后进行的政治经济体制改革，客观上为农村人口到城市生活与就业提供了更多机会，农村居民特别是年轻人大量地涌向城市，1979 年城市人口和农村人口分别占总人口的 69% 和 31%，到 2000 年这对数字就变为 73% 和 27%，农村居民总体上减少了 1/3，有些地区甚至达到 1/2。[①] 截至 2005 年的俄罗斯人口调查数据表明，在过去 10 年里，俄罗斯在北极地区的人口下降了 40% 以上，在西伯利亚地区，已有 1 万多个村庄和 290 座城镇消失，有人形容说，俄罗斯人口的缩减幅度，相当于"每几天就打一次车臣战争"。[②] 在俄罗斯约有 5.5 万个村庄中，有 1.3 万个村庄成为空壳，3.5 万个村庄永久居民人数不到 10 人，在诺夫哥罗德州，每年就有数十个农村居民点从地图上彻底消失。废弃的村庄已成为俄罗斯农村最严重的社会问题，许多美丽的村庄现在几乎已经空无一人，还有很多村庄只剩下了少数孱弱老人，村庄的残败萧条令人叹息。诺夫哥罗德州所属的沃洛托夫区"小城"

---

① 肖甦、姜晓燕：《俄罗斯农村学校结构改革评述》，《比较教育研究》2003 年第 12 期。

② 左玉辉、邓艳、柏益尧：《人口—环境调控》，科学出版社 2008 年版，第 27 页。

村就是这样一个典型的例子，"小城"村在苏联时期曾经是沃洛托夫区最富裕村庄之一，过去这里有 80 多户人家，可如今，村子里只剩下 81 岁的巴甫洛夫娜一个人，其他人全都搬走了，该村随时面临着被除名的危险。[①]

（二）转型期的农村生产状况

1991 年俄罗斯的社会政治结构发生了根本的变化，在向市场经济转化的过程中，加快了私有化经济的步伐。国家原有的农业结构同样受到冲击，农村社会的制度也发生了根本性的转变，其主要表现即土地私有化。从 1991 年起，俄罗斯开始实行以私有化为中心内容的大规模土地改革和农业改革。按照 2000 年 6 月通过的《俄罗斯政府 2001—2010 年农业食品政策基本方针》的说法，已有大约 62% 的农业用地（主要指耕地、草场和牧场）转为私有（包括集体所有）。另据国家统计委员会的资料，到 2000 年 1 月 1 日，农业用地的主要部分已属于私有，其中包括集体——股份所有和集体共同所有。土地的私有使俄罗斯农业中的生产经营形式结构发生了重大的变化。90 年代以前，俄罗斯农业中主要的生产和经营主体是集体农庄和国营农场，居民个人副业是作为公有经济的补充而存在的。目前，俄罗斯的农业生产经营主体可分为三大类：一是农业企业，包括少部分保持原有法律地位的集体农庄和国营农场、新组建的股份公司、合伙公司和农业生产合作社；二是居民经济，包括公民个人副业经济、集体果园和个人菜园；三是农户（农场）经济。其中，农业企业生产地位大大下降，财政状况异常艰难，多数严重亏本经营；居民经济占地少，产品多，增产幅度大，在整个农业中的地位急剧上升，现已成为主要的农产品生产者；农户（农场）经济先天不足，后天困难甚多，至今产值所占比重很小，对农业的作用微不足道。

（三）转型期农村的生活状况

从改革至今 10 年已过，居住在俄罗斯农村地区的人们生活状况依旧令人担忧。由于农业中的劳动报酬较低，半数农民生活在贫困线（即最低生活标准）以下。俄罗斯农科院农业问题和信息研究所所长、

---

① 常喆：《俄罗斯农村现在什么样》，《国外乡村》2008 年第 10 期。

通讯院士佩特里科夫在谈到农村居民的生活状况时指出，1999 年有 53% 的农村居民生活在贫困线（每月 564 卢布）以下。由于所有制和管理机制的变化以及农业企业财政状况的吃紧，使得农村的社会基础设施状况普遍恶化，许多农村社会基础设施不能正常发挥功能，甚至被迫关闭。目前，有一半农村居民点没有俱乐部和其他文化机构，农村居民看病的诊疗所也只能保证 40%。① 农村的生活服务机构在改革和私有化过程中也遭受到破坏，按照社会服务水平，农村比城市低 57%。②

　　无论是发达国家还是发展中国家，农村基础教育是农村社会的重要组成部分，它的职能与农村社会经济结构、农村丰富多彩的传统文化以及农民的休养生息紧密相连。俄罗斯农村的政治剧变、经济滑坡给农村的教育带来不小的冲击，俄罗斯现有的 6.14 万所普通中等学校中有 4.8 万所农村学校，比城市多两倍，这些学校要承担 600 万农村学生的教学、教育和发展任务。③ 这些学校是农村唯一的教育场所，是知识和文化的发源地，由于俄罗斯地域辽阔，所以学校分布广，学校规模不大已成为传统。近几年来，农村学校、教师和学生的数量都在减少。现在俄罗斯农村学校的主要问题是教育质量不高，物质技术基础陈旧，经费没有保障，教师的水平不高，缺少足够的现代化办公设备，没有条件吸引校外资金等。这些问题大多与农村现实问题相关，例如贫穷、失业和酗酒，社会没有为学校工作创造良好的条件，家长无心关注与学校和教师的合作。

三　转型期的俄罗斯农民

（一）人口数量急剧减少，呈现负增长现象

　　由于农村居民的经济条件、生活条件和居住环境恶化，农村的社会人口形势也日益严峻。从总体趋势看，俄罗斯人口近几年一直呈负增长态势（如表 2 - 10 所示）。2001 年，在俄罗斯各农村地区中，除 6 个地区出生率超过死亡率和 5 个地区出生率约等于死亡率外，73 个地区的

---

　　① Арнольдов В. Н. Восхождение к гуманизму. // 《педагогика》, М о с к В. 2003. No3. 68c.

　　② 同上。

　　③ 叶玉华：《俄罗斯农村中等教育的现状和改革》，《比较教育研究》1998 年第 3 期。

死亡率都超过出生率；截至 2003 年，农村人口为 3916 万，占总人口的
27%；2010 年减少到 3730 万。[①]

表 2 - 10　　俄罗斯人口自然运动指标——出生、死亡和自然增长

单位：千人、%

年份	出生人口率	死亡人口率	自然增长率	出生人口率	死亡人口率	自然增长率
1998	1283.3	1988.7	- 705.4	8.8	13.6	- 4.8
1999	1214.7	2144.3	- 929.6	8.3	14.7	- 6.4
2000	1266.8	2225.3	- 958.5	8.7	15.4	- 6.7
2001	1311.6	2254.9	- 943.3	9.1	15.6	- 6.5
2002	1397.0	2332.3	- 935.3	9.8	16.3	- 6.5
2003	1477.3	2365.8	- 888.5	10.2	16.4	- 6.2

资料来源：《Российский статичесий ежегодник，2004》。

（二）学龄人口不断减少

俄罗斯农村学龄人口不断减少。从某种意义上说，儿童是国家的未
来，决定着农村的发展状况，但俄罗斯农村的学龄儿童却不断减少。
1979 年，农村 14 岁以下的儿童人数为 1030 万，到 2000 年减少为 800
万，其在农村总人数中的比例也相应由 24.2% 下降为 20.4%。[②] 雅罗斯
拉夫尔州是俄罗斯农村进行教育改革的第一批实验区，"该州农村学校
的教育问题具有典型性，在整个俄罗斯地区几乎都存在"，雅罗斯拉夫
尔州有 137 万人口，其中 64% 的学校分布在农村地区（340 所），但只
有 27158 名学生在校学习（占全州学生总数的 19%）。过去几年，农村
中小学校学生的数量逐年递减，偏远地区尤甚；从出生率看，2000 年
的农村人口出生率比 1983 年下降了一半，人口出生率的降低直接导致
了农村学校学生数量减少，目前该州已有 75% 的农村学校入学人数偏

① 崔艳红：《俄罗斯农村学校结构模式研究》，硕士学位论文，东北师范大学，2011 年，
第 14 页。

② 乔木森：《俄罗斯农村的迫切社会经济问题及其解决途径》，《俄罗斯中亚东欧市场》
2003 年第 6 期。

低。据 2002—2003 学年初的统计，在整个俄罗斯农村 47.7% 的小学招生不足 10 人，34.2% 的初中招生不足 40 人，20.2% 高中招生数少于 100 人。[①] 另外，农村儿童辍学现象严重，2000—2001 年度，全俄有 61.4 万儿童辍学，其原因包括家庭经济困难，无力供养儿童上学；家里劳动力缺乏，不得不利用儿童生产劳动，从事私人经济；家庭距离学校较远，不愿在路途上花费财力。农村的学前教育状况也很差，大量学龄前儿童脱离学前教育，因为学前教育设施只能满足 36% 的儿童需要。[②]

第三节 俄罗斯的农村教育

一 俄罗斯的教育学制体系

俄罗斯教育体系分为普通教育和职业教育。普通教育涵盖学前教育、普通初等教育、普通基础教育和普通中等（完全）教育四个层次。职业教育涵盖初等职业教育、中等职业教育、高等职业教育和大学后续职业教育四个层次（见表 2 – 11）。据 1992 年《教育法》，所有公民受教育机会均等，免费接受普通初等和中等教育，可见俄罗斯的免费义务教育比中国早了近 15 年。

表 2 – 11　　　　俄罗斯教育体制的主要指标（1998 年）　　　单位：所、万人

教育层次	学校	学生
学前教育机构（幼儿园、托儿所）	60256	470.6
全日制普通教育学校	66689	2117.1
初等学校（小学）	16254	49.03
基础教育学校（初中）	13039	121.9
完全中学（高中）	35988	1901.07
为智力和身体缺陷儿童开的寄宿制学校	1408	45

① 赖新元：《俄罗斯中小学教育特色与借鉴》，中国戏剧出版社 2009 年版，第 76 页。

② 崔艳红：《俄罗斯农村学校结构模式研究》，硕士学位论文，东北师范大学，2011 年，第 28 页。

续表

教育层次	学校	学生
初等职业学校	4050	166.7
中等职业学校	2649	205.2
高等职业学校	932	359.7
大学教育和补充职业教育	1016	89.84
儿童的补充教育（校外教育）	8771	897.4
夜校（轮班制学校）	1706	43.64

资料来源：叶玉华：《俄罗斯教育改革十年回顾和新世纪展望》，《复旦教育论坛》2005年第1期。

（一）学前教育

涵盖两个月以上的婴幼儿到九岁的儿童。除了普通幼儿园之外，另有五类占总数35%的学前教育机构，分别是：（1）开发婴幼儿的智力、艺美和体育能力的机构；（2）实行特殊教育，矫正身心发育缺陷儿童的机构；（3）看护保健的机构；（4）综合幼儿园；（5）儿童发展中心。1988—1998年的十年间，由于出生率大幅度下降，幼儿园入园人数减少54%，保育员和学前教育机构减少31%。到2001年1月1日，全国共有学前教育机构4.56万个，在校儿童510.5万人，老师57.84万人。[1]

（二）普通中等教育

2000—2001年，全国共有5.43万所普通中等教育机构，在校生1375.2万人。近年来，由于学生人数减少，学校数量也在逐年减少。1990年在校学生为2032.8万人。2008—2009学年，全国共有1407所（94.82万人）文科中学和公立高中，以及1021所（62.47万人）专科（数学、地理、化学和外语）中学。民族学校也有很大发展。2000年，全国共有3469所民族学校，使用33种民族语言（除俄语之外）授课，在校学生22.9554万人。[2]

2008年年底，普通中等学校教师人数为140.7万，其中女教师比

---

[1] 参见俄罗斯联邦教育部《2001年俄罗斯教育分析报告》。

[2] 潘德礼：《列国志：俄罗斯》，社会科学文献出版社2010年版，第424页。

重高达 91.8%。教师教育程度逐年提高。截至 2008 年，有 95.9% 的中学教师受过高等教育，1/3 教师的教龄超过 20 年，近 1/3 教师的教龄在 15—20 年，[①] 表明教师队伍比较稳定。

俄罗斯普通中等教育保持了高水准。主要表现在：（1）中学生参加国际奥林匹克竞赛获奖情况。2000 年，全国共有 26 人参加比赛，24 人获 17 枚金牌，4 枚银牌，3 枚铜牌。[②]（2）中等教育的国际比较研究表明，俄罗斯中学生（8 年级）在数学和自然科学方面的水平高于国际平均水平（国际比较研究，1991 年有 20 个国家参加，1995 年有 41 个国家参加，1999 年有 39 个国家参加）。

教材的种类和印数大幅度增加。文科教材的内容有了较大的更新，选修课（政治学、社会学、经济学、法学等）有所增加。开设了一批新课程，比如信息学、环境保护、个人安全知识等。

（三）课外教育

课外教育体系的任务是将儿童德育、智育与人格发展融为一体。2001 年年初，教育部系统共有 10 类（分别是少年宫、少年儿童活动中心、体校、体育俱乐部，以及技术、环境保护、地方志等）8617 所课外教育机构（其中乡村地区有 1714 所）。从 1992 年起，课外体育体系在不断发展。1990 年有 630 万人参加各类课外活动，1999—2000 年间参加课外活动的学生增加到 760 万人，占全国小学生的 40%。课外教育机构目前有 27 万多名教育工作者（包括兼职），其中有近 500 名社会工作者、1000 多名心理专家。[③]

（四）初等职业教育

初等职业教育有所恢复和发展，招生人数有所减少（1995 年为 92.8 万人，2000 年为 84.5 万人）。2008 年年底初等职业教育机构有 2860 所（1995 年为 4166 所），学生 58.6 万人。[④] 近年来，兴办了一批培养高级技工的职业院校，与市场需求相适应，专业数量大幅度压缩

---

① 潘德礼：《列国志：俄罗斯》，社会科学文献出版社 2010 年版，第 424 页。

② 同上书，第 425 页。

③ 同上书，第 426 页。

④ 同上。

（从原来的 1200 个压缩到 293 个），与中等职业教育的衔接更为合理。

（五）中等职业教育

全国 22% 的人口接受过中等职业教育。有 2160 万人接受过中等职业教育，占全国劳动人口的 34%。2008—2009 学年全国有 2784 所国家和地方中等职业教育机构，共有 280 个专业。[①] 最近 10 年，每年有 11% 的初中毕业生和 23% 的高中毕业生接受中等职业教育。现有 249 所非国立中等职业教育机构，在校生人数 10.8 万人。中等职业教育机构招生规模在不断扩大。1990 年为 227 万人，2000 年为 236.08 万人，2008—2009 年为 224.41 万人。根据市场和居民的需求，中等职业教育的专业结构有所调整。经济和人文专业在招生人数中的比例从 1980 年的 11% 增加到了 2000 年的 36%，工业和农业类专业招生规模有所削减（分别从 53% 减少到 37%、从 12% 减少到 5%）。[②]

（六）高等职业教育

苏联时期的高等教育结构单一，只有一个本科层次，大学毕业生一般获得相应专业的职业资格，不授学位。1996 年 8 月颁布的《高等及大学后续职业教育法》对高等职业教育的层次进行了规范。目前，俄罗斯高等职业教育分为三个层次：（1）学制四年的本科，授学士学位；（2）学制五年，授相应专业职业资格证书；（3）学制六年，授硕士学位。此外，未完成基本课程学习，但学习满两年并通过考试的学生，可获得大学肄业证书。未完成基本课程学习的学生，可获得相应的大学学习证明。大学后续职业教育为研究生阶段，即副博士研究生和博士研究生，学制均为三年。通过论文答辩（毕业设计）者，获得副博士和博士学位。

2008—2009 学年，全国共有 1134 所民用高等院校，其中 660 所国立院校由联邦政府管理，35 所国立院校由联邦主体管理，还有 12 所地方院校、474 所非国立院校（其中 205 所有国家认证）。各高校在全国兴办了 1540 所分校，其中 410 所分校由国立大学兴办，其中半数分校在西伯利亚和远东地区。目前国立和非国立院校在校大学生人数为

---

① 潘德礼：《列国志：俄罗斯》，社会科学文献出版社 2010 年版，第 426 页。
② 同上书，第 427 页。

751.31 万人，每 10000 居民中有 529 个大学生。这是俄罗斯高等教育有史以来最高纪录。国立院校公费生招生规模从 1995 年的 53.19 万人增加到了 2000 年的 58.68 万人，与此同时，全日制公费生人数从 34.52 万人增加到 39.02 万人（增长了 13%）。[1] 国立高校按大的专业类别招生比例是：工程类 30.6%，经济类 27.8%，人文类 19.3%，师范类 7.2%，自然科学类 5.3%，医学类 3.1%，农业类 4.1%，文化艺术类 1.8%。[2] 俄罗斯高等院校根据教育层次和专业范围分为三种类型：综合大学、专科大学、专科学院。根据规定，学校的类型应该反映在校名中。军事院校只能由俄罗斯联邦政府设立。

（七）特殊教育

2008—2009 学年，有 187.6 万名儿童需要接受特殊教育，但仅有 45% 的儿童有机会接受特殊教育。[3] 近年来，在特殊教育领域发生了一些积极的变化。目前正在实施一项早期发现儿童发育缺陷及其救治体系的计划；新开办了一批特殊教育机构，开发了一批新教材；残障儿童获得职业教育的职业教育机构数量有所增加。安置孤儿的主要形式是把他们交给家庭（监护、领养、家庭收养等）以及孤儿院。2000 年，有 60% 的孤儿被交给家庭抚养，40% 的孩子被送进孤儿院。[4]

二　转型期俄罗斯的教育改革

自 1991 年 12 月独立国家联合体成立以来，俄罗斯由于国内政治制度变迁和国际环境变化，出现了政局混乱、经济滑坡、外交迷茫等一系列问题。俄罗斯的教育也随之发生了一系列变化，由混乱、质量下降至稳定、复苏、走向正规。

1992 年，俄罗斯独立之始，政府即颁布了《俄罗斯联邦教育法》，并于 1996 年重新修订。2001 年 8 月俄罗斯总统普京提出了实现俄罗斯

---

① 潘德礼：《列国志：俄罗斯》，社会科学文献出版社 2010 年版，第 427 页。
② 参见俄罗斯联邦教育部《2001 年俄罗斯教育分析报告》。
③ 潘德礼：《列国志：俄罗斯》，社会科学文献出版社 2010 年版，第 429 页。
④ 同上。

国家教育现代化的构想。按照这一改革理念，2001 年 12 月 29 日，俄罗斯发布《2010 年前俄罗斯教育现代化构想》的 1756 号政府令，迈出了教育改革的步伐。① 在《2010 年前俄罗斯教育现代化构想》中，提出了保证教育质量、建立国家教育网络和提高效率的任务，同时制定了一系列的措施：建立教育体制现代化的法律保障；使人才培养的教育内容和教育结构适合劳动市场的需要；扩大高质量教育的覆盖面；建立教育质量独立评价体系。需要对教育体系，从学前到高等教育和继续教育，进行现代化改造，完善教育规划和标准，面向劳动市场，明确界定国家在各级教育中的责任。需要改造教育机构网络，采用西方教育券机制，引入教育贷款体制。同时加强对非财政教育资源使用效率的监督。

2003 年 9 月俄罗斯加入"博洛尼亚进程"，《博洛尼亚宣言》由欧洲 29 个国家于 1999 年签订，其目的之一便是提高欧洲教育的质量及其在全球教育服务市场的竞争力，建立起成员国之间在国民教育大纲方面的统一机制。加入波洛尼亚进程是俄罗斯面向欧洲、在高等教育发展事业上迈出的重要一步。俄罗斯平等参与欧洲高等教育统一机制，将提高俄罗斯高校的竞争力，扩大俄罗斯师生与欧洲高等教育机构的学术与经验交流活动。同时，俄罗斯的文凭在欧洲将得到平等的认可。

2004 年 1 月，全俄完善与改革教育领域经济关系问题大会在秋明召开。自通过《2010 年前俄罗斯教育现代化构想》之后的两年多时间里做了大量的准备工作，从 2004 年至 2006 年，经济转轨触及教育的各个层面，从学前教育到高等教育乃至大学后教育。此次会议的首要任务是推进 2003 年 7 月 7 日通过的 123 号法令的实施，根据该法令，教师工资和学校的教学费用从联邦拨款转为地方拨款。教育部希望通过法令的实施，首先解决教师工资的拖欠问题，其次是每年更新中小学图书馆 25% 的藏书。"秋明大会"的重点放在当时俄罗斯的教育改革和现代化，其中重要议题是教育财政预算的改革。

1. 中小学教育方面，财政部提议，对中小学的财政拨款要与其教育的性质与形式挂钩。由此可见，公、私立学校财政拨款的支持力度是不同的。

_____

① 姜君：《二十一世纪俄罗斯的教育改革》，《教书育人》2006 年第 12 期。

2. 职业教育领域面临着更大规模的改革。从 2005 年 1 月 1 日起，将有近 3000 个职业技术学校转轨到由地方财政支持，仅剩 10% 的技校和 40% 多的专科学校仍由联邦财政资助，它们是国家优先考虑发展的重要部门，如国防、交通、电子等。①

3. 高等教育方面，俄罗斯正积极准备从预算拨款转为按教育服务的规模和质量给予财政支持。从 2003 年开始，分配给每个俄罗斯高校的国家公费名额视其完成国家培养人才的任务情况而定。未来大多数律师、经济学家、经理、人文学家等将靠自费来学习。而为扩大接收自费生的数量和范围（包括低收入学生），准备实行"个人教育贷款"。用于培养科学、现代工艺、社会学领域乃至农村干部的拨款将有实质性的提高，但统计表明，有近一半的师范学校毕业生和 70% 的农业类学校毕业生干的并非本行。鉴于此，《教育法》修正案明确指出高校要采取定向招生（类似苏联时期的毕业生分配制度），纳入市场机制：定向生如果违反合同，毕业后未在本专业领域干满一定的期限，须向国家交还培养费。这项改革措施同样适用于在读的公费大学生。

4. 教育工资改革。目前教育领域平均工资为 3235 卢布，仅相当于工业领域的 50.2%。与 1999 年相比，教育工作者工资只提高了 2.1%（2001 年提高了 0.89%，2003 年提高了 0.33%）。而且，就算把各种额外收入都加起来，高校教师的平均工资也只相当于"经济学家"平均工资的 88%。因此，在未来的两年根据国家杜马和政府的决议，在某种程度上还要看地方财政支付能力，来决定工资发放向部门（行业）体制的转轨。这样，教育的预算拨款情况将是：联邦支出近 200 亿卢布，地区支出近 900 亿卢布。②

5. 人口数量对教育的影响。"秋明大会"还注意到另外一个问题，那就是俄罗斯人口的下降很快将影响到教育。2001 年，俄罗斯中小学的就读学生为 1900 万，2003 年为 1700 万，两年下降了 10.5%。据估计，2010 年会降低到 1330 万。这样一来，所有职业教育学校的招生人数将大幅度下滑。俄罗斯需要找到职业学校、技校、高校招生上的平

---

① 姜君：《二十一世纪俄罗斯的教育改革》，《教书育人》2006 年第 12 期。

② 同上。

衡。近三年来，俄罗斯有 2500 个中学被关闭，其中大部分是农村中学的改造导致的。在城市，中小学老师与学生的比例为 1：11，在农村为 1：3。由此可见，教师队伍与学生的比例已经失调，这一问题不解决，会加重俄罗斯国民教育的负担。

6. 对政府教育主管部门进行机构改革。2004 年 3 月，俄罗斯进行了一场没有任何悬念的总统大选，普京顺利连任。新任期伊始，普京便进行了一系列政府机构的改革，将 23 个部委缩减为 17 个，其中教育部与工业科技部合并，成立新的教育科学部。部长由富尔先科担任，菲利波夫被任命为第一副部长。教育科学部下设机构有四个，它们是：联邦知识产权、专利和商标局、联邦教育科学监督局、联邦科学署、联邦教育署。伴随着部委的合并，教育科学部的内部机构重组也在紧锣密鼓地进行，各部门的职能亦将相应调整。

7. 在《俄罗斯政府 2006—2008 年社会经济发展计划》中，俄罗斯政府确定了在教育领域优先的发展方向。据俄罗斯基础教育网 2010 年 1 月 21 日报道，近日，俄罗斯总统梅德韦杰夫签署了《教育系统综合改革方案》。梅德韦杰夫指出，"《我们的新学校》方案已经筹划多年。在近期，我将签署多个国家创新方案"。梅德韦杰夫表示，俄罗斯计划拨款 150 亿卢布用于实现《2010 年普通教育现代化优先行动计划》。[1]《俄罗斯教育中长期发展纲要》指出"教育与创新经济的发展：2009—2012 年采用现代教育模式"。这些改革集中体现出教育现代化、教育优先发展的战略要求。

三 俄罗斯农村教育概况

教育从教学主体角度划分可以分为家庭教育、学校教育和社会教育。据资料显示，俄罗斯家庭教育在孩子德育方面起主导作用，众所周知，学校教育在三种教育类型中起绝对主导地位，社会教育在孩子的教育过程中也起相对重要的辅助作用。针对俄罗斯农村教育状况的概述分析，主要从俄罗斯的农村社会教育、俄罗斯农村家庭教育及俄罗斯农村学校教育三个方面展开。

---

[1] 国际教育快讯：《俄罗斯的教育改革重点》，《比较教育研究》2010 年第 4 期。

(一) 俄罗斯的农村社会教育

社会教育是终身教育的重要组成部分，是实现终身学习的重要手段，是衡量学习型社会的主要标志。"社会教育"这个概念首次出现在德国社会学者狄斯特威格于 1835 年撰写的《德国教师陶冶的引路者》一书中，并在德国当时的一些社会教育机构中进行研究和实践，提出社会教育理论，使德国和欧洲出现社会教育运动热潮。苏联解体后，俄罗斯社会发生了深刻的变革。在社会重大转折时期，社会发展和变革所带来的负面影响如经济危机、通货膨胀、社会犯罪、家庭破裂、吸毒等问题加重了人们的心理负荷。此时社会教育发挥了其应有的作用，开展了居民帮助活动（教育心理的、社会咨询诊断等），防止、缓和、减少和消除人与人之间，人与环境之间的种种冲突，挖掘每一个人的潜力，发展每一个人的创造精神，丰富他们的个性，顺利实现个体的社会化的目标。有俄罗斯学者认为：社会教育是学校教育以外的一切活动，这些活动能够按其出生的各个阶段促进其实施人生计划，直至其成为社会公民。[①]

俄罗斯社会教育工作可以追溯到 20 世纪二三十年代，当时苏联的一些学者就提出过构建"环境教育学"的设想，认为人的个性的形成、发展与完善和所生活的周围环境密不可分。学校虽是环境中的重要部分但并非是唯一和全部，学校教育只有参与环境并取得它的支持，在新人的形成中才能发挥应有的作用，只是这一设想还只是初步的，由于 30 年代以来国家将教育的重点放在普及学校的义务教育上，加之忙于应战和战后学校的恢复，"环境教育学"一直未被置于重要地位。直到 60 年代，在一些小区出现了以组织社会教育工作为目标的专职人员，他们的职务称谓不一，如"课外校外工作组织者"、"社区教育服务组织者"、"学生家庭教导员"、"少先队俱乐部领导"等等，而实际上他们都有一个统一的名字，即"社会教师"。不过，这一时期的社会教育工作尚处于一种自发状态。

80 年代末 90 年代初，社会教育工作获得了迅猛的发展，国内开始

---

① 刘振天：《实践一体化教育模式——俄罗斯的社会教育工作》，《外国教育研究》1994 年第 4 期。

建立社会教育服务分支机构。1990 年，苏联国家劳动与社会问题委员会批准了新的职务岗位，这就是"社会教师"和"社会工作者"，苏联国家教育委员会颁布了《关于培养社会教育工作者的新规划》的决议。同时，在法律上承认了早先成立的全苏、共和国、边疆区以及州市各级"社会教师和社会工作者联合会"的地位。1992 年 1 月 29 日俄罗斯联邦总统叶利钦发布命令，成立总统所辖的关于"家庭、母亲和儿童协调委员会"（第 41 号令），命令明确了协调委员会的基本职责，它的一个重要任务就是建立家庭社会保护体系。在 1992 年 7 月 1 日"联合国儿童保护日"这一天，俄罗斯联邦发布了《关于在 90 年代最大程度地实现保障儿童生活，保护和发展儿童权益的世界宣言》的第 534 号总统令，其中第 4 条规定，要促进建立和加强新型的家庭和儿童社会帮助机构网。从此，社会教育工作有了法律的、组织的、行政的和财力的保证，其活动的范围和深度也有了新的扩展。

1991 年 12 月 25 日，苏联解体，俄罗斯社会发生了深刻的变革，在社会重大转折时期，人与人和整个周围环境都会发生这样那样的冲突。一方面，社会发展和变革对人提出了新的要求，另一方面，社会变革所带来的负面影响（如经济危机、通货膨胀、社会犯罪、家庭破裂、吸毒问题等），加重人的心理负荷，这种心理负荷靠自身力量和传统的学校教育、家庭教育和社会教育无法缓释、消除，客观上要借一种新的活动形式帮助居民解决这些问题。在这些形势下，社会教育工作便应运而生了。而值得一提的是，社会教育工作的出现与近几年俄罗斯推行的民主化、公开化的政治改革和生活方式西化也有着一定关系。

目前，俄罗斯的社会教育工作已在全国城乡广泛展开，从整体上看，基本上处于试验阶段，各地在探索的同时，注意经验的总结和交流。根据我们所掌握的材料，社会教育工作不同于学校教育，它首要的任务不在于教学，而是教育。社会教育工作有广泛的活动对象和活动内容，灵活的组织形式和方法。主要机构有少年之家、儿童活动中心、社会服务处、未成年人违法者挽救及恢复名誉中心、社会收容教养所、医学心理学咨询处、"信任电话"站、服务处、闲暇和娱乐教育中心、运动保健组织、残疾人心理康复中心、家庭社会帮助教育心理咨询所、家庭计划中心、收养并关怀保护私生子中心、医疗教育学校、未成年母亲和准妈妈社会旅馆、社会孤儿院、居民经济及法律权利教育处、学校儿童少年关心老年人和丧失劳动能力者服务站等等。[①]

通过社会教育工作，农村社区的整个环境得到了优化，社区面貌大为改观。据研究者调查，在斯塔弗拉波里市的农村开展社会教育工作仅三年，俄罗斯农村不和谐家庭减少；[②] 家长对子女的责任心和教育加强了，在家庭处境不利的儿童群体中，俄罗斯农村家庭中拥有不良嗜好的父母人数在减少，父母对儿童的生活、心理不予关注的人群比例下降，"信任电话"站每天都接到许多家长、孩子、老年人及患病者、孤儿、残疾人打来的电话，社会教师给予诚恳的解答，解决了许多人的心理问题。另有一材料表明，由于社会教师的劳动，家长协会在学校中的作用显著增长，参与子女的共同活动的家长数量也明显增加。

（二）俄罗斯农村家庭教育

俄罗斯农村家庭教育水平较高，父母本身拥有较高的素质，他们培养孩子的目的是把孩子培养成身体健康的人，培养孩子的独立性及培养孩子的艺术修养。在德智体美劳方面充分挖掘孩子的潜力，及时发现孩子的兴趣点，力使儿童成为社会所期望的人。但是，俄罗斯农村家庭教育存在一个显而易见的问题，那就是父亲"缺席"现象。[③]

据有关资料显示，在俄罗斯极少遇到父亲单独一人陪孩子逛街或游玩。孩子大都由母亲带着，包括到幼儿园接送孩子、与孩子一块购物以及亲子间的游戏活动等都由母亲来完成。究其原因，大致有三方面：首先，俄罗斯"男尊女卑"、"重男轻女"的传统思想为俄罗斯男子在家庭中唯我独尊、逃避责任的"大男子主义"提供了土壤。其次，俄罗斯离婚率急剧上升导致单亲家庭的增加，使得由母亲带孩子、母亲承担教育孩子的责任这一事实披上了"合法"的外衣。离婚后，家庭中如有孩子，一般都留给了女方。另外，俄罗斯宪法规定堕胎是一种犯罪行为，所以未婚妈妈数量近年来急剧上升。再次，俄罗斯女性淳朴、善

① 刘振天：《实践一体化教育模式——俄罗斯的社会教育工作》，《外国教育研究》1994年第4期。

② 同上。

③ 王丽茹：《中俄两国家庭素质教育研究》，《外国中小学教育》2006年第12期。

良，她们任劳任怨、默默无闻，已在潜意识里把自己的家庭地位定位在"相夫教子"上。2002 年，据莫斯科的一项家庭问卷调查显示，有86.06% 的俄罗斯女子认为家庭是她们一生中最重要的事；89.47% 的俄罗斯母亲把孩子看作是自己一生最宝贵的财富。[1]

（三）俄罗斯农村学校教育

俄罗斯的农村教育在整个国民教育体系中占有十分重要的地位。俄罗斯的农村教育一直受到政府的关注和重视，俄罗斯教育法第五条《国家对俄罗斯公民在教育方面的权利保障》中第 1 款规定，俄罗斯境内的公民，不分种族、民族、语言、性别、年龄、健康状况、社会地位、财产和职业状况、社会出身、居住地点等，均可接受教育，并得到保障。为落实此项规定，俄罗斯教育部采取了多项措施，各地教育部门根据本地的具体情况和问题，进行改革实验和实践，积累了一些好经验。

俄罗斯农村地区的教学机构，约占全俄学校总数的 69.8%，共有4.5 万所农村学校，学生约 600 万人，占全国学生总数的 30.6%。农村学校教师共计 68 万人，占全俄教师总数的 40.7%。其中，在初级普教学校工作的占 31%，在基础普教学校工作的占 25%，在中级（完全）普教学校工作的占 44%。据统计，每位农村教师平均有 9 个学生，城市教师的学生数则是农村教师的 2.5 倍。大约 20% 的农村学校，即5604 所，每所学校的学生少于 10 人。30% 的农村教师没有受过高等职业教育。农村教学机构的数量在逐渐减少，最近 10 年农村学校减少了2000 所。[2] 历史形成的农村人口分散、道路设施差、交通不便、各区域的社会经济发展不平衡、人口密度低，使农村教育和学校生存发展遇到许多问题，急需采取综合措施加以解决。

在农村，学校是知识和文化的发源地和现代信息的集散中心，是唯一的施教场所，在整个社会文化系统中占有重要地位。鉴于俄罗斯义务教育城乡差距过大，且农村教育作用巨大，俄罗斯联邦出台了一系列相关政策推动义务教育的城乡均衡发展。这些推动义务教育城乡均衡发展

---

① 冯永刚：《父亲责任缺失的俄罗斯家庭教育》，《中国德育》2007 年第 1 期。

② 肖甦、姜晓燕：《俄罗斯农村学校结构改革述评》，《比较教育研究》2003 年第12 期。

的政策以联邦教育法为宗旨与基础，主要包括 2001 年俄罗斯联邦出台的《2010 年前俄罗斯教育现代化构想》，2005 年普京总统提出的《国家教育优先发展方案》（ПРИОРИТЕТНЫЙНАЦИОН АЛЬНЫЙ ПРОЕКТ "ОБРАЗОВАНИЕ"），以及 2008 年梅德韦杰夫总统提出的国家教育创新计划《我们的新学校》（НАЦИОНАЛЬНАЯОБРАЗ ОВАТЕЛЬНАЯ ИНИЦИАТИВНА "НАШАНОВ АЯ ШКОЛА"）。这三个政策的宗旨是保障教育的优先发展地位，促进教育的现代化和高质量发展。政策的重要目标之一是保证儿童不分地域获得高质量普通教育的平等机会。依据以上政策，政府出台了一系列具体政策与措施，力图改善农村教育质量，缩小城乡教育差异。

四　俄罗斯农村教育所处的困境

俄罗斯联邦政府历来重视农村教育，但由于历史和现实存在的客观原因，俄罗斯农村教育发展仍然面临着较大困难，农村教育面临的具体难题我们从横纵两个维度进行分析。横向维度我们分别从教育行政管理、教育财政、课程、教师、学校布局等方面来进行探析，纵向维度从学前教育、普通中等教育、初等职业教育、中等职业教育和高等职业教育等方面进行分析。

（一）教育管理集权化管理机构冗余

1992 年 8 月，联邦政府下发了《社会经济改革条件下俄罗斯教育体系的改革和发展计划》，该计划提出三个重要任务：实现教育管理的解中心主义；改革教育管理机构的工作重心，使其关注教育体系和学校的发展；要求教育管理部门的所有工作人员都要掌握现代化的管理技术。[①] 其中，解中心主义带来了问题。从 20 世纪末的经济和政治改革开始，俄罗斯教育管理的重心也开始发生转移——主要是开始向最底层次即市一级教育管理部门转移。这种转移暴露了一些新问题。由于缺少经验，转移导致管理组织机构的组建持续时间较长；由权力下放引起了地区和市级教育管理部门不必要的形式多样化，而且不同层次的管理部

[①] 朱小蔓、[俄] H. E. 鲍列夫斯卡娅等：《20—21 世纪之交中俄教育改革比较》，教育科学出版社 2006 年版，第 53 页。

门职能重复设置，机构冗余现象严重；地区和市级教育管理部门的执行力较差，部门人员配置安排工作没有指导原则。

从行业管理的纵向角度出发，如果权力分配不明确，将给地方教育管理部门的工作造成很大困难。而且，这样会使教育管理体系混乱，同一层次的教育管理部门会造成责任推卸、互相推诿现象，严重影响教育管理部门的形象和办事效率。由于缺少相关实践经验，不能及时反映社会对教育的需求，这大大降低了地区和市级管理部门的管理质量。由解中心主义的实行给农村地区教育管理带来的问题主要有以下几个方面：第一，由于其权力中心转移，导致原来兴办的各项工作不得不停止，给农村学校的持续发展造成阻碍，打击校领导的工作积极性，损害校领导的威望。第二，由于权力部门职能重复设置，致使农村教育问题的解决出现相互推诿现象，导致农村地区教育问题长期滞留，严重影响农村教育质量。第三，由于新建教育机构缺少市场经验，所设课程不能及时迎合市场需求，将会造成大量农村劳动力闲置，给社会安定造成一定威胁。

（二）教育财政吃紧，配置失衡

财政经费是农村学校得以正常运行的关键因素，尽管俄罗斯联邦政府给予农村教育足够重视，但是，城乡投入差距依然存在，导致教育质量也相差较大，造成城乡差距逐步拉大，"无人村"的现象越来越严重。面对俄罗斯农村复杂而艰难的状况，不可避免地出现了许多矛盾和冲突。

1. 教育经费投入的总量仍然不足

1992 年的《教育法》规定教育经费不少于国民收入的 10%，打算折成 GDP 为 6%—7%。但是由于 90 年代的经济衰退，在此后的几年里都没有达成这个指标。比如 2003 年教育支出占国内生产总值的比重仅为 3.6%，即使 1994 年和 1997 年这个指标最高也只达到 4.5%。[①] 见表 2－12。

---

① 朱小蔓、［俄］H. E. 鲍列夫斯卡娅等：《20—21 世纪之交中俄教育改革比较》，教育科学出版社 2006 年版，第 97 页。

表 2 – 12   俄罗斯联邦教育预算支出一览（十亿
卢布记，1998 年前万亿卢布记）   单位:%

年份	1995	1996	1997	1998	1999	2000	2001	2002	2003
长期债务预算	57.3	83.8	112.6	99.7	147.6	214.7	277.8	409.4	475.6
联邦预算	9.0	11.4	16.4	14.6	20.9	38.1	54.5	81.7	99.8
	15.7	13.6	14.6	14.6	14.2	17.7	19.6	20.2	21.0
联邦主体和	43.8	72.4	96.2	85.1	126.7	176.6	223.3	327.7	375.8
地方预算	84.3	86.4	85.4	85.4	85.8	82.3	86.4	80.0	79.0

资料来源：统计年鉴［M］. 国立大学高等经济学校统计年鉴，2005 年，第 60 页。

2. 教育经费配置不合理

俄罗斯联邦在教育经费的投入分配上有所侧重，这意味着各级教育层次在分配、使用资源上会有不同表现。见表 2 – 13。

表 2 – 13   各级教育国家拨款额度   单位:%

教育层次	十亿卢布记				支出比例			
	2000	2001	2002	2003	2000	2001	2002	2003
学前教育	32	42.7	60.6	72	16.9	16.8	16.3	16.6
普通教育	107.9	144	211.4	236.6	57	56.5	57.1	54.5
初等职业教育	13.4	17.7	27.4	36.3	7.1	7	7.4	8.4
中等职业教育	10.2	14.2	20	24	5.4	5.6	5.4	5.5
高等职业教育	24.4	34	47.9	61.2	12.9	13.3	13	14.1
职业进修与提高	1.4	2	3	3.7	0.7	0.8	0.8	0.9
合计	189.3	254.6	370.3	433.8	100	100	100	100

注：据一些资料估算得出。

由表 2 – 13 可以分析出，教育经费投入总量上在逐年增加，普通教育投入比例要远高于职业教育，从各级职业教育投入比例分析，高等职业教育投入量最大。另外，教育经费投入不合理还体现在，用于教育的总支出在国民支出中所占的比例较低，还有用于公共事业的经费支出与教师薪酬支出比例悬殊，造成教师工作满意度低，教育质量下降。这些问题，在农村教育财政上表现得更为明显。

3. 农村地区间教育经费投入差距较大

俄罗斯分为七个联邦区，就如我国的西部、东部、中部、北部、南部。区域间的经济及发展重心不同，各联邦区的教育资源不同，联邦政府对各联邦区的教育扶贫力度及政策不同，导致区域间的农村教育经费投入差距较大，这就导致各区域间的教育质量差距较大，部分区域人才流失现象严重，造成区域间经济、政治、文化等方面的"马太效应"。

4. 政府间教育投入财政责任的划分不合理，经费支出各级失衡且无保障

管理分权化使俄罗斯教育经费的国家预算拨款结构的比重发生了变化。过去俄罗斯教育经费国家财政拨款的具体来源分为四个部分：联邦支出、区域性支出、地区支出和国营企业支出。其中以地区（即地方）支出为最多，联邦政府支出为其次，国营企业支出为第三，区域（相当于共和国一级）支出份额最少。由于俄罗斯经济逐年下滑，使得政府教育拨款逐年下降，教育法规定的"国家保证每年拨出的教育经费不少于国民收入的10%"这一标准大打折扣，教育靠各级预算资金的保障率不到1/4。又由于经济改革正向私有化过渡，越来越多的国营企业的性质已经发生改变，这部分的支出实际上已经无法保证，这意味着传统的教育拨款渠道已失去正常运转的功能。1992年教育法规定义务教育主要由地方负责，意味着义务教育的经费支出来源下移。据世界银行提供的报告，1992年联邦、区域、地区和国营企业对教育的支出份额分别是30%、0%、48%和16%，而1995年则变成5%、30%、65%和0%。

5. 农村教育经费配置效率低

2004年，俄联邦政府出台了《2010年前俄罗斯联邦教育发展战略（草案）》，在战略中谈到，"经费的预算程序……在许多方面限制了提高教育质量和效率的可能性和动力"。教育经费一般用于教育事业和教育基本建设，教育事业经费按用途又可分为教育人员经费和公用经费、教育科研经费。农村教育经费配置效率低的表现为教育经费配置不合理，导致教育投入项目闲置（如价值昂贵的实验室），折旧费用支出较

大；教师薪酬较低，教师工作满意度低，致使教师工作积极性不高，严重影响教学质量。

（三）课程设置存在缺陷

近年来俄罗斯进行的教育内容改革，是从俄罗斯联邦教育法颁布后第二年，即从 1992 年批准普通学校《基础教学计划》之日开始的。

表 2 - 14　　　　　小学基础教学计划：1—4 年级（1993 年）

教育领域与课程	每周教学时数					
	按学年分配				共计	民族—地区课程
	I	II	III	IV		
俄语与文学	4	4	4	4	16	16
作为国语的俄语	3	3	3	3	12	—
数学	4	4	4	4	16	—
周围世界	2	2	2	2	8	2
艺术	2	2	2	2	8	2
体育	2	2	2	2	8	1
劳动训练	2	2	2	2	8	2
总计	19	19	19	19	76	23
必选课程时数	1	3	5	5	14	
学生必修最大负担	20	22	24	24	90	
任选课程时数	2	3	3	3	11	
学生最大负担	22	25	27	27	101	

注：在不使用俄语教学的学校俄语作为俄罗斯联邦的国语来开设。在使用俄语教学的学校开设学校所在共和国的民族语言。根据教育法，在另一种语言环境下，语言教学问题由地区教育管理机关和学校决定（利用选修课的学时）。

表 2 – 15   基础学校基础教育计划：5—9 年级（1993 年）

教育领域		每周教学计划						民族—地区课程
		按学年分配					共计	
		I	II	III	IV	V		
语言与文学： 本族语与文学 俄语与文学 外语		11	11	9	8	8	47	32
数学		5	5	5	4	4	23	—
自然	物理与天文	2	3	2	2	2	6	—
	化学			—	2	2	4	—
	生物			2	2	2	6	1
	地理与生态学			2	2	2	6	2
社会（历史与社会学科）		2	2	2	3	4	13	2
信息学		—	—	2	—	—	2	—
艺术		2	2	2	2	—	8	4
体育		2	2	2	2	2	10	2
劳动训练		2	2	2	3	3	12	5
总计		26	27	30	30	29	142	48
必选课程时数		3	3	2	2	4	14	
学生必修最大负担		29	30	32	32	33	156	
任选课程时数		3	3	3	3	3	15	
学生最大负担		32	33	35	35	36	171	

注：在不使用俄语教学的学校俄语作为俄罗斯联邦的国语来开设（每周三学时）。在使用俄语教学的学校开设学校所在共和国的民族语言。两种类型的均开设外语。根据教育法，在另一种语言环境下，语言教学问题有地区教育管理机关和学校决定（利用选修课的学时）。

表 2 – 16　　　　　中学基础教学计划：10—11 年级（1993 年）

教育领域与学科	每周教学时数			
	按学年分配		共计	民族—地区课程
	X	XI		
语言与文学	4	4	8	8
数学	3	3	6	—
自然	4	4	8	1
社会	4	4	8	2
体育	2	3	6	1
劳动训练	2	2	4	2
总计	20	20	40	22
必选课程时数	12	12	24	
学生必修最大负担	32	32	64	
任选课程时数	6	6	12	
学生最大负担	38	38	76	

注：所学语言和文学由地区教育管理机关决定，必要时可利用选修课的学时。

俄罗斯又于 1998 年、2004 年进行了课程改革，此前制定的课程标准是按照第一代标准进行的，第二代标准的制定是一项更为繁杂的任务，这项工作于 2006 年已经开始。在所面临的工作中最重要的是，要从制定的第一代标准时出现的种种失误中解脱出来，分析所犯过的错误。这些错误主要体现在：（1）没有考虑到普通中等教育中的地位、功能、作用；（2）没有考虑到普通中等学校的学科教学法、教育法规、财政保证等重要因素的变化；（3）没有结构的规定，没有把基础教学计划作为构成其体系的组成部分，由此而来的是标准和基础教育计划没有充分协调一致，例如，这种情况已导致基础学校教育内容可变部分的缺失；（4）对普通义务教育期限结构的变化没有充分注意，结果未能考虑到许多学生在这个阶段有权利修完他们本来可以修完的课程；（5）对毕业生培养水平的要求的内容没有确定为标准的最重要组成部分，其结果是这些要求不具有可操作性,而标准本身只针对最终结果。①

（四）农村教师队伍存在的问题

俄罗斯农村教育在国民教育中占有举足轻重的地位,农村学校占全国中小学校的 70% 左右。根据 2002 年统计数据分析,俄罗斯拥有 69.51 万名农村教师,分布于 4.41 万所农村学校。农村教师占教师总数的 40%,② 他们承担着 640 万农村学生（占全部中小学生的 30%）的培养任务,③ 此外还承担着向 3925 万农村居民（占俄罗斯人口总数的 26.7%）传承文化、知识的责任。苏联解体后,政治和经济体制剧变,为其服务的教育体制也发生深刻变革。近年来,俄罗斯农村教师队伍的整体质量下滑,主要表现在:教师资源严重匮乏,教师任务繁重;整体素质下降,教师威信滑坡;教师培训体系不完善,效率低下。

1. 教师资源严重匮乏,教师任务繁重

农村教师师资匮乏是一个持续时间长、波及范围广的教育现象,不仅俄罗斯,中国、印度、巴西、南非（均为金砖国家成员国）等国也存在此问题。但是,在俄罗斯社会转型期此现象尤为明显。首先,这是由教育供求关系决定的。2003 年,俄罗斯国家首次实行全国统一考试,但考试制度体系并不完善。2005 年,在三年试点的基础上开始推行全国统一考试。教育部在六个州实行试验,在 2005—2007 年后,从 11 年学制过渡到 12 年学制。④ 普通教育 12 年学制的教学计划、目标、内容、方法、手段与此前施行的 11 年学制教育改变很大,因此农村教师需求量增加,特别是合格的教师资源。其次,高校师范毕业生到农村任教的意愿不强烈,导致农村教师供给减少。国家进入转型期后,市场机制引入,国家统一分配制度取消,实行教师聘任制,就业环境较为宽松。俄罗斯联邦政府和地方政府为吸引高校毕业生任教农村提供优惠政策,但效果不容乐观。有统计表明,目前俄罗斯高等师范院校毕业生只

---

① 朱小蔓、[俄] H. E. 鲍列夫斯卡娅等:《20—21 世纪之交中俄教育改革比较》,教育科学出版社 2006 年版,第 205 页。

② G. G. Sillaste, "the Social Values of Rural Schoolteachers under the Conditions of Market Economy", *Russian Education and Society*, 2005.

③ Z. G. Kaleeva, "Concerns of the Rural School", *Russian Education and Society*, 2003.

④ 潘德礼:《列国志:俄罗斯》,社会科学文献出版社 2010 年版,第 432 页。

有 60% 选择教师职业，且其中多数留任大中城市，真正愿意任教农村的
门可罗雀。大多优质高校毕业生在竞聘体制下留任城市，留任农村的高
校毕业生质量有待考究。再次，农村教师流失现象严重（见表 2－17）。
薪酬水平低、工作生活环境差、工作繁重是导致农村教师流失的主要原
因。据统计，至少有 25% 的农村教师希望离开农村。优秀教师渴望更大
的发展平台，一些师范毕业生"工作 2—3 年后就会离开农村"。① 在乡村
学校，由于师资不足，一名教师身兼数科的教育现象常见，"通常一个
教师要同时教一到四年级的学生，许多教师兼两、三门或更多科目"②。
教师不仅要进行教学工作，还要管理学生生活。学生辍学、校园暴力、
酗酒吸毒、被遗弃等问题都在教师所承担的责任范围之内。

表 2－17　　　　　普通教育机构的教师数（包括领导者）　　　单位：千人

学年初	总数	国立和市立机构	全日制国立和市立机构	非国立机构
1991/1992	1516	1516	1497	—
1992/1993	1579	1579	1561	—
1993/1994	1649	1641	1624	8
1994/1995	1693	1683	1664	10
1995/1996	1717	1705	1687	12
1996/1997	1810	1797	1746	13
1997/1998	1812	1798	1748	14
1998/1999	1810	1796	1744	14
1999/2000	1802	1787	1733	15
2000/2001	1767	1751	1696	16
2001/2002	1735	1718	1662	17
2002/2003	1719	1701	1641	18
2003/2004	1648	1666	1605	18

资料来源：俄罗斯联邦教育统计资料。

---

① Ilghiz M. Sinnagatulill, "Expectant Times: rural education in Russia", *Education review*, 2001 (1).

② M. P. Gurianova, "A Typology of the Rural Schools of Russia", *Russia Education and Society*, 2006 (4).

2. 整体素质下降，教师威信滑坡

苏联解体前，教师职业是最受人尊敬的职业之一。然而，转型时期的俄罗斯农村教育体系涣散，农村教师整体素质下降，教师的职业地位出现滑坡。首先，教师专业水平不高。俄罗斯的教育专家学者进行一次涵盖俄罗斯六个联邦区的全国性调查，结果表明，接受高等教育的农村教师占 81.2%，其中高等师范院校毕业生占 78.8%，只有中专学历的教师占 15%。在过去 5 年中，接受过教师培训的比例占到 67%，[①] 但教师基础水平依然很薄弱，从整体来看，农村教师素质低下，专业化水平不高，与教育现代化目标差距较大。

其次，教师结构老龄化现象严重。俄罗斯农村教师年龄普遍偏大，在 30—50 岁年龄区间的教师比重为 85.3%，在 50—55 岁年龄区间的教师比重为 14.1%，由此推断出 20—30 岁年龄区间的年轻教师仅占全体教师的 0.6%。[②] 再加上现在农村教育高校毕业生供给减少，俄罗斯的农村教师老龄化趋势加强。

再次，社会大环境的影响。转型期的俄罗斯农村在政治、经济、社会、文化方面发生巨变，一方面，农村社会错综复杂，传统的价值取向、社会观念逐步瓦解，取而代之的是社会恶意行为，这对教师的价值观造成一定冲击。另一方面，教师薪酬同相当水平的其他行业相比有较大悬殊，教师地位相对下降，教师的失望心理导致其不思进取或者转而投放较多精力在其他兼职上，导致教师无暇接受新知识、新理念、新教学方法和模式。这样教师在适应社会发展方面就存在一定的滞后性，与教育优先发展、超前发展的政策相违背。

最后，教育腐败现象严重。据调查统计，俄罗斯 70% 的教师为了升职、评优都进行过教育贿赂行为，学生家长为学生升学进行贿赂，现

---

① 于海波：《俄罗斯提高农村教师职业素质的策略与启示》，《外国教育研究》2008 年第 3 期。

② 同上。

象猖獗，导致教育机会不平等，教育公平实施具有较大阻碍。[①] 另一方面，教育事业、教师职业在学生家长心中地位下降。

3. 教师培训体系不完善，效率低下

为适应转型期社会的发展，俄罗斯设有专门培训机构来提高农村教师师资质量。在俄罗斯，教师师资提供主体包括 20 所师范大学、78 所高等师范学院以及一些代培训的综合性大学。其中，专门培训农村教师的教育机构有比斯克、斯摩棱斯、乌里扬诺夫斯克的师范大学，伊尔库茨克州立大学以及位于阿尔扎马斯、布良斯、耶拉不卡、阿廖尔等共和国的师范学院。[②] 近年来，俄罗斯农村教师培训体系暴露出一些问题。

首先，培训体系散乱，缺乏统一制度和管理。截至 2008 年 3 月，俄罗斯联邦主体的数量减少到 83 个，其中共和国 21 个、自治区 4 个、自治州 1 个、联邦直辖市 2 个、边疆区 9 个、州 46 个。[③] 行政人员构成复杂，各地经济、社会、文化、科技发展水平不一，但各地区农村教育面临的问题存在共性，所以有必要对俄罗斯农村教育进行统筹规划、因地制宜。俄罗斯农村教育培训机构应根据全国发展战略制定统一的培训目标、规章制度、合格培训生要求，培训内容符合国家培养大纲。但是，俄罗斯农村培训机构现在各自为战，培训内容、方案、课程完全由自己制定和实施。

其次，农村教师教育机构培训质量下滑。　方面，培训主体对农村学校教师需求和农村社会的特殊性重视不够，导致教学课程安排缺乏针对性和实用性，造成农村教师供求不对等，出现"学校缺教师，毕业生缺岗位"的尴尬现象。另一方面，农村教育培训体系落后，阻碍教师自身素质提高和农村社会发展的需要，"不利于优秀农村教师的形成和现代化"[④]。

---

① http：//eng. mon. gov. ru.

② Ilghiz M. Sinnagatulill：*Expectant Times*：*rural education in Russia*，*Education review*，2001.

③ 潘德礼：《列国志：俄罗斯》，社会科学文献出版社 2011 年版，第 2—4 页。

④ H. X. Rojuerf，"Teachers' Education of Russia"，*Research and Appraise of university*，2007（1）.

再次，农村教育信息化落后，教师信息素养较低。农村学校电脑配置数量少且型号低，而且互联网连接受阻。农村教师处于信息化社会边缘，甚至隔离出信息化社会。"教师要传授一滴水，就要有一条潺潺不息的小溪"，教师对电脑操作的盲区和外界信息的闭塞，必然导致农村教育落后，尤其是农村教育信息化的滞后发展。

（五）俄罗斯农村学校布局分散

农村学校学生总数远少于城市学校学生总数，但农村学校总数又远多于城市学校总数。[1] 如乌里扬诺夫斯克地区2006—2007学年有591所学校，其中460所分布在农村地区，占学校总数的78%，但农村学校中学生数不足3人的却占29%；下诺夫哥罗德地区农村学校的比例是66.8%，在那里上学的人数是当地学生总数的22%。在过去的15年中，农村学校的学生人数减少了1.5万人。[2]

农村学校布局十分分散。由于农村居民点数量逐步减少，国家所有地区的农村人口都要根据人口数不同将居民点进行再分配。在南方地区农村居民点，两个村庄人口数超过1000人的农庄比例扩大并增加；中部地区村庄的居民数量大多集中在200—500人；北部地区无论是小型还是大型村庄，农村居民的数量都在减少。于是出现了农村学校趋于分散的特点，这就直接影响到学校的生存与维持，从1991年到2001年俄罗斯共减少了两千多所农村学校，[3] 而从2001年到2010年俄罗斯又减少了近一万所农村学校。

由于农村学校的生源相对固定，当地居民一旦向外流动，学校生源几乎无从补充，因此农村人口流动带来的生源流失，使学校之间在人数上差异非常明显，不少学校的学生总数已少到无法正常进行教学的程度。如表2-18所示：

---

[1]　肖甦、姜晓燕：《俄罗斯农村学校结构改革评述》，《比较教育研究》2003年第12期。

[2]　崔艳红：《俄罗斯农村学校结构调整模式研究》，硕士学位论文，东北师范大学，2011年，第19页。

[3]　肖甦、姜晓燕：《俄罗斯农村学校结构改革评述》，《比较教育研究》2003年第12期。

表 2 – 18　　　　2000—2001 学年俄罗斯联邦农村学校及学生统计表

单位：学校数：所；学生数：人

初等学校 13067	学生数	<10	10—14	15—20	21—29	30—60	61—120	121—180	181—280	≥281
	学校数	5604	2825	2203	1379	848	116	25	33	34
基础教育学校 11174	学生数	≤40	41—100	101—200	201—280	401—640	≥641			
	学校数	2859	6808	1345	99	21	5			
完全中学 20287	学生数	≤100	101—200	201—400	401—640	201—1600	≥1601			
	学校数	3093	8449	5869	1664	142	5			

资料来源：肖甦、姜晓燕：《俄罗斯农村学校结构改革评述》，《比较教育研究》2003 年第 12 期。

我们再从纵向维度来分析一下农村教育存在的问题。

其一，学前教育存在的主要问题是财政拨款不足，行业工资水平过低；城乡儿童学前教育水平和内容差别较大，乡村地区学前教育大幅度减少。另外，由于经济状况不佳，家长支付能力下降，所以越来越多的儿童在家接受学前教育。

其二，普通中等教育存在的主要问题是：（1）中等教育中道德教育体系尚未完全形成。（2）近年来，儿童的社会和健康状况恶化。据有关专家的数据，近 60% 的儿童在入学时有各种体质问题，近 20% 的学生有心理健康问题。[1]（3）学校的物质基础不能满足现代教育的要求。校舍老化的速度大大超过改建和新建的速度。目前，只有不到 15% 的乡村校舍设施齐全。近 1/3 的校舍没有供暖和食堂。[2]（4）地方政府管理的学校财政拨款不足。（5）学生课业负担过重，许多学生不能掌握课程内容（个别课程有近 50% 的学生不能掌握所学内容）。

其三，初等职业教育的主要问题是，教师工资偏低，财政拨款不

① 潘德礼：《列国志：俄罗斯》，社会科学文献出版社 2011 年版，第 425 页。

② 同上。

足，工业企业对高级技工的需求不能得到满足（各个工业门类现有在职高级技工平均年龄为 53—57 岁，而技校毕业生达到高级技工水平所需要的平均时间不少于 7 年）。[①]

其四，中等职业教育面临的主要问题是：教学内容不适应个人和经济社会发展的需求，不适应科技密集型生产和信息产业的发展；缺乏高科技类专业教学所必需的现代化教学基地；中等职业教育的规模、结构和地区分布不适应劳动力市场和个人的需求等。

其五，高等职业教育的主要问题是：各地区低收入家庭、农村地区中学毕业生不能进入一流大学；中学毕业生的知识水平与大学水平考试的脱节现象严重；高等职业教育与劳动市场脱节；大学的教学实验设施老化；大学毕业生用非所学，按专业就业的比例很低；原有的毕业生分配制度取消之后，未能建立新的就业制度；大学与俄罗斯科学院研究机构整合程度较低；高等教育体系缺乏现代经济机制等。

另外，俄罗斯农村课外教育所面临的困难是财政拨款逐年削减，校舍老旧，与工业企业的联系中断，学习的内容陈旧不适应现代的要求。

第四节　改善俄罗斯农村教育的政策建议

如今，俄罗斯政策制定者面临的主要问题就是如何提高农村教育的质量，而提高农村教育质量所需的资源又是不确定的。简而言之，正如我们前面所述，俄罗斯在最近十几年里用于教育投入的资金已经很多了，其占有 GDP 的比例也比以往有所增加，而且与其他东欧国家相比，俄罗斯政府对农村教育的重视程度也处在所有国家前列，总统的"教育强国"思想也是创新而又先进的。但是俄罗斯农村教育依然呈现出棘手又繁多的问题，这对俄罗斯政府政策制定者来说也是一个很大的问题。所以，俄罗斯政策制定者应该清楚地认识到，适当的增加教育投资和充分利用已有资源是提高农村教育质量的重要途径。而要想充分利用已有资源，必须加强管理部门之间的配合协调工作，科学地对已有资源

---

① 潘德礼：《列国志：俄罗斯》，社会科学文献出版社 2011 年版，第 426 页。

进行再分配。新投入的资金不仅仅要用于解决当前财政紧张的问题，更重要的是加强其利用效率，而对于新投入的资金可以通过倡导公共部门的投入增加教育经费的来源，拓展教育经费的筹资渠道。

但是，尽管人们开始意识到提高教育质量的重要性，但大多数政策制定者并未将精力放在提高地方政府的规划管理能力，以及学校和教师质量的改善上，只是许诺要提高教育质量，充分利用已有资源。联邦政府给予教育充分关注并提高教育经费的划拨，但在三级教育行政组织结构中，由于组织管理维度较大，虽然信息下达较顺利，但是执行力太差且领导者的精力有限，关注面相对较窄，也使一些不谋其政者有机可乘。这样，政府政策实施不了，也难以解决农村教育存在的实际问题，利益接受者并未感到现有境况的改变，对政府失去信心，所以政府政策并没有起到实质性的作用。

近期，有一些政策制定者倡导通过政策增加资金，为农村小学和初中提供更多的奖学金，尤其是为农村孩子提供更多经济方面的资助。而另一些倡导者则建议通过增加农村孩子的教育投入来平衡其受教育的机会。无论是哪种方式，提倡为农村孩子投入更多的教育经费的说法是有意义的，人们也可以通过社会救助以及各类慈善事业为农村孩子捐资助学，一定程度上缓解政府的财政压力。但是，我们也应该认识到，尽管为农村孩子投入额外的教育资金，使其能到城市里读普通中学，但如果汽车不通畅或者道路建设不健全，"上学难"的问题就从一个角度转移到另一个角度，始终未得到根本解决。所以公共基础设施的改善对于农村孩子接受高质量的教育也有着很大的影响，如俄罗斯联邦政府在《2010 年前俄罗斯教育现代化构想》政策中，明确规定"在农村开通学校班车"。[①]

关于关闭小规模学校、调整学校布局的做法也引起了很多政策制定者的关注，但是这些做法对提高农村教育的质量成效意见不统一。而一些农村社区联合部已经一致认为小规模学校不应该关闭，那样会影响一小部分群体受教育的机会，对于教育部给予的教育津贴，应该采取多样性的分配原则，根据小规模学校 0—3 年级一个等级而划拨教育经费。

---

① 周耀慈：《2010 年前俄罗斯教育现代化构想》，《基础教育参考》2003 年第 Z2 期。

据相应学生数分配相应教育津贴的说法在理论上是行得通的，但是，从教育事业发展的长远角度看，对整体教育事业的发展是有阻碍作用的，因为这些小规模学校地处偏僻地带，而且数量多、质量低，要想维持这些学校的正常运作需要花费的经费相当于城市学校的 2—3 倍，更重要的是这些学校的高消耗与低收益的状况令人尴尬。俗话说"好钢用在刀刃上"，在教育资源一定的情况下，合理高效地配置资源也是衡量一个好政府的业绩标准。

　　同样，教育部已经颁布了一项计划，提出教育现代化的构想——《俄罗斯农村学校的结构改革构想》，在结构改变的过程中，无论其学生人数多少，农村小学都予以保留。保留模式有三种：（1）学生在 10 人以下人数极少的小学，可以变为另一处居民点的初中和完全中学的分校。（2）学生人数为 10—100 人的小学，可以改为学前和低学龄儿童学校（又称"小学—幼儿园学校"），根据实地需要实施学前和初等普通教育计划。[①]（3）现有小学在有空余校舍的条件下，可组织五、六年级学生的教学，并将其视为其他居民点的初中或完全中学的分校。[②] 关于初中，在改变结构时，学生数超过 40 人的学校必须保留。少于 40 人的学校，如果具备交通条件或与学生人数多的另外居民点距离不超过 3 公里，可以进行学校间的重组。有两种整合模式：（1）普通学校实施补充教育的教学计划，甚至实施学前教育计划。（2）在其他居民点的初中开设分校，为当地居民点的低年级和五、六年级学生实施教学。关于完全中学，农村教育系统中此类学校在学生数和学校数方面均占最大比例，对其整合改组的模式也相对增多：（1）在完全中学附设五、六年级，为附近居民点的小学毕业生提供初中前两年的教育。（2）在初中缺少足够教师却拥有必要设施条件的情况下，可以以完全中学为基地建立包括邻近村落的小学和初中在内的区域性学校联合体。（3）将城镇、工人新村、行政村的普通中学改建为重点中学、高级重点中学或加深某类课程的特科学校。在改变普通中学结构的过程中，增加实施侧重

---

　　① 崔艳红：《俄罗斯农村学校结构调整模式研究》，硕士学位论文，东北师范大学，2011 年，第 31 页。

　　② 肖甦、姜晓燕：《俄罗斯农村学校结构改革评述》，《比较教育研究》2003 年第 12 期。

专业性教学的学校的比例。（4）不受学生人数的限制，在农场集中的地区以普通中学为基础建立学校—社会文化综合体。

综上所述，有关研究者提出的建议在某种程度上有其实用价值，但也存在着很多漏洞和不足，所以下文在对研究者提出的建议进行分析阐述的基础上，提出相关改进建议。

一　增加教育经费投入，改善农村教育物质技术基础设施

教育财政吃紧、教育经费缺乏是俄罗斯农村教育面临的最大问题。长期以来，苏联及现俄罗斯一直实行深受批判的所谓"剩余原则"的教育拨款行为。在80年代前期，苏联的教育经费年均占国家财政预算的15%左右，90年代初，俄罗斯年教育经费大大下降，只占财政预算的7.4%—7.6%，最好的年份也未超过8%。[1] 教育经费的年增长额根本抵偿不了物价上涨因素所带来的实际损失量。据统计，80年代以来，教育的国家预算拨款只能满足普通中小学实际需要量的70%—75%。90年代初，根据俄罗斯联邦教育部提供的材料，预算拨款仅仅是实际需要的47%。教育财政危机造成的直接恶果是学校办学条件的下降。由于国家预算拨款仅仅维持教职工的生活，所以，普通教育学校行政费、事业费和基建费一减再减，必要的教学设备、器材、实验材料没钱购买，陈旧、危险房屋（教室、图书馆等）得不到维修，不少学校没有健全的供水设备、供暖设备，供电也不经常。据俄罗斯联邦教育情报所统计，多数学校物理教研室演示设备不足65%，实验设备不足55%；[2] 化学教研室没有通风设备，实验材料没有保障，许多学校没有保存化学试剂的用房。一些学校不得不用工厂淘汰下来的设备。

面临上述问题，俄罗斯教育财政改革首先确立了两大指导思想：其一是改变农村教育财政全部由国家拨款的状况，实现教育三级体系的责任分担，只有这样才能保证教育系统从国家垄断转变到国家—社会共同承担；其二是提出了使学校在经济上得到独立，使农村教育所有权和经

---

① 刘振天：《俄罗斯普通学校财政危机及改革前景》，《比较教育研究》1994年第6期。
② 同上。

济权益社会化，提升学校自主办学的空间。在教育财政改革的指导思想之下，经过周密考虑，俄罗斯的农村教育财政改革逐渐形成了统一的措施综合体系，这些措施主要集中在以下四方面。

（一）完善农村教育财政机制并制定教育财政预算的新模式（该模式既包括整个教育系统又涉及各级各类学校），其中提到要设立多级教育财政和差级补助，教育支出分级化，以鼓励教育机构发展农村教育，要合理利用预算经费等。俄罗斯联邦政府给予政策方面的支持。从2001年开始及其后续的《2010年前俄罗斯教育现代化构想》（以下称《构想》），奠定新时期教育经济现代化的基础。根据《构想》，2006年至2010年提高教育领域的资金保障应该初见效果。要做到这一点就应该：（1）增强政府的责任，包括教育预算支出在GDP中所占的比重应从3.5%提高到4.5%；联邦预算中教育拨款的增长应每年不少于2.5%，也不低于全国预算的10%；[①]（2）给予农村企业税收优惠；（3）达到经费渠道构成的有效再分配（"教育投资的私人经费在国内生产总值中由1.3%增长到2.5%"，这里说的是较大力度地利用预算外资金补充预算内资金），虽然定稿时该条款被删除，但是可以探究联邦政府的改革方向。2003年俄罗斯联邦政府批准了《2003—2004年与在2006年之前改组俄罗斯联邦预算部门的原则》，该文件确定了后来包括教育部门在内的部门经济发生变化的所有内容。2004年的一些文件，如《2010年前俄罗斯联邦教育现代化发展战略（草案）》，实际上集中反映了《构想》的基本原则。战略中所引用的社会经济效率指标就是证明：如果按照2002年的总结，预算外支出比重占教育总支出的28%，2003年占35%，到2007年这个比重将增加到58%。[②]

（二）开辟新的、补充性的政府预算外经济来源，建立教育机构与整个教育系统特别是农村教育体系的多种经费渠道，例如，依靠有偿教育服务和部分收费教育；接受慈善捐助和赞助；开展教育领域的商业活动，发放教育贷款等；与所得收入的再投资无关，教育服务从2005年

---

① 朱小蔓、［俄］H. E. 鲍列夫斯卡娅等：《20—21世纪之交中俄教育改革比较》，教育科学出版社2006年版，第98页。

② 同上书，第111页。

起就看作是企业经营活动，而不像过去那样设立专用资金。同时，国家同等地对待教育机构和一般的商业企业，不考虑学校所提供的教育服务的特殊性。1995 年 5 月 16 日俄罗斯联邦法律《关于保护国家和市立教育机构的地位和学校暂停私有化》，制止了沿商业化轨道发展的思路。这个禁令在形式上保留在教育法中，然而，根据 2004 年的文件，同时准许把教育机构改组为教育组织，禁止其私有化的禁令却没有了，这为农村教育形式多样化提供了政策空间。2003 年，俄罗斯教育体系内有偿服务的金额已达到 954 亿卢布，而 2004 年达到了 1187 亿卢布，这个数额大于联邦预算分配给教育的资金总额（998 亿卢布）。同 1995 年比较，有偿服务的金额长了 3.3 倍（按可比价格）。见表 2 - 19。

表 2 - 19　　　　　　　　　　有偿教育服务的数额①　　　　　　单位:%

有偿教育服务的数额　　　　　　年份	1995	1999	2000	2001	2002	2003
以百万卢布计（按实际起作用的价格，1995 年按 10 亿卢布计）	2802	28301	41530	55993	72874	95428
所占比例						
上一年（可比价格）	120.2	123.3	121.7	112.7	105.5	108.9
1995 年（可比价格）	100	272.7	331.2	373.3	393.8	428.8
居民人均有偿教育服务的数额（以千卢布计）	19	194	287	387	509	665

注：考虑到潜在的和非正式活动的评定。

俄罗斯联邦统计局指出，"最近几年出现一种趋势，就是把重心从教学过程中的预算内资金转移到更积极地吸引预算外资金，首先是来自家长的资金"。教育支出在居民消费支出中的比例见表 2 - 20。

---

① 朱小蔓、[俄] H. E. 鲍列夫斯卡娅等：《20—21 世纪之交中俄教育改革比较》，教育科学出版社 2006 年版，第 98 页。

表 2 - 20 有偿教育服务费用占家庭开支的数额

（人均年支出，以卢布计） 单位：%

年份	教育体系里有偿服务的费用		
	学前教育机构人均年成本	消费支出中的比例	个人教育服务支出中的比例
1997	45	0.7	5.0
1998	55	0.8	5.9
1999	137	1.3	10.1
2000	137	1.0	7.2
2001	241	1.2	8.2
2002	383	1.5	8.4
2003	434	1.3	6.6

注：据家庭开支预算的抽样调查的资料。

从表 2 - 20 可以看出，学前教育机构人均年成本逐年上升、在消费支出中的比重上升，且在普京任联邦政府总统后增长速度较快，充分说明新任总统对国家教育的重视程度，因为即使在有偿教育服务领域，又好又快地发展教育事业也与国家的资金资助及政策支持是密不可分的。在 1999 年，个人教育服务支出中的比例达到 10.1%，为历年来最高，也可以断定在政权更替的俄罗斯社会中，有一些投机分子在教育领域兴风作浪。但在普京上台后，个人支出比例下降，教育形势呈现稳定状态。

俄罗斯联邦政府采取多渠道筹措资金的方式来丰富俄罗斯农村教育经费，我们以俄罗斯农村职业教育机构的资金筹措渠道来加以说明（见表 2 - 21）。从表中可以清晰地看出，预算外资金比例（首先是居民的资金）是与职业教育的层次同步增长的。高等教育收费在俄罗斯已成为越来越普遍的现象。甚至由俄罗斯联邦政府预算承担经费的学费，绝大多数的中学应届毕业生也必须为这些学费支付进高校预备部和请补习教师的费用。

表 2 - 21　职业教育机构按照经费渠道的资金结构（按百分比计）

	初等职业教育	中等职业教育	高等职业教育
资金总额	100	100	100
私有资金	2.2	2.7	7.8
各级预算资金	90.7	61.0	47.6
联邦预算	70.5	34.6	46.2
俄罗斯联邦主体预算	20.0	26.4	0.6
市立教育的预算	0.2	——	0.8
预算外资金	7.0	36.2	44.6
预算外资金（额定）	2.7	2.6	7.6
团体和企业	4.1	5.6	6.0
居民	0.2	28.0	31.0

（三）给予教育机构最大的教育自主权和经济自主权并为学校创造进行经济活动的条件，赋予其进行商业活动的权利。创建附属于农业学校的农业经济企业是 20 世纪八九十年代的一种非常普遍的现象，[①] 由于纳税制度的改变这已不再是诱人的事了，许多教育机构停止了这种活动。从 2004 年起，俄罗斯教育科学部积极支持建立大学附属科技园区和技术城的思想。它们的一个特点就是商业化程度很低，创建的是知识型企业。例如，在 2002 年，高校签订技术输出合同仅占全国此类合同的 6%，而纯价值只占俄罗斯技术输出总额的 0.1%。

（四）促进农村办学主体的多元化，建立非国立教育系统，即非国立教育机构和家庭教育系统（孩子可以在家中接受教育并得到国家的认可），实行教育券制度。在俄罗斯一般使用"非国立教育"来替代以前的"私立教育"，因为前者表达了更广泛的含义，也更易于为社会意识所接受。1992 年 7 月叶利钦签发了《俄罗斯联邦教育法》明确规定：教育机构按其法律组织形式可以是国立的、非国立的（含私人、社会、宗教组织设立）。教育非国有化及教育券制度在一定程度上能够改变过

---

① 朱小蔓、[俄] H. E. 鲍列夫斯卡娅等：《20—21 世纪之交中俄教育改革比较》，教育科学出版社 2006 年版，第 115 页。

去学校教育缺乏强有力的社会监督机制的缺陷，提高学校竞争的社会化水平，能够体现公平公正的原则，部分分担政府的财政压力，满足了社会对教育的多元化需求。

二　农村教育结构性问题的改进

（一）学前教育

俄罗斯的实践和国际研究成果表明，对儿童的早期发展和学前教育的投入，无论是从社会的长期影响来看，还是从长期的教育效果来看，都是十分有效的。因此，传统上解决教养问题的学前教育的重要性日益增长。学前教育应当不仅为儿童提供平等的学习起点，为以后掌握普通教育大纲作好准备，还应当成为一所关注家庭问题的社会大学。这就意味着，不但要关注学前教育所必需的各项服务性设施，更应当关注学前儿童的家长，建立儿童—成人教育共同体，坚持教育过程中的"1/3 原则"，学校、学生、家长共同承担教育责任。

为此，0—3 岁儿童（直觉思维阶段）的早期发展体系将成为现代教育模式中的一个独立要素。2010 年前将建成针对早期家庭教育的学前教育指导中心，推出针对问题家庭的儿童"成长伴随计划"。为了积极有效地实施这些计划，需要俄罗斯联邦、直辖市和教育机构制定出特殊的指导方针。为了使更多的学龄前儿童接受教育，国家将支持各类型机构提供的各种"儿童早期发展计划"。其中，将更加关注如何发现天才儿童和成长困难儿童的计划，这在国家颁布的相关教育政策中都有体现。这种类型的教育服务，旨在最大限度地挖掘家庭教育的潜力。鉴于对儿童早期发展的关注，必须接受"特殊教育"的学生数量将会下降，小学教育的成果将显著提高。

通常，为4—6 岁儿童提供学前教育的机构的服务是僵化教条的，而且不能保证所有的学前儿童都接受到学前教育。为实现多样化的学前教育服务，在 2012 年前将推行各种特色办学形式，国家—社会的合作办学体现在学前教育的人均经费划拨上，即学前教育可以获得国家的预算支持。因此，教育方案的灵活性及满足不同家庭的需求将成为学前教育服务原则。新纲要的具体举措包括所属基础教育机构下的学前班，所属各类教育及辅助教育机构的短期特长班。

3—7岁的孩童身上已经形成了某些对于当今社会来说非常关键的品质，比如创造力，探求知识的能力。因此，现代教育模式应当利用有效的科技手段，去发展儿童的想象力、认读能力和其他一些基础能力。而使用这些高科技手段就需要高质量的师资队伍。在近四年要实现学前教育领域的科技现代化，在之后的四五年内，展开对教育工作者的继续教育工程。

（二）基础教育

在20世纪后半叶，完全中等教育普及了并是义务式的。因此，按照年龄分期，为高年级和低年级的学生成立单独的学校进行教学。

在初等学校和高中之间还有独立的初中，这并不意味着中等阶段教育被分割为一个独立的教育阶段。国外和俄罗斯联邦的教育机构的经验表明，初中是基础教育的一个阶段，可能会成为对俄罗斯非常有益的一个教育阶段。2015年前将更新学校教育的内部结构，2020年这一试验成果很可能在全球更多国家得以实现。①

新的学校教育模式的另一个重要构成，就是实践技能和运用知识的能力以及实施特殊方案。在创新教育机构的实践活动中，这种方式被称为"能力方法"，指学生应当掌握的分析、理解和解决问题的能力。在这种情况下，必须转变自然学科和人文学科的教学任务和作用，提高富含技能元素的课程的地位。在这些课型中积极采用设计的方法，吸引学生参与实践活动。自然学科的教学方式应有所转变，将焦点集中在研究问题上，要提出假设并验证假设，解决所设计和分析的问题。这就需要提供新的教育技术和教学材料，并使用信息和通信技术。国家的创新发展需要在2015年之前，在能力方法的基础上更新全部教学大纲和教学方法。

2011年前将完成有计划地向专业教学的转化。专业教学应当保证学生的个性化教育的发展。2015年前要提供教学方法和教育技术方面的保障，增加学生在个性化教育方向的选择性，具体可以包括：使用信息技术，在接受普通教育的同时尽可能地获得专业技能，接受初等和中

---

① Розина Н. О разработке нового поколения государственных образовательных стандартов //Высшее образование в России. 2007. №3.

等职业教育大纲的模块化方案的培养。中期的任务就是制定和贯彻提高教育教师专业技能的继续教育计划。

为了实现能力方法基础上的专业教学，可以采用以新的教育手段和教材为基础教育模式，整个教育机构都将作出相应的改革。更多的教学质量好的教育机构将成为"总校"，附近居民点的更多家庭可以享受到总校的（资源）服务。总校，特别是某些高年级的总校规模的扩大，以及它们所拥有的先进的教学设备，使学校里形成了教育与交流的氛围，同时也保证了学生更有效地选择和实施个性化教育。

专业教学还可以为儿童和初中的孩子们减负，学生的业余时间也就成为自学和接受补充教育的宝贵资源。这也意味着不会减少孩子们需要的空间，甚至可以扩展他们的创造性的活动。也因此需要扩大补充教育的规模。在 2012 年之前，每一个中学生都将依据预算，得到每周两小时时间，来进行课堂外的大纲要求的活动，到 2020 年要保证每周不少于 6 小时。

因为在新的模式下，教学过程将呈现出多元化的特征，教育质量评价的内部和外部体系一样发挥重要作用。在这样的评价中，除了标准化的外部考试外，还将使用一种新的评价方法，它可以考查学生个性化的创造性的教育成就。2012 年之前，将实施统计分析基础上的优化的教育质量评价体系，2015 年之前将建立起一套统一的数据库自动评价学生的成就。这样一来，在国家统一考试制度得到完善的同时，学生学业评价机构将得到发展。

为了保证教学质量的提高，不但必须提高教师的工资，还必须改革对教师的培养和继续教育体系。师范院校的发展趋势将会直接影响到俄罗斯联邦的人文学科院校和古典院校的发展。教师会得到机会在专业化的文科学校里接受职业培训和继续教育。

（三）职业教育

职业教育的结构将保证每一个俄罗斯公民有机会获得他所需要的各个层次的基础职业培训：职业培训和职业教育的短期计划，应用型技术学士、学术学士，同时还将提供一整套不断更新的职业技术培养的模块方案，使学生更有效地适应劳动市场的需求。教学期间会提供最优化的方案，并对所有需求者开放。

职业教育的创新特征将从以下几方面得到保障：

● 高等教育的科研比重日益增长；

● 许多教学大纲与生产实际结合起来，其中包括相关领域的知名企业间接地为教育提供设备；

● 建立起不依赖于教育机构的职业标准和考试系统，确保不断地调整陈旧的教学大纲，引进职业教育机构的学生独立学习技能的机制。

高等教育体系包括大学、科学院、学院：

● 联邦大学。具有世界水平的大学，它们整合了先进的科研和教育大纲，可以解决社会投资计划所设计的地缘政治项目、人才项目和国家创新规划里的科研项目。

● 国家研究型大学。这类大学实施整合的创新规划，科研规划，解决创新经济的人才和研究问题，在教育、科研和生产活动相互扶持相互竞争的基础之上开展科技的首创研发活动。

● 地方大学。实施多专业教育大纲，保证为俄罗斯联邦的社会经济发展提供专业人才。

● 学院类。主要实施文凭教育。

为此，需要更新法律法规，其中包括更新教育机构的类型。

在职业教育体系中，将不再出现"道路封锁"现象。由于可以获得学分转换系统支持，大学生流动将有所加强。介于这种状况，教育大纲的类型也将扩展，学生通过了大纲之后，除了可以获得国家统一的证书，还可以获得普通职业证明书，只有通过了职业考试的毕业生才能够进入劳动力市场。

教育领域内国家和私人的合作将得到更大的发展，其中包括：

● 企业主的联合将现实地参与到制定和实施国家教育政策（制定法律和其他一些职业教育范畴的法规，规划出专业培养方向的明细，制定出联邦国家职业教育标准，参与职业教育质量的监控程序）；

● 大学里创办具有创新特色的基础设施（企业孵化器、科技园、合资企业）；

● 非商业机构将制定出全国的职业标准和独立的职业考试；

● 根据教育信贷机制的试点结果，制定出"大学生教育信贷国家援助政策"，即可以为自费生提供贷款，又可以为所有需要的学生提供

"同步教育贷款"。

一个关键的变化是职业教育拨款体系的现代化。第一步是向标准的人均经费转换，以保证（制约）各院校以公开透明的形式，选拔全国统一考试（客观独立的一种鉴定形式）中成绩优秀的中学毕业生。类似于传统形式的入学考试，要划出一个分数线，来确认哪些学生的知识和专业水平，难以按照高等职业教育的大纲进行学习。同时还要确定一个分数线，高于该分数线的中学生将获得公费接受高等职业教育的机会，这种情况下，各院校有权自主决定他们所录取的学生的统考分数和今后学习的专业方向。这一机制将克服目前中学和大学对学生的培养要求之间出现断层。

在这里，不是所有实施教育大纲所必需的经费都应当包括在人均经费标准中。可以通过国家根据不同的具体培养方向的价值和对生产、研究的设备的更新情况，实行专门扶植的发展计划，实现人才基地、科研基地和物资设备基地的发展。其中的一部分经费需要通过竞争方式获得。

初级职业教育和中级职业教育中将出现一系列显著的变化。某些中级职业教育大纲将转向应用学士，其中包括将相关的中职合并到大学中。在（鉴定）专家对该体制在中等职业教育的联邦机构中进行检验之后，文凭将更加专业化，学生可以在掌握专业知识的同时获得基础教育。

在初级和中级职业教育机构的基础上，在实行职业教育大纲的同时，将首次推出针对工人和专家的技能提高和继续教育方案，初级职业教育机构的教育和社会功能将被转移到基础教育体系中。这样，初级职业教育大纲的学习时间将被从根本上压缩，大纲本身也定位于使学生掌握一整套专业技能。因此。目前面临的任务就是，推出职业教育大纲的社会职业认证的机制。一些实施中等职业教育大纲的教育机构，可以合并到大学里，或者大型教育连锁体系之中。

在高等职业教育体系中，将进行以下的改革：

普通中学毕业生中，三分之二以上会进入学术学士和应用学士的教育体系，这样，高等教育就成了青年一代在 21 世纪迈进积极人生的一个社会性的标志。这也将保证俄罗斯在世界经济中具有长久的竞争力，保证不断的创新，在经济的各个领域内生产和利用创新技术成果。

每一个完成了普通中学教育大纲要求，并准备好为进一步的学习付出努力的俄罗斯公民，都有机会获得学士学位。大量的学位可以保证学生获得更高层次的能力——从基础知识、研究方法到实用技巧，而这些技巧恰恰可以增加学生在劳动力市场的竞争力。学位培养方向的合并与扩大，要与学校和学生的大规模的创新活动相结合。大约50%的教学计划将根据学位培养的联邦国家教育标准来细化，20%由教育机构来制定，而由学生独立选择的教学计划提高到了30%。根本上压缩高等职业教育的专业和学位培养方向，或者引进更高经费标准的硕士大纲，可以提高高等教育的水平。在学位范围内，可以保证学生有很大的课程选择的余地，在学习结束前应该做好准备，是继续学习还是开始工作。

建立新的大学生助学金制度，依照提供者的培养目标，提高助学金额度。学习成绩优异者可以获得更高奖学金，来自社会弱势群体的大学生的助学金也将提高。大学生的宿舍问题也将得到根本改变，在大型院校修建、翻修几十座宿舍。

三　加强农村师资建设，提高教师队伍整体质量

(一)　联邦政府建立严格的标准体系，使质量评估有章可循

援引教育科学部的说法："我们有一项简单的任务：为了国家和这个国家的每一个个体的成功和幸福地生活……教育体系本身是不能确定我们要准备什么的。因此，我们必须明确要求：教育应该'生产'什么样的人？也就是外部订货。那谁是订货者？雇主，经济，社会……我们开始召集雇主问他们：'你们需要谁?'……他们也不能给予明确的回答。这同样适用于高等师范教育系统，事实上它也不明确应该生产什么样的人。"而"为了国家和这个国家每一个个体的成功和幸福地生活"，必须拥有高专业水平和高工资的教师来支持与保障国民教育系统，而定货者只能是以政府为代表的社会。俄罗斯联邦政府制定了较完备的教师培养标准体系。[①]

在俄罗斯，面授教学形式培养教师的规定时间是五年。在大学接受

---

① 朱小蔓、[俄] H. E. 鲍列夫斯卡娅等：《20—21世纪之交中俄教育改革比较》，教育科学出版社2006年版，第417页。

了五年教育的人，现在成为"专家"。师范大学在培养学科教师时严格按照正式文件《高等职业教育国家标准》来执行。为了解释专家教师的教学内容和实施章程，我们可以以"032500 地理专业"的具体标准为例。完成了标准要求的 5 年学习任务的毕业生，将获得国家样式的证书"地理教师资格证书"。

标准给出了师范大学"毕业生技术资格评定"要求，包括：论述要求教师掌握的专业知识；论述教师将要解决的职业任务。标准列出了学习教师职业活动的形式：教学—教养活动；科学—教学活动；社会—教育活动；德育；文化—教育活动；协调发展的活动；管理活动。需要指出的是，师范大学毕业生可继续接受副博士教育。标准规定了大学的入学要求：他必须具有中等普通教育或中等职业教育毕业的国家证书。标准在两部分分别列出"032500 地理专业毕业生培养基本教学大纲要求"和"地理教师基本教育大纲的最低限度内容和要求"。它们规定了常规教学过程，以及毕业生必须获得的专业技能水平。依据标准，师范大学独立制定教育计划，包括教学计划、教学实习计划。标准确定了教育大纲内容的最低限度要求，以及实施条件和掌握期限。

基础教育大纲包括的课程有：

- 大纲部分；
- 民族—地区（大学）部分；
- 大学生的必修课程；
- 选修课程。

基础教学大纲为大学生设置了以下系列课程：

- 普通人文和社会—经济课程；
- 普通数学和自然科学课程；
- 普通职业课程；
- 学科课程；
- 选修课程。

除此之外，还包括实施总结性国家鉴定。表 2 - 22 说明，培养地理教师的基本的教学计划中具体包括哪些学科，以及各门学科有多少课时。

表 2－22　　　　　　　　　　地理专业的课程设置

课程系列及其总学时	联邦部分课程		民族地区部分课程（学时）	学校部分课程（学时）
	课堂名称	学时		
普通人文和社会—经济课程系列（1050）	外语	340	225	225
	体育	408		
	祖国历史	100		
	政治学			
	法学			
	俄语和语言文化	100		
	社会学			
	哲学	102		
	经济学			
	合计	1050		
普通数学和自然—科学课程系列（850）	数学	150	150	150
	信息学	180		
	物理	200		
	生态学	160		
	合计	850		
一般职业课程系列（1600）	心理学	300	160	160
	教育学	300		
	专业教育与心理学基础	72		
	地理教学理论和教学法	320		
	解剖学、卫生学和生理学	72		
	医学基础	72		
	生命安全保护	72		
	教学的技术和视听手段	72		
	合计	1280		

续表

课程系列及其总学时	联邦部分课程		民族地区部分课程（学时）	学校部分课程（学时）
	课堂名称	学时		
专业课程系列（3834）	地质学	400		
	土壤地理学	150		
	生物地理学	102		
	乡土研究（方志学）	90		
	地形制图学	220		
	民族地理学和宗教地理学	75		
	地理经济学和自然资源利用	72		
专业课程系列（3834）	普通自然地理学	440	200	200
	大陆和海洋自然地理学	340		
	俄罗斯自然地理学	360		
	经济部门的经济学和技术学基础	75		
	普通经济和社会地理学	340		
	国外经济—社会地理学	370		
	俄罗斯经济—社会地理学	400		
	合计	5614	735	735

标准还有两部分规定了掌握基础教育大纲的期限，学习它的要求和实施条件。大学生的学业负担最大限度为1周54学时，包括所有课堂教学形式和课堂外（自学）教学工作。大学生的课程和实习都采取总结性评价（考试分为"优秀"、"良好"、"及格"、"不及格"；考查分为"合格"、"不合格"）的形式予以评定。标准提出了对干部、教学法、技术—材料的总要求，以保障教学过程。标准的关键部分"质量标准"列出了对专家的普通和职业（师范的、学科的）相应训练要求。标准包括对总结性国家鉴定的要求，它有目的地指向和强调对专家进行完成其职业任务和副博士阶段的继续学习方面的理论和实践培养。总结性鉴定包括毕业生的论文答辩工作以及国家根据不同大纲进行的专业考试。

（二）教育立法，为农村教师队伍建设提供法律保障

21世纪，俄罗斯联邦政府颁布了一系列教育改革政策、法规，如

《2010 年前俄罗斯教育现代化构想》、《国家教育优先发展战略》、《俄罗斯教育中长期发展纲要》、《俄罗斯国家教育标准》、《2010 年普通教育优先发展行动计划》等，几乎每一项法规、政策都涉及农村教师队伍建设问题，为俄罗斯农村教育和农村教师队伍建设提供了政策支持和法律保障。政策、法规明确指出教师活动综合内容（涉及数学、物理、生物、地理、教育学、心理学等）和教师工资保障，为农村教师身兼数科教学工作提供准备，同时提高农村教师的综合素质，为未来农村教师提供物质保障和智力支持。国内外研究俄罗斯农村教育的学者认为，农村教师除具备一般教师应有的素质外，还应符合以下三个方面的要求：（1）正确树立服务农村和服务农村教育的价值观，持之以恒；（2）特殊的知识基础：基于农村的认知；（3）教育培训内容要适应农村儿童的身心发展规律和农村社会的发展需求。

（三）减少农村教师流失，保证教师供给及供给质量

1. 保证农村教师供给

国家的标准财政改革给包括师范类高校、俄罗斯中小学和技术学校以沉重的打击。经济转型之前，俄罗斯主要通过两种方式保证农村教师供给：A. 提供国家助学金、食宿保障、运动场所等物质条件，吸引城市和农村学生就读师范院校；B. 依靠国家分配制度——大学毕业后要为国家义务工作两年。① 这样，国家可以根据供需来调整师范毕业生的去向，也就保证了农村教师的供给。转型期，国家统一分配制度不再适应社会发展，因此取消该制度。俄罗斯转向采取新的解决途径。

首先，师范高校扩招。俄罗斯经济体制改革以来，俄罗斯经济有所改善，在此基础上俄罗斯施行扩招师范生的政策，以此来弥补年轻教师流失严重的漏洞。扩招政策向农村生源倾斜，拟实行"从农村来，回农村去"的教育反哺政策。

其次，高薪养优，高薪养廉。提高教师工资水平，改善教师生活条件和工作环境是保证教师稳定的重要举措。联邦政府为了留住国家优质人才，实现打造优质人才的目标，规定了分阶段增加教育拨款的额度，

---

① 于海波：《俄罗斯提高农村教师职业素质的策略与启示》，《外国教育研究》2008 年第 3 期。

第一阶段——反危机阶段（2000—2003 年），给教育系统拨款的额度不应少于国民生产总值的 7%，其中，由各级预算承担的不低于国民生产总值的 6%，由联邦预算承担的不低于国民生产总值的 10.6%；第二阶段（2004—2010 年）给教育系统拨款的额度不应少于国民生产总值的 8%，其中，由各级预算承担的不低于国民生产总值的 6.5%，由联邦预算承担的不低于国民生产总值的 1.2%；第三阶段（2011—2025 年）给教育系统的拨款的额度不应少于国民生产总值的 10%，其中，由各级预算承担的不低于国民生产总值的 8%，由联邦预算承担的不低于国民生产总值的 1.5%。① 俄罗斯近年来进行全国教育提升计划，计划内容之一即逐步提高教师工资水平。新的工资水平也许会吸收"新鲜血液"进入农村教育系统，但值得肯定的是可以挽留在岗老教师。另俄罗斯就改善农村教师生活条件和工作环境也采取有力措施，如为在农村工作的专家提供住房且规模在继续扩大。努力迎合农村教师保健要求的实现，而后进行"激励因素"的挖掘。

2. 保证农村教师业务质量

国家在承认教师达到教育目标方面所起的主导作用的同时，还应当保证：A. 学前和普通教育机构的教师与教养员基本应具有高等教育水平；B. 为各级教育机构的教师的创造性发展、业务技能的提高（每 5 年至少 1 次）和及时再培训提供条件，从国立和市立教育机构工资金额中划出不低于 4% 的预算开支用于这些目的；C. 吸引有才干的专家加入到农村教育系统中来，他们能够在较高层次上组织教育过程，开展科学研究，掌握新的工艺和信息系统，陶冶学生的情操；D. 建立农村教师评价系统。比如，教师实行绩效工资制，充分调动农村教师自身提升的积极性、主动性；建立教师评价和学校评价捆绑式系统，农村学校管理者要积极重视教师高质量的培训，从而促进教师队伍整体质量的提升。

3. 积极推进农村教育信息化建设，提高教师信息能力

俄罗斯政府优先发展农村学校信息化，并于 2000 年和 2001 年先后

---

① 朱小蔓、［俄］H. E. 鲍列夫斯卡娅等：《20—21 世纪之交中俄教育改革比较》，教育科学出版社 2006 年版，第 98 页。

颁布了《俄罗斯农村中小学信息发展计划》和《联邦目标计划——"发展统一的教育信息环境（2001—2005）"》（630 号决议）。另外，普京总统在 2001 年 8 月责成俄罗斯国防部为国家教育网络尤其是农村教育网络提供卫星信号服务，以使俄罗斯每一所乡村学校接通互联网。开展农村教育信息化建设，实现网络资源共享，离不开物资设备基础和技术，而技术掌握和传播人员恰恰是我们的农村教师。首先，完善农村网络设施基础。2001 年，俄罗斯政府投入 22.24 亿卢布，为 3.0715 万所农村学校安装了 7.6 万台计算机和设备，教师用数 8543 台，学生用数 4.8065 万台，6987 台外部调制解调器，3582 套网络设备。① 到 2003 年年初，农村中小学校基本完成了网络基础设施的建设工作。其次，对农村教师的网络及多媒体操作能力进行培训。农村教师是实现农村教育信息化的人力资本，人力资本专家舒尔茨的研究结果表明，人力资本对成果的贡献高达 33%，所以要重视农村教师的能力培养和培训。到 2008 年年底，俄罗斯 83 个地区的 5.2 万教师在因特网教育联盟中心完成培训。再次，吸引企业加盟。俄罗斯推出"俄罗斯一代人"计划，尤科斯石油公司每年注资 1000 万美元进行农村教育改革，重点推动俄罗斯农村教育信息化建设。② 企业同时加盟培训，掌握信息前沿动态，这同时与梅德韦杰夫提出的《我们的新学校》创新方案相吻合，在资源共享的状态中进行创新，提高教师的社会适应能力。

四　教育管理由集权到分权转变，加强教育监督力度

（一）学校自主化和自治化

新的教育法给了学校更大的管理自主权，尤其在专业方面，学校获得了前所未有的自主权利。学校可以在俄罗斯法令和教育机构章程规定的范围内实施教育过程，选拔和配备领导，开展学术、财务及其他活动，可以吸纳资金，也可以在教育法规定的范围内自主从事经济活动。

---

① 解月光、于淼：《俄罗斯促进农村教育信息化发展的策略》，《外国教育研究》2008年第 3 期。

② 本刊编辑部：《俄罗斯将拨款 2 亿卢布奖励最优秀教师》，《世界教育信息》2011 年第 2 期。

教育法还确立了学校的法人地位。

在新的学校管理体制中，专业化管理活动基本由学校和社会性专业机构来承担。对基础教育学校的教学质量和办学水平的评估活动，则是由教导体系和越来越多的社会教育中介结构实施的。这种机构可以受政府的委托也可以接受学校的邀请，同时也可以被家庭或社区委托来对学校有关方面或全方面工作进行评估，这种评估不具有直接行政效力，但它是政府教育决策的一个重要参考，也是社会对学校办学一个监督途径，其评估结果对学校办学有明显的制约和促进作用。教育领域学校自主权的扩大，并非完全意味着政府对教育管理责任的减小，客观地说，这是一种管理策略的变化，管理重心从传统的投入管制和过程管制转移到产出管制。在这样一种新的管理模式下，政府规定明确的最低教育教学标准，并且对学生是否达到标准给予研究机构的专业配合和家长、社会团体的监督。1992 年教育法和 1996 年新教育法都明确规定，在俄罗斯建立和实行学校评估和认可制度，对学校每 5 年进行一次整体性评估。

（二）农村学校创新性管理模式和方法

俄罗斯现行法律赋予学校很大权力。现在，学校有权完成教育过程、选择和分配师资等，并在法令、示范性条例和学校自己章程规定的范围内独立开展科研、经济及其他活动。同时，其责任范围也随之宽泛。如果未完成职责范围内的工作，没有完全按照计划和教学过程安排落实教学计划，学校就要承担责任。学校还需要为毕业生的教育质量负责，如果学生和工作人员的权利和自由受到伤害，学校也要负责。此外，学校还要为其他一些行为负责。

教育制度改革的变化也要求学校管理不断现代化，要求实质性地改变过去的管理模式和管理方式。下列因素也影响了提高教育管理质量，如学校开展教育教学工作的环境不稳定而且可预见性低；学习还未形成对于变化的管理机制；为了使学校能够稳定运作并在教育服务市场得到发展，学校必须积极行动参与竞争。下面我们来总结一下学校为提升管理效果所形成的方式和模式，它们在学校内部管理实践中广泛使用：

　　●对学校活动开展中存在的问题有针对性地分析解决。这种方式要求自上而下进行，它从学校工作表现出不符合要求的结果开始分析，然后分析结果中存在的问题，再到分析问题的根源本身；

● 从学校发展的角度对问题的重要性和迫切性作出评价，确定最重要的问题；

● 设计学校的使命、目的、教育体系和管理体系的组织原则；寻找新方法并对新方法作出评价，以便使用这些新方法去解决分析过程中的新问题；采用系统设计方法；

● 通过统计方法去研究揭示学生和家长的教育需求；

● 设计学校管理的组织结构，并对管理结构是否符合学校使命，是否符合学校这种社会组织的发展阶段，是否符合教育体系的规模和特点，以及教师集体的成熟程度、管理组织的风格等进行评价；

● 对教师进行形成性和总结性评价，这种评价方式包括拟定评价标准、选择评价对象、组织评价活动、进行数据分析等程序；

● 着眼于学校利益的教师工作模式和机制，包括教学活动、创新性活动、提高专业知识的活动和参加学校管理的动机等。

（三）加大监督力度，保证农村学校持续正常运行

1. 有相应的制度法律文件作支持

联邦教育部，州、共和国或自治区教育部门以及市级教育部门三级教育体系都对学校的管理、安全作出相关法律或条例规定。

2. 督导机构分级分工，行政、监督统筹协调

每一地区的监察体系实际都是根据本地区特点而定，并由本地区章程确认，然后由城市和地区的章程而定。这就表明了分级检查的原则：联邦主体教育管理部门检查地区教育管理部门的工作，地区教育管理部门检查学校行政管理部门的工作，学校行政管理部门检查自己工作人员的工作。教育行政部门在做教育工作计划、确定各阶段的工作任务、进行人员分工、拟定工作日程时，在总结工作后教育督导机构制定督导评估方案时，以及在评估完成后，要互相主动听取对方的意见。要统一认识、统一行动，避免多头指挥，重复工作。

3. 督导机构校内、外并存，明确督导人员素质要求

校内监督机构便于实时有效地进行监督控制，但是由于本身处于监督范围之内，容易产生报喜不报忧，虚报瞒报现象，所以内外并存的监督机制更利于学校的健康发展。校外督导机构可以保证监督的公平公开

公正，但是由于对校内实际情况不太了解，易造成监督有误现象。督导人员素质的基本要求是：具有较高的政治素质；具有较高的政策水平；对督导的学历、资历及业务能力的要求包括有渊博的知识、有一定的教育工作经历、要具有教育督导、教育管理、教育评价、教育教学，甚至某一学科教学的专业知识或技能，最好是某一方面的专家；对督导人员的个人品质及工作作风的要求包括遵纪守法、坚持原则、办事公正、待人热情、平易近人；督导人员要有健康的体魄。

五　完善农村教育模式，促进农村教育实验综合

2002—2004 年在俄罗斯联邦不同的主体（州和边疆区）进行的试验结果是，进行了六个不同的重组学校网模式的试验，并发展顺利。

（一）"设分校的总部学校"模式

这一模式最适合于设施不配套的学校、难以通行和气候条件复杂的地区（山区学校），有 5—10 名学生的农村学校，建议采用这种模式。这些设施不配套学校的地位将被重新加以考虑：它们改为大型学校的分校，且有相应的编制，分校多半是小学和"幼儿园学校"，很少有中学由于课程不足和生源不够的原因，任课教师有机会转入总部学校工作。这一模式的好处就是使中低年级的孩子就地获得教育，小学毕业后，孩子们可进入总部学校学习，为此创造了相对有利的学习条件。

（二）"教育信息资源中心"模式

在俄罗斯不同的州（别尔哥罗德州、罗斯托夫州、斯塔夫罗波尔边疆区），教育信息资源中心发挥作用。这一模式要求开展校际合作，拥有教学人才、实验室、计算机班等设施最齐全的这种学校成为地区学校的信息资源中心，其他学校则签订提供一定的教育服务的协议，签订协议的学校制定统一的课程表和成绩册，还就某些教科书等问题达成协议。学校定期用汽车把地区内一些学校的高年级学生送至资源中心，这一模式规定要有良好的公路、停车场、校车和移动教学实验室。移动教学实验室归总部学校或资源中心所有，俄罗斯克拉斯诺达尔边疆区和萨哈共和国（雅库特）有经批准的移动教学实验室，这一模式运用于在居民点之间拥有大量人口的边远地区，移动学校这一现代化设备齐全的实验室起着自然科学教研室的作用。

（三）"社会文化综合体"模式

俄罗斯在诺夫哥罗德州、莫斯科州和普斯科夫州进行了"社会文化综合体"模式的实验性验证，该模式最适合那些诸如俱乐部、图书馆这类文化机构濒于消失的地方，一些地区在规模不大的农村将学校同俱乐部联合起来，在俱乐部的大楼旁建一座教学楼，并开设医疗站。这一模式实验的目的就是建构一个农村社会、文化和教育的综合体，确保农村孩子的学习，培育农村的精神生活。

（四）"专业农村学校"模式

俄罗斯在弗拉季米尔、列宁格勒、诺夫哥罗德、罗斯托夫等州实施"专业农村学校"模式。这是一种农村学校与职业教育学校联合的模式，实行有专业侧重的教学，有侧重教学就是在普通学校的高年级进行专业化培养，对农村青年进行与市场需求相适应的职业教育，这成为提升农村青年职业能力的有效途径。

（五）"学校—幼儿园"模式

在莫斯科州和斯塔夫罗波尔边疆区发挥作用的是"学校—幼儿园"模式。在与学前学校联合而成的普通教育学校的模式中，学前学校有机会获得普通教育学校心理学专家和语言障碍矫正专家提供的服务。幼儿园园长担任副校长。学前学校为孩子们的小学学习提供正规的教育。

（六）"跨部门之间的互助"模式

在布里业特和远东地区的农村学校实施这一模式，积极开展对外合作的思想为这一模式奠定了基础。学校成了跨部门之间相互合作的平台，如果说在管理机构的层面上部门之间的相互合作主要集中于预算的协调和不同的整个计划资金的分配上，那么，对不同从属关系的学校采取共同措施的传统正在形成。在农村，在建图书馆的同时还成立健康生活方式俱乐部，装备了农村接待室，借助医士站和教育学校建立保健咨询中心。调整好不同从属学校之间的紧密合作或许能找到发展农村教育最合适的不同表现形式。跨部门之间相互合作模式的指导思想是，利用一切可能，为发展和实施提高农村学生教育质量的社会倡议创造有利条件。在农村，地方自治机构与家长一起建立夏令营；在夏令营中，孩子们与学校老师和村民一起工作，从事力所能及的劳动。农村成立了社会基金会，由村委员会领导。基金会的资金由村社协会筹集，用于资助边远地区有才华的中学生和布里亚特学校毕业的大学生，同时用于学生的保健。如今，在俄罗斯联邦的国家层面，集中关注立法文件的制定工作，以使跨部门之间的倡议和不同从属机构的相互合作有章可循；通过制定法律，协调社会领域的资源整合。

六　完善农村创新教育体系，提升农村教育创新能力

2005 年 9 月 2 日，普京宣布实施教育、卫生、住宅和农业四项优先发展国家工程。教育优先发展国家工程以加快俄罗斯教育现代化，使其完全适应不断变化的社会需求和社会经济发展为目标。从两方面建立发展教育的激励机制：一是选拔并优先支持对提高教育质量起带头作用的机构；二是大规模推行新的管理机制和理念。其中就创新问题给予关注。

（一）创新型中小学校评选项目，农村学校参与其中

政府每年从国家预算中拨款 30 亿卢布（约 1.28 亿美金），用于奖励 3000 所在推行创新教育项目中优胜的学校。优胜学校将获得每年 100 万卢布（4.255 万美金）的资金。[①] 这笔资金将用于购买实验设备、教学基础设施和技术的现代化建设、普通教育机构师资的再培训和技能培训。

（二）青年才俊激励项目

国家将具有发展潜力的青年才俊视为社会发展的最重要因素和资源，为发挥青年人的创新潜力创造条件。2006 年起，在竞争的基础上，国家每年在全俄范围内选拔 5350 名青年才俊（14—25 岁），其中 1250 名国际奥林匹克竞赛和其他各类国际竞赛的夺标者和优胜者，每人奖励 6 万卢布（约 2553 美金）；4100 名全俄奥林匹克竞赛和其他各类竞赛的获奖者、地区或跨地区竞赛的夺标者，每人奖励 3 万卢布（约 1277 美金）。[②] 奖金由 2007—2010 年联邦预算支出。

（三）创新型高等院校评选项目

在公开竞争的基础上，各高校提交创新教育计划及为期两年的实施

---

① 刘杉杉：《俄罗斯政府近期发布的宏观教育改革方案》，《世界教育信息》2008 年第 10 期。

② 同上。

方案。获胜高校将从联邦预算中得到 2 亿—10 亿卢布（约 851 万—4255 万美金）资金支持。2006 年，联邦预算资助金额为 50 亿卢布（约 2.13 亿美金），2007 年为 150 亿卢布（约 6.38 亿美金），2008 年为 200 亿卢布（约 8.51 亿美金）。2006 年的评选中，17 所高校获胜；2007 年的评选中，40 所高校获胜。

据俄罗斯教育门户网 2010 年 1 月 21 日报道，俄罗斯联邦总统梅德韦杰夫已经批准了《我们的新学校》国家教育创新方案，该方案主要包括以下五个方面的内容：

第一，中小学校将逐渐过渡到新的教育标准，中小学生将按照新教育标准的要求学习。教科书的出版发行和审定都将依据新的教育标准。教师职业技能培训的组织工作也要依据新的教育标准。农村中小学校的教育活动也完全按照新标准来执行。

第二，完善天才儿童支持体系。俄罗斯将继续开展学校奥林匹克竞赛。加强中小学校和补充教育机构的密切联系。补充教育机构是儿童创造性的家园，是青年技术人员的实验站和俱乐部。在联邦大学和国家研究型大学的基础上，俄罗斯还将为天才儿童开办面授和远程学校。

第三，发掘教师潜力，提高教师创新能力。俄罗斯将实行教师职业技能培训新模式，即个人模块化方案，教师可以在短期内掌握个性化的培训内容。在这种新模式下，教师可以自己决定将培训费用交给谁——职业技能培训学院、大学或创新学校。教师考核制度也将发生变化，即由地区一级来负责考核。没有通过考核的教师在接受职业技能培训后，可以再次接受考核。此外，俄罗斯还将进一步实现高等师范教育体系现代化，在每个联邦地区和城市创建大型的联邦教育中心。大多数师范大学都将合并入古典大学。教师劳动特点之一就是创造性，俄罗斯政府采取措施提高教师素质，为其创造性特点的充分发挥创造条件。

第四，更新学校基础设施网，为学校创新研究提供设备条件。在《国家教育纲要——国家教育部第 4 季度颁发的教育文书纲要》的框架下，巩固基础学校新模式，使学校成为社会文化的综合体。实施《我们的新学校》方案，支持地方和个别学校，为它们提供资金使其在优质的教学条件下获得良好的效益。

第五，保护和加强中小学生健康。俄罗斯联邦政府还针对儿童健康保护向教育机构作出新规定。中小学校应该增加体育课的课时数,并提高体育课质量。建立儿童健康日常性监测方法,比如中小学生健康登记卡等。梅德韦杰夫讲道:"俄罗斯将会进一步实现国家教育创新方案《我们的新学校》。该方案已被正式批准。创建新学校的实质和意义是发掘每个儿童的个人潜力;培养学生对知识的渴望和学习兴趣;使学生的心灵得到成长并具有健康的生活方式;为国家现代化的实现和创新发展,培养能够从事职业活动的青年人"。梅德韦杰夫强调指出,"国家教育创新方案《我们的新学校》并不是一个短期项目,它是通过社会各界广泛讨论后制定的教育战略性方案"。梅德韦杰夫委托政府每年都要递交关于实施《我们的新学校》国家教育创新方案的综合报告。俄罗斯计划拨款 150 亿卢布用于实现该方案。①

---

① 王旭阳译:《俄罗斯国家教育创新方案——〈我们的新学校〉》,《比较教育研究》2010 年第 4 期。

第三章

罗马尼亚农村教育发展的研究

在经济全球化和市场多元化的今天，科学技术日新月异，经济发展突飞猛进，国家与国家之间不再是彼此分割的，而是一个相互影响相互制约的"地球村"。衡量一国竞争力的主要指标不再是军事力量或者人口规模了，而是科学技术水平，是科学生产力的发展程度。科学技术发展的核心是人才，只有努力培养各级各类优秀人才，才能实现一个国家科学技术水平的提升，从而增强其国际竞争力。人才的培养需要很多条件，也受很多因素制约，培养人才的途径也因职位需求千差万别，但教育是培养人才的关键途径，在人才培养和发展中起着核心的作用。人才的培养必定需要有基本的科学文化知识作基础，并在实践中不断创新和发展，所以教育的地位显得尤为重要。如今，整个世界都把教育视为民族奠基之石，在一定程度上，教育的发展影响着整个国家经济、文化、军事、科技等诸多方面的发展。所以各个国家都非常重视教育，在政策制定和实践中都注重加强对教育的发展。

同时，在科技领域占主导的今天，虽然技术业、服务业等第三产业的发展对一个国家GDP的增长贡献很大，但农业作为各个国家产业结构的基础，尽管它属于传统的第一产业部门，但它对于国家的经济发展是起基础性作用的。农业的发展落后了，或者是农业经济的发展不扎实了，那相应的第二、第三产业的发展就会因缺乏原材料等设备而受到重大影响。由此可见，农业的重要性显而易见，它不仅是三大产业的基础，甚至可以说是一个国家经济发展和存在的基础。没有农业的发展，就实现不了国家的发展，没有农民的富裕，就实现不了国家真正的富裕。农业的发展，农民收入的增加，农村地区的富裕繁荣是国家繁荣富强的基础，每个国家都必须重视本国农业、农村、农民的发展。

在农业发展和农村富裕目标的实现中，农村教育的作用是不容忽视的。通过农村教育不仅可以提高农民的知识水平，丰富农村的文化生活，为提高整体国民的素质作贡献，而且也有利于提高农民的生产力水平和科学种植技术，实现农业的现代化经营模式，以集约化的生产方式实现低消耗、高产出的农业生产模式，这对于面对全球市场化的农业经济具有非常大的竞争优势。所以，教育，尤其是农村教育对农村经济文化的繁荣发展意义非凡，值得各个国家投入精力去发展和重视。

罗马尼亚，是地处欧洲中部的南端、巴尔干半岛的东北部的一个农业化国家，农业用地占国土总面积的 60% 以上，农业经济的发展对于整个国家经济发展的重要性不言而喻。所以，罗马尼亚政府非常重视其本国农业的发展，在农业政策、农业科技研发推广方面一直坚持不懈地努力着，这些尝试和努力对于其农业经济的发展起到了巨大的促进作用。但是，由于其农业生产市场劳动力老龄化、农业生产市场管理机制不健全、农业生产与市场需求相脱轨，以及近几年连发自然灾害等，使得罗马尼亚国家的农业生产面临很多问题，农民收入也一直处于不稳定状态，农民的生活面临困境。相应的，农民收入的有限性又对其农村教育产生了不利的影响，主要表现在教育经费投入和教育观念上，农村的贫困化，农民教育观念的滞后，导致农村教育经费长期短缺。而农村的持续贫困导致很多农民为摆脱贫困，千方百计摆脱农村，"跃龙门"顺理成章地成为当前农村教育的唯一和首要目的。早日摆脱农村生活，最终只会导致农村更加贫困，农村社会更加落后衰败，"因教致贫"、"读书无用论"观念肆意蔓延。对于农村教育，罗马尼亚政府财政部和教育部也进行过很多努力，如加大农村教育投入，加强农村教师培训工作，全国农村实行 10 年制义务教育等，但因为其教育观念滞后、教育经费和教育资源分配不公平、教育经费投入偏向城市教育和二、三级教育、教育体制过分强调统一等做法，使得农村教育仍然面临窘境，农村社会仍然处于贫穷落后的局面，所以这些问题都值得罗马尼亚政府和罗马尼亚人民进行反思，以期将农村现有窘境得到转变。

本章主要分五大部分对罗马尼亚农村教育问题展开研究，第一部分主要介绍罗马尼亚的国家概况，包括其地理位置、气候、人口、国土面

积、民族、简单历史状况、政治、经济、文化教育等方面；第二部分主
要介绍罗马尼亚国家的农业和农村，分两部分内容进行阐释，首先介绍
罗马尼亚的农业状况，包括具体的罗马尼亚农业、种植业、养殖业等情
况，农业科研工作的展开情况以及罗马尼亚国家对农业发展制定实施的
各项农业政策，其次介绍了罗马尼亚国家的农村，具体包括其农村社会
目前的设施状况和农民的生活，农村社会因为劳动力老龄化、农业生产
市场管理体制不健全以及自然灾害等对农民收入影响，造成农民收入不
稳定、农村的贫困等问题；第三部分阐述了罗马尼亚国家的教育，具体
介绍了罗马尼亚国家的教育简史和当今教育的整体概况，罗马尼亚的教
育体制，罗马尼亚教育改革与发展的趋势；第四部分集中介绍研究了罗
马尼亚的农村教育存在的问题，主要从教育经费、教育质量、教育供给
与需求、教师质量和责任心、教育内容脱农等方面进行了阐述研究；第
五部分是针对以上问题提出的关于改善其农村教育的建议。

第一节　罗马尼亚的国家概况

一　地理位置和国家政治

罗马尼亚地处欧洲中部的南端，巴尔干半岛的东北部，北和东北与
乌克兰、摩尔多瓦接壤，西北与匈牙利为邻，西南与塞尔维亚相界，南
依保加利亚，东南临黑海。全境属大陆性温带阔叶林气候，平均气温 1
月为 -3℃—2℃，7 月为 22℃—24℃，夏季暖热，冬季寒冷。地形奇特
多样，境内平原、山地、丘陵各占约 1/3 的国土面积。① 据罗马尼亚国
家人口统计局显示，2002 年全国人口总数达到 2152 万人，其中，罗马
尼亚族占近 90%，其他主要民族有匈牙利族、罗姆族（亦称吉卜赛
族）、日耳曼族和乌克兰族，其余民族为俄罗斯、塞尔维亚、斯洛伐
克、土耳其、鞑靼等。罗马尼亚国家的官方语言为罗马尼亚语，主要民
族语言为匈牙利语。该国居民主要信奉东正教、罗马天主教等。② 罗马

---

① 李秀环：《列国志：罗马尼亚》，社会科学文献出版社 2006 年版，第 1 页。
② 同上书，第 22 页。

尼亚的首都为布加勒斯特，据 2006 年人口统计显示，首都拥有 193 万人口，而且布加勒斯特也是罗马尼亚全国最大的工业中心，有机械、冶金、纺织、服装和食品加工等工业。罗马尼亚全国分为 41 个县和 1 个直辖市，县下设市、镇、乡。

罗马尼亚人的祖先是达契亚人。约公元前 1 世纪，布雷比斯塔建立第一个中央集权的达契亚奴隶制国家。公元 106 年达契亚国被罗马帝国征服后，达契亚人与罗马人共居融合，形成罗马尼亚民族。14 世纪先后组成瓦拉几亚、摩尔多瓦和特兰西瓦尼亚 3 个公国。16 世纪后成为奥斯曼帝国的附属国。1859 年，瓦拉几亚公国和摩尔多瓦公国合并，称罗马尼亚，仍隶属奥斯曼帝国。1877 年 5 月 9 日，罗马尼亚宣告国家独立。1881 年，改称罗马尼亚王国。1918 年 12 月 1 日，特兰西瓦尼亚公国宣布与罗马尼亚王国合并。至此，罗马尼亚形成统一的民族国家。第二次世界大战期间，安东尼斯库政权参加德、意、日法西斯同盟。1944 年 8 月 23 日，罗马尼亚举行反法西斯武装起义。1945 年 3 月 6 日，罗马尼亚成立联合政府。1947 年 12 月 30 日，罗马尼亚人民共和国成立。1965 年，改国名为罗马尼亚社会主义共和国。1989 年 12 月 22 日，齐奥塞斯库政权被推翻，罗马尼亚救国阵线委员会接管国家一切权力，改国名为罗马尼亚，将国庆日定为 12 月 1 日。①

在政治方面，议会是罗马尼亚人民最高代表机构和唯一的立法机构，由参议院和众议院组成，议员由普选产生，任期为 4 年。罗马尼亚国家中央设有宪法法院、审计法院、最高法院和总检察院，县、市、镇设各级法院和检察院。1989 年 12 月 22 日以后罗马尼亚实行多党制，主要政党包括有：民主自由党（议会第一大党）、社会民主党、保守党、国家自由党、罗马尼亚匈牙利族民主联盟和大罗马尼亚党。在军事方面，罗马尼亚国家于 1994 年 10 月 25 日建军，最高国防委员会是罗马尼亚军事最高决策机构，伯塞斯库总统兼任委员会主席，国防部是罗马尼亚最高军事领导机构，1994 年 3 月起，罗马尼亚国防部长改由文职人员担任。2003 年 10 月，罗马尼亚修改宪法，取消了义务兵役制。目前，罗马尼亚军事不断推进其职业化进程，计划逐步实行军旅制。在

①　李秀环：《列国志：罗马尼亚》，社会科学文献出版社 2006 年版，第 38—68 页。

外交方面，罗马尼亚一直奉行友好与和平的外交政策，主张在维护和发展本国民族利益的基础上实行广泛的对外开放，罗马尼亚重点发展同美国、欧盟和北约的关系，同时注重搞好与周边及亚太地区国家的关系。2004 年 3 月 29 日，罗马尼亚正式加入北约，2007 年 1 月 1 日，罗马尼亚国家正式加入欧盟。

二　经济转型

在经济方面，1989 年东欧剧变后，罗马尼亚开始由计划经济向市场经济过渡。2000 年起，罗马尼亚经济连年增长，2007 年 1 月，罗马尼亚加入欧盟，国际资信继续提升，2009 年受国际金融危机影响，罗马尼亚工业生产放缓，经济呈现衰退。在资源储备方面，主要矿藏有石油、天然气、煤和铝土矿，还有金、银、铁、锰、锑、盐、铀、铅、矿泉水等。森林面积为 627 万公顷，约占全国面积的 26%。水资源也极其丰富，蕴藏量为 565 万千瓦，内河和沿海产多种鱼类；[①] 工业方面，罗马尼亚主要的工业部门有冶金、石油化工和机器制造，主要工业产品是金属制品、化学制品、机器和机械设备等，是中东欧地区最大的石油生产国，年产原油 150 万吨；[②] 农业方面，其主要农产品有谷物、小麦、玉米，畜牧业主要是养殖猪、牛、羊等，全国农业面积为 1480 万公顷，其中耕地面积约有 940 万公顷，占总面积的 63.5%；[③] 旅游业方面，罗马尼亚的旅游资源比较丰富，主要旅游点有布加勒斯特，黑海海滨，多瑙河三角洲，摩尔多瓦地区北部，中、西喀尔巴阡山区等，截至 2007 年年底有旅游设施 3900 个。据统计，2008 年罗马尼亚旅游业共接待外国旅游者 147 万人次；[④] 罗马尼亚的交通运输也相对较为发达，以公路、铁路运输为主，水运方面，河道长 1779 公里，拥有港口 35 个、海港 3 个，康斯坦察港现已有 100 多个泊位，是黑海第一大港，空运已开辟连接首都和国内 17 个城市、欧洲大多数国家的航线，主要航空公

①　李秀环：《列国志：罗马尼亚》，社会科学文献出版社 2006 年版，第 105 页。
②　同上书，第 129 页。
③　同上书，第 122 页。
④　同上书，第 209 页。

司为罗马尼亚航空公司（TAROM），有 6 个国际机场，最重要的是布加勒斯特的广达国际机场，还有康斯坦察、蒂米什瓦拉、阿拉德、锡比乌、苏恰瓦等机场；① 对外贸易方面，罗马尼亚截至 2008 年已同 150 多个国家和地区有经贸往来，主要出口产品有：鞋类、服装、纺织品，主要进口产品有：机电、家电、矿产品、石油产品，主要贸易国有德国、意大利和法国。同时，罗马尼亚国家的外国资本也比较丰富，1991 年罗马尼亚通过《外国投资法》，1994 年重新修订，1991—2003 年，外国在罗马尼亚的直接投资总额达 104 亿美元，2006 年罗马尼亚吸引外资 90 亿欧元，同比增长 41.2%，2007 年吸引外资 60 亿欧元，主要投资国为：荷兰、法国、德国、美国、意大利，中国在罗马尼亚的注册资本约为 3 亿美元。②

三　文化教育

在文化教育方面，罗马尼亚现行教育体制分为学龄前、小学、初中、高中、职业教育、高等教育和大学后教育。目前全国已普及 10 年制义务教育。2006 年，全国共有小学 7023 所，在校学生 199.7 万人，教师 15 万人，中学 1413 所，在校学生 77.4 万人，教师 6.2 万人，大学 117 所，在校学生 65 万人，教师 3.1 万人。③ 全国著名高等学府有：布加勒斯特大学、布加勒斯特工学院、布加勒斯特经济学院、克鲁日—纳波卡大学、雅西大学等。2007 年教育支出 18.4 亿欧元，约占国内生产总值的 1.6%。同时，罗马尼亚拥有世界上篇幅最长的爱情诗——《金星》，拥有富有神秘传奇色彩的军事要塞——布朗城堡，拥有充满民俗色彩的"母鸡山"集市等。另外，罗马尼亚国家所设立的主要报刊有：《真理报》、《自由罗马尼亚报》、《全国信使报》、《罗马尼亚评论报》、《今日报》、《每日事件报》、《经济论坛》、《九点钟报》、《世界杂志》。罗马尼亚新闻社是国家通讯社，原名罗马尼亚通讯社，1949 年建立。2008 年 7 月，罗新社恢复使用 1989 年前的"罗通社"称谓。罗

---

① 李秀环：《列国志：罗马尼亚》，社会科学文献出版社 2006 年版，第 154 页。
② 同上书，第 184—195 页。
③ 同上书，第 283 页。

马尼亚广播公司是国家广播电台，1994 年在罗马尼亚广播电台基础上组建，对外用罗马尼亚语和 11 种外语广播。罗马尼亚电视公司是国家电视台，开办于 1958 年，1994 年组建为电视公司。1983 年 8 月开始黑白、彩色混播，现已全部播放彩色节目。1990 年后陆续建立的 PROTV 电视台、"天线一号"电视台、PRIMA 电视台、ACASA 电视台、民族电视台等私人电视台迅速发展，已具有较大规模和收视率。罗马尼亚同 100 多个国家的广播、电视系统有联系。截至 2004 年年底，有线电视用户 375 万户，有线电视普及率居世界第 18 位。[①]

第二节　罗马尼亚的农业和农村

一　罗马尼亚的农业概况

罗马尼亚位于欧洲巴尔干半岛的东北部，国土面积 23.75 万平方千米，农用地面积 1476 万平方千米，占国土面积的 60% 左右，其中耕地面积（包括果园及葡萄园约 1003 平方千米）946 万平方千米，占农用地的 65%，牧场草地 500 多万平方千米，约占农用地 35%。罗马尼亚人口为 2380 万，其中农业人口为 480 万，约占 21%，人均耕地 0.4 平方千米，农业人口人均耕地 2 平方千米。[②]

罗马尼亚地形起伏多样，平原、丘陵和山地各占 1/3。平原构成大农业区，主要是蒂萨平原、罗马尼亚平原和多瑙河三角洲三大平原。土壤以黑钙土、棕壤和冲积土为主，比较肥沃，排水性能好，适于各种作物生长。丘陵地区以棕壤和酸性森林土为主，适宜于林业和牧业。气候属过渡性温带大陆性气候，年平均温度 7℃—11℃，冬季最低温度为 -38℃，夏季最高为 43℃，年平均降水量为 600—700 毫米[③]，农业生产条件较好。

种植业是罗马尼亚农业中最主要的部分，其产值约占整个农业产值

---

① 李秀环：《列国志：罗马尼亚》，社会科学文献出版社 2006 年版，第 377—381 页。

② 同上书，第 119 页。

③ 同上书，第 120 页。

的 50%，并且其地位在经济转轨后呈现逐年上升的趋势，在农业产值中的比例也由 1990 年的 53.3% 上升到 2000 年的 61.1%。[①] 种植业作物品种主要包括粮食作物、经济作物和各种瓜果蔬菜，而主要的粮食作物包括小麦、黑麦、大麦、燕麦、玉米、高粱和水稻等，其中小麦、黑麦和玉米尤为重要，在 2000 年的 1047.75 万吨粮食总产量中，小麦和黑麦总产量共计 445.62 万吨，约占粮食总产量的 42.5%，玉米 489.76 万吨，约占粮食总产量的 46.7%。[②] 罗马尼亚的蔬菜和经济作物种植业比较集中在布加勒斯特周围的罗马尼亚平原，主要蔬菜作物有西红柿、洋葱、卷心菜和青椒等，其他蔬菜种植在蒂米什瓦拉、阿德拉、克拉约瓦、加拉茨、布勒依拉等城市附近，罗马尼亚的经济作物主要有甜菜、向日葵、亚麻、油菜、大豆和烟草等。2000 年，罗马尼亚蔬菜总产量达到 252.78 万吨，其中，西红柿约 62.87 万吨，洋葱约 29.63 万吨，卷心菜约 73.19 万吨，青椒约 17.48 万吨，大蒜约 6.83 万吨，马铃薯产量为 346.98 万吨，在经济作物中，甜菜 66.69 万吨，油料作物 86.85 万吨（主要以向日葵为主，产量为 72.09 万吨），烟草 1.09 万吨。罗马尼亚的水果种植也遍布全国各平原和丘陵地区，在世界各地也有很大影响，主要品种有李子、苹果、梨、樱桃、杏、桃、草莓等。据世界粮农组织的报告，2002 年，罗马尼亚的李子产量占到世界第 3 位，西瓜产量占世界第 6 位，樱桃产量占世界第 10 位，苹果产量占世界第 20 位。此外，罗马尼亚的畜牧业生产分布也非常广泛，喀尔巴阡山区、丘陵地带和平原地区均有分布，常见的牲畜和家禽品种主要有牛、猪、羊、马、鸡、火鸡、鸭、鹅等。林业作为重要的经济部门，不仅关系到木材、造纸和家具制造业等行业的发展，也涉及一个国家的环境保护问题，所以，罗马尼亚国家也非常重视国家林业的发展。罗马尼亚的主要木材品种包括松木、榉木和橡木等。据统计，2000 年罗马尼亚的木材供应量为 1428.5 万立方米，其中松木 534.6 万立方米，榉木 450.9 万立方米，橡木 133.3 万立方米，硬杂木 173.1 万立方米，软杂木 136.6 万立方米，2000 年，罗马尼亚共造林 1.2701 万公顷，森林面积达到

---

① 李秀环：《列国志：罗马尼亚》，社会科学文献出版社 2006 年版，第 123 页。
② 同上书，第 124 页。

636.6 万公顷。①

农业科研方面，罗马尼亚的农业科研机构包括 34 个研究所和 86 个中心试验站，共有职工 1 万多人，其中受过高等教育的占 40%。② 设有统管全国农业科研业务的农林科学院，归农业部和科技教育部指导和协调。罗马尼亚农林科学院所属的研究所有 18 个，其研究领域涵盖农业、林业和畜牧业。各研究所在全国均分布一定数量的实验站。另外还有 16 个研究所归农业部有关专业局领导，但科研业务仍归农林科学院协调管理。罗马尼亚实行以科研合同制为主的统一管理体制。农林科学院院部为科研管理机关，其本身不从事研究工作，只负责汇总和拟订科研计划统一上报农业部或科技教育部审批，农业部各专业局和科技局同全国性的研究所签订项目计划合同。农业科研经费主要来源于农业部和科技教育部科技计划的项目经费，也有横向来自企业委托研制的经费和国际合作研究的经费。罗马尼亚农业科研机构的推广服务体系比较完整，对科技推广和产品开发非常有利。其农业研究机构，根据各自专业的需要和自然经济区域设置专业试验站，一方面配合所里的科技创新研究，另一方面担负着新技术、新产品的推广应用，其科研成果要经过专门委员会鉴定、认定合格、发给证书才能推广。通过鉴定后农业部列入计划，在推广中出现问题或效益不明显，则由科研单位或试验站派人去分析研究，帮助解决。另外，罗马尼亚的一些农林质量标准与质量检测职能大多与农林科学院的研究所是一体的，如饲料标准与质量检测就设置在动物生物与营养研究所，负责全国饲料质检工作。

农业政策方面，罗马尼亚政府一直致力于对国有资本为主的原国营农业企业进行私有化改造，以克服原有农业体制效率低的弊病，以适应与欧盟的合作，具体包括进行农业结构改造，促进农业的多种经营、发展生态农业、促进农业市场发育；完善和规范市场体系、支持高效农业开发组织的发展，建立粮食协会、经济作物协会、养牛协会、养猪协会、养鸡协会等组织，鼓励农民走联合经营之路；促进罗马尼亚农业同

① 李秀环：《列国志：罗马尼亚》，社会科学文献出版社 2006 年版，第 124—126 页。

② 司洪文、张保明、袁学志：《罗马尼亚与波兰的农业及农业科研》，《世界农业》2005 年第 6 期。

欧盟接轨等措施，这些措施在实际中也确实对罗马尼亚的农业经济起到了一定促进作用，但是，由于政策的适用性和执行过程中存在的执行不到位等问题，罗马尼亚的农业发展仍然存在着很多不足。

首先，在第一次世界大战与第二次世界大战期间，罗马尼亚国家主要以发展农业为主，属于典型的农业化国家。但在集体化的共产主义时代来临之际，罗马尼亚却不得不把产业发展优先权让位于工业生产，这对于其农业发展和农业产品生产都带来了消极的影响。由于额外的资助，尽管 2004 年罗马尼亚的农业产出打破了 1989 年后的最高纪录，但 2005 年七八月份的恶劣天气和洪水导致罗马尼亚农业生产遭到了巨大的破坏，这使得农业部门面临着大范围的问题。2005 年的第一季度农业的 GVA① 跌至了 12.6%，而这一数值在一年前曾涨至 19.7%，2004 年全年占到 22.2%。②

其次，小农经济的大量存在阻碍了罗马尼亚农业市场化的发展，2003 年农业雇佣人口接近 300 万人，占总雇佣人口数的 35.7%。这一雇佣率所创造的价值仅占 2003 年经济 GVA 的 12.9%，与 1993 年的 21% 形成明显的对比，从另一侧面揭示出农业经济发展的低效益问题。在罗马尼亚农业领域中，私人经济占有很大的比重，96.1% 的土地归私人所有，98% 农产品来自私人生产部门。③ 在全球经济市场一体化的趋势下，罗马尼亚的农业领域仍然倾向于分割成更小的板块，这根本无法适应日益增长的全球大市场的需求，以及大量的零售行业需求和出口市场需求。2005 年，罗马尼亚国家拥有的私人农场并没有被取代成整合性大农场，反而很多农场都处于倒闭的边缘。对于农业改革合法性的争论、官僚主义思想的延误，以及分发土地利益时地方官吏的腐败，导致罗马尼亚迫切需要进行的农业改革进程受阻，而这种状况严重影响了市场经济条件下所需要的适度规模型大农场经济的发展。因此，罗马尼亚的农业在生产过程仍面临着投资不足、劳动力粗放型生产的窘境。

---

① Gross Value Added（GVA）是一个估计国民生产总值 Gross Domestic Product（GDP）的重要方法。

② 李秀环：《列国志：罗马尼亚》，社会科学文献出版社 2006 年版，第 126 页。

③ 同上书，第 127 页。

再次，罗马尼亚的农业产出不景气。自 2001 年以来，尽管罗马尼亚政府对于农业的投资额是呈增长趋势的，但对农业基本设施的投入始终处于较低水平，这导致农业应对自然天气和灾害的能力较低，农业产出受自然环境条件影响很大。2005 年的洪水是中东南地区 50 年以来罕遇的一场大雨，这场自然灾害造成了罗马尼亚国家 1.9 亿美元的损失，并且有 61 人丧生。为此，罗马尼亚政府已经承认洪水引发的巨大损失与农业基础设施的不完善有关，但关键的原因还在于对森林的过度砍伐以及对河流大面积的乱开采。2005 年的临时数据显示，与 2004 年的谷物产量超过了 2300 万吨相比，2005 年小麦和黑麦的产量下降了 7.3%，玉米和高粱下降了 70%，土豆下降 17%，向日葵下降了 17%。罗马尼亚这个农业大国沦为了食品的进口国，且 2005 年农业的灾难性收入将导致 2006 年农业贸易的赤字问题出现。[①]

最后，罗马尼亚农业管理能力较差，缺乏实施欧盟关于农业政策重要条款的管理能力，并且达不到欧盟调控的水平，在贯彻欧盟制定的农业条款上仍存在着很大的困难。尽管罗马尼亚政府已经制定了一个力求解决历史遗留问题的 "2007—2013 年发展农村经济的全国性条款"，但罗马尼亚在欧盟植物检测标准，牲畜按欧盟立法标记与登记，以及从第三国家进口牲畜的兽医检测标准等方面都面临着很大的挑战。

二　罗马尼亚的农村

当前，罗马尼亚拥有 1.3123 万个乡和 2705 个镇，国家有将近一半的人口居住在乡镇中，密度很高的道路网把城市（约 237 个）和乡镇联系起来，加强了城市和农村的交流，使城乡生活水平相接近。第二次世界大战战后以来，农业有了很大发展，农业投资增长速度和工业投资增长速度相等。第一个五年计划时期的农业投资为 60 亿列伊，现五年计划增加到 550 亿列伊。在此期间，国家为农业物质技术基础的发展作出巨大的努力，从 1966 年至 1980 年，交付使用的农业固定基金超过 2260 亿列伊。同 1950 年相比，每公顷土地的产量增加很大：小麦和黑麦增加了 3.5 倍，玉米增加了 5 倍，向日葵增加了 4 倍，甜菜增加了

---

① 李秀环：《列国志：罗马尼亚》，社会科学文献出版社 2006 年版，第 122 页。

2.4 倍，土豆增加了 2 倍，苜蓿增加了 3 倍。每公顷土地产量的增加主要归功于农业生产机械化、化学化和各农产品品种的改良。目前，罗马尼亚拥有 15.6 万台农用拖拉机，4.2 万台中耕机，4.9 万台机械播种机，近 1600 台粮食联合收割机，3520 台粮食自动推进收割机和 1.71 万台饲料联合收割机。1950 年施用化肥 6000 吨，粮食产量为 510 万吨，1980 年施用化肥 110 万吨，粮食产量达到 2000 万吨。1950 年以来，土地单位面积产量提高 10%—15%，其中很大一部分（60%—70%）是依靠改良品种和土壤完成的。在改良这一领域中能取得如此成果，丰杜列亚粮食和经济植物研究所功不可没。同时，研究所及其实验站还研制和培育成功了 150 多种杂交品种，其中最新品种有丰杜列亚 29 号、费洛林 32 号和米拉伊 1 号。随着农业发展，科学在农业发展中得到广泛应用，这就需要大量的干部和农业专家到农村去任职工作。近 20 年来，罗马尼亚农业专家增加 3.5 倍以上。目前，罗马尼亚有 3 万多名农艺工程师、动物技术员、兽医和机械工程师等各类高级专家在农村工作。农村的面貌发生了巨大变化、农民的生活有了明显的改善。从 1950 年至 1982 年，合作农业单位的劳动者收入增加了 7.7 倍，国营农业单位的劳动者收入增加了 9 倍。在 1976—1980 年五年计划中，农村就业人口平均每人实际收入增长了 29%，在现五年计划期间，预计农村就业人口平均每人实际收入将增长 18%，高于全国平均水平。从 1951 年至 1980 年，特别是自 1965 年以来，罗马尼亚农村共建筑住房 250 万套（分别为 2 间、3 间、4 间、5 间一套的），大部分农村家庭住进了新房。诸如电视机、收音机、电冰箱和洗衣机等现代化的生活设备也逐渐进入了农民家庭。此外，农村基础设施获得很大发展，教育卫生条件有了迅速改善。1951 年，罗马尼亚农村共有 3.57 万家商店，出售的商品营业额达 400 亿列伊，比 1948 年高 60 倍。目前，罗马尼亚农村共有 1.02 万所幼儿园和 1.25 万所学校，十年制中小学教育已经在农村中得到普及。农村拥有 800 个文化之家，1.15 万座图书馆和近 5000 万册书籍和出版物。每年近 2200 家书店和消费合作社发行 500 多种书籍，总量达到 1600 万册。农村医疗卫生条件的改善主要表现在医生和卫生人员的增加上。目前，罗马尼亚有 7700 名医生和 2.4 万名卫生人员在农村工作，平均每个镇有 2—3 名医生和 7—8 名卫生人员、每 538 个居民有 1 名医生、每 167 个居民有 1 名卫生人员。病床数量从 1938 年的 3.3763 万张增加到 1981 年的 20.5675 万张，从 1935 年的平均每 1000 名居民 0.1 个床位增加到 1000 个居民 2.6 个床位。[1] 罗马尼亚农村随着农业经济的发展得到了很大的改善，人民的基本物质生活和社会保障等方面得到了很大的提升。但是，罗马尼亚的农村在实际发展中仍然存在着很多问题，人民的生活状况仍有待改善。

首先，罗马尼亚的种植业在正常年景下，能实现粮食的自给有余，一般只进口少量的粮食作为丰富粮食品种的补充，如大米等。只有在个别年份才需要进口大量的粮食，如在 20 世纪 90 年代以来，罗马尼亚的粮食生产保持了很好的发展势头，产量在 1997 年时创下了新的历史纪录，达到 2210.73 万吨，全国人均占有粮食量达到 1 吨。但是，由于自然灾害比较频繁，罗马尼亚的粮食产量时有波动，1992 年严重的干旱导致罗马尼亚粮食的大减产，由 1991 年的 1930.66 万吨跌至 1228.85 万吨，2000 年的旱情又使罗马尼亚的粮食产量由 1999 年的 1703.73 万吨下降到 1047.75 万吨。[2] 自然灾害的频繁发生，粮食产量的频繁波动，使得罗马尼亚农民的生活经常处于变动状态，经济收入不稳定，甚至连基本生活需要都无法得到很好的保障，人民的生活质量低。

其次，在经济转轨之前，罗马尼亚曾经建立了超过 100 家大型家畜和家禽饲养生产企业，养殖规模巨大。但是，这些企业虽然生产效率高，但难于管理，而且产品的生产与市场的接轨性不紧密，很多企业生产的产品并不符合市场的需求，进而导致相关企业产生巨额亏损。在 90 年代经济转轨后，原有的大型畜牧业企业相继解散，而许多私人养殖户受到进口畜牧产品和国内生产成本不断上升的强大压力，也相应地减少了牲畜的存栏数，导致大多数的牲畜和家禽的产量出现大幅度下降趋势。据统计，2001 年的牛存栏数由 1990 年的 629.1 万头下降到 287 万头，猪从 1167.1 万头下降到 479.7 万头，绵羊从 1543.5 万只下降到 765.7 万只，山羊从 101.7 万只下降到 53.8 万只，家禽数目也从

---

① 周健：《罗马尼亚农村建设情况点摘》，罗马尼亚新闻网，1993 年 7 月 19 日第 2 版。

② 李秀环：《列国志：罗马尼亚》，社会科学文献出版社 2006 年版，第 123 页。

1.13968 亿只下降到 7007.6 万只（其中，蛋禽由 4939 万只降低到 4076 万只），蜜蜂由 120.1 万箱下降到 64.9 万箱。大部分动物产品的产量也有了大幅度的下降，据统计，2000 年肉产量由 1990 年的 223.2 万吨降低到 141.4 万吨，其中牛肉由 42.5 万吨降低到 36.2 万吨，猪肉由 105.4 万吨降低到 60 万吨，羊肉由 17.2 万吨降低到 11.9 万吨，家禽肉由 56.1 万吨降低到 32.7 万吨，羊毛由 3.8167 万吨降低到 1.7997 万吨，禽蛋由 80.77 亿个降低到 52.57 亿个。同期，畜牧和养殖业在农业生产总值中的比重也出现下降趋势，从 1990 年的占 47% 下降到 2000 年的占 38.9%[1]，而依靠畜牧业维持生活的农民则面临收入不稳定，甚至破产的窘境。畜牧家禽养殖业的衰落致使罗马尼亚农村的经济发展不稳定，农民的生活入不敷出。

最后，罗马尼亚的农村存在着产业经营结构单一，劳动力老龄化的问题。2002 年，24% 的从事农业生产的劳动者年龄超过 65 岁[2]，多数农场仅从事传统的农业生产，农产品的加工、销售处于脱产状态。生产经营结构的单一使得农民收入渠道单一，农民的收入非常有限，单靠简单劳动力的投入换取有限的收入，经济物质条件出现匮乏局面，农民的生活水平也随之降低。同时，农业劳动者老龄化的问题又使得罗马尼亚的农村缺乏活力，农业生产缺乏前进的动力，一直停留在传统的农业生产方式上，缺乏先进的科学技术和国内外先进经验作指导。这种状况导致罗马尼亚农业生产效率低下，农业发展后劲不足，与同等地区其他国家相比，农业生产缺乏竞争力，甚至面临被淘汰的危机，这种现状亟待改善。

第三节　罗马尼亚的教育

一　罗马尼亚的教育概况

罗马尼亚教育有着较为悠久的历史，民间教育的起源可以追溯到公

---

① 李秀环：《列国志：罗马尼亚》，社会科学文献出版社 2006 年版，第 125 页。
② 同上书，第 126 页。

元前 1 世纪。公元 2—3 世纪罗马人统治时期，开始有组织地讲习拉丁语、读写和算法。12—14 世纪陆续出现一批教会学堂、城市和乡村学堂。中世纪罗马尼亚各公国经济、社会和文化的发展，特别是宗教的传播对教育起到了推动作用。16—17 世纪，开始出现高等书院，学习欧洲先进的文化和科学，并开始使用本民族语言授课。1864 年，第一部《公共教育法》颁布，规定从基础教育到大学教育共分为四个阶段，其中第一阶段的四年制基础教育为义务教育和免费教育，这部法律对罗马尼亚的教育产生过重要影响，它所确立的某些基本制度和原则一直沿用到今天的罗马尼亚教育活动中。19 世纪末，罗马尼亚又相继通过了一系列法律，1893 年通过了《初等教育法》，1898 年通过了《中等教育和高等教育法》，1899 年又通过了《职业教育法》，对教育的各个阶段进行了更加具体的规定。初等教育于 19 世纪在城乡得到了全面普及，各城市也相继建立起中学，高等教育也进入发展的繁荣期。此后，民族语言教育不断得到发展，高等教育学科领域逐步拓宽。在社会主义年代（1948—1989 年），罗马尼亚的教育得到长足发展，建立了完整的国家各级各类教育体系。

1989 年 12 月以后，罗马尼亚政治、经济和社会急剧转轨，主要目标是建立法治国家和市场经济，鼓励不同价值观和人才的竞争以及个人自由，早日加入欧盟和北约。教育也摒弃了原有的模式，进入了一个重要的转型期。各届政府均把教育改革和发展置于优先地位，国家财政对教育的拨款保持增加或基本稳定。改革涉及教育立法、机构调整、行政管理、课程设置以及教学内容等各个方面，以实现从过去统一集中的教育体制向一种适合于民主社会的、与欧洲国家接轨的新的教育体制的过渡。90 年代罗马尼亚的社会经济危机不断加剧，国有工业日益萎缩，农业私有化进程缓慢，特别是教育经费不足，在很大程度上又制约了教育改革的顺利进行。1997 年以后，教育主管部门加大了改革力度，推出了一系列新的举措，加快了教育改革的进程。

罗马尼亚全国著名高等学府有：1835 年建立的米赫伊列安娜学院，1852 年建立的农学院，1857 年在布加勒斯特成立的国家医学和外科学院，1860 年成立的罗马尼亚第一所综合型大学——雅西大学，1864 年成立的罗马尼亚最著名的高等学府——布加勒斯特大学。同年，在布加勒斯特也相继成立了布加勒斯特工学院、布加勒斯特经济学院、布加勒斯特国家桥梁学院、布加勒斯特公路学院、布加勒斯特矿业学院、布加勒斯特建筑学院等高等学院。1918—1939 年两次世界大战的期间，罗马尼亚各级教育也得到了进一步的发展。在 1938—1939 年度，中小学数量达到 1.5876 万所，就读学生人数 178.129 万人，教师人数 5.5215 万人，高等学校数量达到 16 所，大学生人数达到 2.6489 万人。2000—2001 学年度，罗马尼亚各类学校共 2.4481 万所，其中幼儿园 1.008 万所，1—8 年级学校 1.2709 万所，属于 9 年级以后的第二阶段中学教育的普通学校 1367 所，各职业学校 93 所，大学 126 所，在校学生总人数 456.5279 万人，其中学前教育机构中的儿童 1.1036 万人，中小学生 342.1091 万人，大学生 3.312 万人，各类学校教师 29.4938 万人，2000 年，罗马尼亚共出版 32 种教科书，共计 179.2 万册。① 2006 年，罗马尼亚全国共有小学 7023 所，在校学生 199.7 万人，教师 15 万人。中学 1413 所，在校学生 77.4 万人，教师 6.2 万人。大学 117 所，在校学生 65 万人，教师 3.1 万人。2007 年教育支出 18.4 亿欧元，约占国内生产总值的 1.6%。②

　　罗马尼亚的教育供给低于欧洲标准。罗马尼亚的教育成果水平同同一地区的其他国家差不多。大约 14% 的人口接受过高等教育，21% 是中学毕业，11% 毕业于小学，另外 13% 根本没有就读过任何学校。③

　　罗马尼亚的适龄儿童入学注册率在 1990—1993 年间出现急剧的下降，但是随后又开始回升，到 1997 年时超过了 1990 年的水平。2004—2005 年适龄儿童入学注册率达到了 74.9%。但是，罗马尼亚适龄儿童入学注册率问题主要存在于中学教育中：1990 年总的注册率为 91%，但到 1993 年则降至 63.7%，最近又回升到了 70%，④ 即出现徘徊期。导致这一问题的成因与儿童家庭经济条件有关，也可能是其他方面原因

---

① 《罗马尼亚》，http：//news. xinhuanet. com/ziliao/2002 – 06/19/content_ 447149_ 5. html。

② 李秀环：《列国志：罗马尼亚》，社会科学文献出版社 2006 年版，第 282—283 页。

③ Apsoem, "The Romanian Educational System", *Romanian Ministry of Education and Research*, June, 2000, p. 3.

④ The World Bank, *Romania education policy note*, 2007, p. 3.

所致，据统计，在完成八年基础教育后便脱离学校教育的人占学生总人数的比例超过了 25%。这个问题主要集中在较贫困的地区，对于罗马尼亚人口的总体质量将产生重要影响。在那些农村地区的学校中，存在着大量不合格的教师，学生入学率及教育资源供给的质量都远远不如城区，农村移居到城市的孩子教育同样也存在诸多问题，如教育资源享受与城区孩子不平等，教育机会不均衡等。

　　另一方面，罗马尼亚高等教育机构的学生入学注册率却有着很大的提高。在 1999—2000 学年，学生人数是 45.3 万人，而到了 2004—2005 学年，该类人数增长至 65 万人，这些学生中的 24% 来自私立学校。1998 年，罗马尼亚建立了全国性的就业机构以及职业训练机构，以便提升职业教育质量，用以满足劳动力市场不断变化的需求，并成为欧盟 phare-funded 计划的一部分。但是，这个计划的实施在当前已经遇到了非常严重的问题，即各培训机构缺乏训练有素的培训人员，以及各培训机构对从业者技能的培训与市场需求不相符，这势必削弱培训机构存在的价值。尽管这样，报考职业教育以及学徒训练的学生人数却从 2001—2002 年的 25.2 万上升到了 2004—2005 年的 28.9 万，① 从另一方面反映了人们对职业培训的需求仍然很高，这就迫使各职业培训机构要注重培训质量的提升。

　　2000 年，罗马尼亚国家教育的公共支出占 GDP 比值上升至了 4%，20 世纪 90 年代的平均水平一直为 GDP 的 3.5%，但是用欧洲标准来衡量，这个数值依然是比较低的。2005 年，罗马尼亚教育部部长的辞职就是为了抗议由于教育投入经费的不足而导致的 11 月 4 万人参加的教师罢工的。罢工迫使政府妥协并将教育经费的投入于 2006 年提升至 GDP 的 5%。② 因为罗马尼亚教师的工资水平在欧洲联盟国家也是最低的，即新教师的工资平均每月少于 125 美元，所以教师联盟也呼吁提升教师工资，并且要求国家为教师提供更好的教育设施及工作环境。最终政府同教师联盟签订了一项协议，保证拿出 2006 年财政预算用于教育

---

① MEPFSOA, "Production, market and consumption of the Agri-food in Romania", *International Review on Public and Non Profit Marketing*, December, 2004 (7).

② The World Bank, *Romania education policy note*, 2007, p. 3.

支出占 GDP 比例额外的 1.1% 用于教育投入,从而使教育的总花费达到 GDP 的 5%,政府同时承诺在 2006 分两个阶段来实施完成这一协议。

近几年罗马尼亚教育系统的结构也发生了整体性的变化。主要的进步表现在改革职业教育与培训,提升各教育机构的能力,实现教育课程的现代化,评估与考核的科学化,以及教育学位与证明取得国际认可等方面。在整个变革过程中,高等教育的教师人数增长了近一倍,但教育资源的供给仅仅与需求保持着同步,导致教师的平均消费额下降了,尤其是计算机等现代化设备的供给出现明显不足。在未来几年内,由于教育经费的短缺,罗马尼亚的教育将面临更深的危机。目前,受教师工资低等因素的影响,很多高质量的教师都进入了私人的教育机构,或者是离开了教师这个行业去寻找拥有更好的工作环境以及工作待遇的行业,这个问题亟待解决,因为高质量的教育是离不开高质量教师的。

二 罗马尼亚的教育体制

1990 年以后,罗马尼亚教育随着国家政治经济体制的转轨,也开始了一个改革和过渡时期。从 2003 年起罗马尼亚重新实行 10 年义务教育(包括小学 4 年、初中 4 年和高中前两年)、儿童入学年龄为 6 岁。按照新规定,学生必须接受从小学到中学的 10 年教育,对接受国家义务教育的学生免收学费和书本费。

(一) 学前教育

学前教育招收对象为 2—6 岁的幼儿,形式上有托儿所、幼儿园和学前班,主要实施机构为幼儿园,按照年龄不同分小班、中班、大班授课,近年来开始推广学前班。

(二) 初等教育

初等教育的学制为 4 年(1—4 年级),也称为一级教育,即小学,学生年龄为 6—10 岁,儿童 6 岁入学,属于义务教育阶段。小学毕业时不举行全国统一的能力考试。小学开设课程包括罗马尼亚语、第一现代外国语、数学、自然科学、公民教育、罗马尼亚地理、宗教、造型艺术、音乐、体育、实践技能等必修课和一些选修课,每周最低课时数在 18—21 个之间,最高课时数在 20—23 个之间,因年级而异,各学校可灵活安排。

（三）中等教育

罗马尼亚的中等教育分为初中和高中两个阶段。初中 4 年和高中的前两年属于义务教育。高中阶段的教育实行分流，分别在学术性高中、职业学校和技工学校实施。初中学制 4 年（5—8 年级），也称为二级教育，初中开设课程包括罗马尼亚语、第一现代外国语、第二现代外国语、拉丁语、数学、物理、化学、生物、公民文化、历史和地理、罗马尼亚历史、罗马尼亚地理、宗教、造型艺术、音乐、体育、技术教育、指导与定向等必修课和一些选修课，每周最低课时数在 23—28 个之间，最高课时数在 26—30 个之间，各校因地制宜，存在很大的灵活性。

学术性高中教育全日制形式为 9—12 年级，入学年龄不得超过 16 岁；也有夜校或者函授形式，为 9—13 年级，没有入学年龄限制。高中课程通常分为三个领域：理论训练（如自然科学和人文科学方面的教育）；技术训练（如技术、服务、自然资源与环境方面的教育）；性向训练（如体育、艺术、军事、宗教方面的教育）。

职业学校学制为 2—4 年，以全日制或者夜校形式实施。职业学校课程包括普通文化课、专业课、实习等，毕业时获得毕业证书。

技工学校的学制为 1—3 年，招生方法与职业学校相似，实施技工教育。

（四）中学后教育

中学后教育是罗马尼亚教育体系中的一个特殊层次，但不属于高等教育范畴，由高中后学校和工厂学校实施，学制为 1—3 年，主要根据有关部门或者经济实体的需要，实施比高中阶段更加专门化的职业技术教育，培养受过良好训练的职业人才。

（五）高等教育

罗马尼亚高等教育分为短期大学教育（专科），长期大学教育（本科）和大学后教育三个层次。短期大学教育学制为 2—3 年，招收高中毕业生。长期大学教育为 4—6 年，因学科专业而异。招收高中毕业生，获得学士文凭者方可报名，参加竞争性的入学考试，择优录取，毕业后通过考试获得学士学位。大学后教育的主要目的是为专业人员提供更加专门化的训练，使本科毕业生的学识得到进一步扩充和提高，一般经过考试入学的学生在经过 1—2 年的研究生或 4—7 年的博士研究生培训后，可以获得硕士或者博士学位。罗马尼亚实施高等教育的机构有大学、技术大学、专业学院、学院等。①

（六）成人教育

成人教育作为持续性教育和终身教育的重要组成部分而得到充分重视。2002 年 6 月 11 日，罗马尼亚通过了《成人职业培训法》，对成人教育作出明确的规范，对成人教育按不同的水平、职业、专业组织培训，并将应聘者的职业需求考虑在内。培训的形式有职业承办者组织的课程、本单位安排的课程、国内外实践和专业课程培训以及法律规定的其他课程培训。经过培训后通过理论和实践考试，可获得相关类型的证书，具体包括有：在劳动岗位进行培训、完成培训和专业训练者，可获得职业培训证书；初读期、进修期或专业培训期结束后成绩合格者，可获得毕业证书；两种证书均带有职业技能评价，负责成人职业培训的专门机构是全国成人职业培训委员会。

（七）私立教育

罗马尼亚的私立学校于 20 世纪 90 年代初恢复，国家结束了 40 余年的对教育的垄断，私立大学迅速发展。1990—1991 年度，罗马尼亚全国私立学校共有 17 所，学生 1 万名左右。到 1992—1993 年度，私立学校数量激增到 66 所，学生人数达到 8.5 万名。2000—2001 学年度，全国共有私立大学 67 所，258 个专业和系，在校学生 15 万余人，教师 3273 人。一年后各类私立学校又激增到 84 所，在校人数达到 18 万人，相当于全国高等院校数量的 37.5%。但是，较高的增长也带来了一定的问题，部分私立学校办学条件差，师资短缺，教学水准低，严重影响了私立学校的教育质量。

（八）少数民族教育

按照罗马尼亚的有关法规，少数民族的各项权利均可得到保障，即使人数不到全国总人口 1% 的少数民族也能够享受到本民族语言的教育，少数民族学校实行自治，并且由少数民族代表管理。1995 年罗马尼亚颁布的《教育法》还特别强调，即使少数民族学

---

① APSOEM, "The Romanian Educational System", *Romanian Ministry of Education and Research*, June, 2000.

生有 5 个，也可以独立成班。可以说罗马尼亚国家非常重视对少数民族的教育工作，在法律制定和政策实施方面，都特别强调对少数民族的教育。

（九）特殊教育

特殊教育的主要内容就是帮助聋哑儿童等感官残疾、肢体残疾和残智儿童及青少年接受基本教育，使其获取谋生能力。对于成绩良好的轻度残疾智障的儿童，罗马尼亚政府采取逐步让他们同正常儿童一起学习的政策，以培养其自尊、自强、自信、自立的精神，提高其平等和充分参与社会生活的能力，而对于严重残疾和智障的儿童则让其继续在特殊教育学习。据统计 2000—2001 年度，罗马尼亚国家共建有特殊教育学校 230 所，在校学生 5.826 万人，教师 9875 人。①

三　罗马尼亚的教育改革及发展趋势

罗马尼亚当局于 1990 年后对教育进行了全面的改革，主要目标是为加入欧盟、与欧盟的教育体制接轨而作准备，改革方向主要包括提高教育质量，加强全民教育和义务教育，鼓励终身教育。具体措施有：

其一，进行教育机构重组，恢复私立学校。

其二，1989 年以前强调实践和技术教育，现在则经济学、法律、经营管理、商务、社会科学等人文教育与理工技术教育并重。

其三，缩短学时，每周学习天数由改革前的 6 天缩减为 5 天。

其四，缩短学制，在 20 世纪 90 年代，罗马尼亚一度将义务教育年限缩短为 8 年，后来为实现教育与欧盟的接轨，从 2003 年起，重新实行了 10 年制义务教育制度，并且免收书本费。学生在 8 年级以后实行分流，一部分学生上普通高中，另一部分学生上艺术类学校和职业学校，接受教育的年限不得少于 10 年。

其五，改革教学内容。教育改革后，罗马尼亚的教育实行教育非政治化，同时，在教学中恢复宗教内容的课程，改变原来全国均使用统一的教育标准、课程大纲和教材的做法，将制定以上规章、计划和教材的

---

① 中华人民共和国教育部国际合作与交流司组编：《世界 62 个国家教育概况》，首都师范大学出版社 2001 年版，第 497—507 页。

权利予以下放。

其六，改革教学方法，传统的灌输式教育和教学方法在改革后也发生了很大的变化，教学不再是仅仅依靠记忆定义和概念，而必须在学习中去看、去感觉、去了解各种现象。教育部和科研部都提倡在教学中推广评判性思考方式，以开放和尊重的态度审视多种观点，以便得出理由充分的结论。教学过程也应该成为开发学生独立性、主动性、冒险精神、创新能力、接受差异、解决问题的能力和评判性思考的手段。

随着时代的发展，面对 21 世纪的挑战，针对社会政治、经济、文化和科技发展的需要与教育中存在的问题，罗马尼亚的教育改革方兴未艾，其教育改革与发展趋势包括：

第一，改革教育投资体制，大力发展私立教育。由于国拨教育经费一直没有达到教育法规定的教育经费至少应占国内生产总值 4% 的比例，教育经费不足一直困扰着教育的发展。为了解决这一问题，政府鼓励私人和社会团体办学，私立教育发展很快，特别是在高等教育领域。

第二，大力发展高等教育。为了满足社会发展对高层次人才的需求，罗马尼亚大力发展高等教育。

第三，加强国际教育交流与合作。剧变之后，罗马尼亚加快了融入西方的进程，参加了"苏格拉底"、"伊拉斯莫斯"、"登布斯"、"列奥纳多"、"欧洲青年"等计划，大力开展国际教育合作与交流。

第四，推进教育信息化。罗马尼亚 1984 年开始引进计算机教育，但发展很慢。20 世纪 90 年代后期，罗马尼亚国民教育部实施"大学前教育信息与通信技术计划"，大力发展信息技术教育。

第五，加强创新人才的培养。为了适应时代的要求，罗马尼亚在人才培养上改变了原来重视记忆轻视批判思维的做法，重视学生批判思维能力和个性的发展。[①]

---

① 刘宝存、肖甦：《罗马尼亚教育的转型改革与发展趋势》，《当代教育科学》2004 年第 5 期。

第四节 罗马尼亚农村教育存在的问题

农业是罗马尼亚的传统经济部门，农村居民约占人口总数的45.6%，比重显著高于其他欧洲国家，农业经济的收入成为国民收入的重要渠道，先进的农业生产技术和统筹一体的加工、销售技术是促进农业发展、增加农业收入的重要途径。但是，由于教育经费的缺失、教育观念的滞后以及教育内容的脱农等方面问题，使得罗马尼亚的农村教育发展受阻，与欧盟其他国家相比非常滞后。农业从事者存在大量文盲和老龄化现象，农业科学技术推广和发展几乎处于空白状态，而农村教育的滞后反过来又影响到农村经济的发展繁荣，导致农村的贫困落后，进而形成一个恶性循环的怪圈。近年来，罗马尼亚农村的贫困问题逐渐显露，并日益严重，尤其在教育方面，城乡差距逐渐加大，农村仅有24%的学生能上高中，其中能进入大学深造的不到3%，80%的吉卜赛儿童处于失学状态，全国的辍学率逐年上升。所以，罗马尼亚农村教育问题亟待解决。

一 教育经费投入不足，教育发展受限

罗马尼亚政府非常重视教育的发展，在教育经费投入方面也不断在增加，据统计，2000年罗马尼亚政府用于教育的公共支出上升至GDP的4%，20世纪90年代的平均水平一直为GDP的3.5%，但是用欧洲标准来衡量，这个值依然是比较低的。2005年，罗马尼亚教育部部长的辞职就是为了抗议由于教育投入经费的不足而导致的11月的4万人参加的教师罢工的。罢工迫使政府妥协并将教育经费的投入于2006年提升至占GDP的5%。[①] 教育经费的比例尽管得到了提升，但是这个比例仅限于罗马尼亚发达的城市地区，对于偏远的农村地区，其教育经费仍然很低，教育经费不足的问题仍然存在。教育部在教育经费投入方面相比较欧盟其他国家，主要经费偏向于预备大学之前的高等教育，而对

---

① The World Bank, *Romania education policy note*, 2007, p.36.

于学前教育、基础教育和中等教育的投入非常有限。地处偏远的农村地区，其基础教育、中等教育、职业教育和成人教育的发展都受到了很大的阻碍，相比全国教育经费投入总量的不足，教育部对其教育经费的投入更是杯水车薪，农村教育存在着严重的经费短缺现象。教育经费的不足一方面导致学校教学设施得不到更新和改善，农村教育长期落后的局面无法得到改变，另一方面，由于教育经费的短缺，造成农村教育落后的局面，很多优秀人才不愿意投入农村教育事业，这将加剧农村教育的落后局面。

"十年树木，百年树人"，由于教育是一个漫长的过程，教育的成效并不像某些建筑以及经济指标，是立竿见影的。所以各地方部门为了追求形象工程，为了在政府一年一度的考核中脱颖而出，将有限的教育经费用于那些可以看得见的工程建设中，如加大对本地区公路的修建，加强对地区政府大楼的修建和改观，修建一些标志性建筑以显示地方政府的工作绩效和地区经济发展的成果。而对于教育经费的投入则处于忽略状态，为了追求形象工程和政绩工程，不惜将教育经费挪用于政绩工程的建设之中，使得本来有限的教育经费出现浪费现象。另外，也有部分地方政府官员缺乏对教育的认识和了解，认为好的教育就是拥有漂亮的教学楼，有知名的教师、教授亲临指导，所以不惜重金建新教学楼，邀请知名专家教授亲临指导学校的教学，并且将那些并不适用于本地区教育的规章制度和教学方式以及教学内容在本地区学校笼统地进行运用，最终导致学校的硬件设施有了明显的改善，而学校的软件设施却未得到丝毫提升，甚至失去了原本属于自身的优势和特征，学校通过重金花费而改革得面目全非。这种做法虽然将教育经费用于教育，但由于使用不当，农村教育的问题并未得到根本改善，农村教育发展仍然面临窘境。

罗马尼亚是传统的农业大国，农村地区的经济发展和农民的收入来源主要依赖于农业的生产收入。正如前文所述，由于罗马尼亚政府对农村基础设施投入有限，导致农业生产抗灾能力相对较差，再加之近年来自然灾害频繁发生，农村经济的发展处于动荡之中，农业生产受灾害影响，产值不断下滑，而且畜牧业和其他相关产业也出现减产的现象，这将严重影响农民的收入，造成农民收入的不稳定，长期下去将会导致农村人口的贫困。同时，在罗马尼亚的农业领域中，私人经济占有很大的比重，96.1%的土地归私人所有，98%农产品来自私人生产部门。随着农业经济的发展，罗马尼亚农业领域仍然倾向于分割成更小的板块，而这种小规模分散经营的方式根本无法适应全球一体化背景下对农产品日益增长的需求，以及大量的商品生产部门和出口市场。据了解，2005 年，罗马尼亚国家拥有的私人农场并没有经过合理规划进行整合，反而被取代，甚至很多农场都处于倒闭的边缘。这导致罗马尼亚农业的发展不能适应现代市场化经济的需要，农民的生活日益贫困。另外，由于罗马尼亚农村并没有专门的农业发展管理者，导致其农业生产、加工、销售缺乏科学的指导和管理，而始终处于盲目发展、落后经营、脱离现代化、脱离市场化的状态，这对于以农业发展获取收入的农民是极其不利的，农民的收入也得不到应有提升。经济基础决定上层建筑，农民的贫困，农村的贫困落后，必将对农村教育发展起阻碍作用。农民收入的减少导致其用于子女教育投入的费用也非常少，甚至无法维持其子女正常入学所需，这必将影响到农村教育的健康发展。

二　教育质量低，人才竞争力不足

就罗马尼亚全国学生总体水平来看，尽管罗马尼亚学生教育的成果接近国际平均水平，但罗马尼亚学生的水平低于欧盟和经合组织其他国家的平均水平，而且学生的教育水平存在着严重的城乡两极化现象。在参与国际学生评价项目的 42 个国家中，罗马尼亚的学生排名第 34，尽管罗马尼亚的学生在数学和科学两大学科方面继续接近国际平均水平，但仍然低于经合组织的平均水平。更重要的是，罗马尼亚国家的整体教育水平低于中亚和欧洲所有国家的水平，而且严重低于欧盟国家的教育水平。事实也表明，在罗马尼亚的教育水平几乎处于停滞状态时，立陶宛和拉脱维亚共和国的教育水平却实现了很大的提高（见表 3 - 1、表 3 - 2）。罗马尼亚尽管也有一部分学生的质量很高，但从整体来看有明显的两极化现象：教育水平好的表现更好，教育水平差的表现更差，而很少存在处于中间状态的学生，这从另一方面也揭示出罗马尼亚学生的教育水平在城乡之间存在着严重的两极化现象，即城市教育的学生水平表现得更好，而地处偏远地带的农村孩子，其教育水平却更差。

表 3 - 1　　　国际学生评价项目在 2000 年针对经合组织和其他

五个国家 15 岁学生进行的学生文化知识的评价结果

	平均成绩
经合组织	500
捷克共和国	492
匈牙利	480
波兰	479
拉脱维亚	458
保加利亚	430
罗马尼亚	428

资料来源：经合组织 2003 年统计数据（OECD and UNESCO Institute of Statistics 2003）。

表 3 - 2　国际数学和科学评价项目在 1995 年、1999 年和 2003 年针对

欧盟 8 个国家的 8 年级学生进行的数学和科学评价结果

年份　　国家	数学平均成绩			科学平均成绩		
	1995	1999	2003	1995	1999	2003
捷克	546	520	—	555	539	—
斯洛伐克	534	534	508	532	535	517
匈牙利	527	532	529	537	552	543
保加利亚	527	511	476	545	518	479
国际均值	519	521	466	518	521	473
斯洛文尼亚	494	—	493	514	—	520
拉脱维亚	488	505	505	476	503	513
罗马尼亚	474	472	475	471	472	470
立陶宛	472	482	502	464	488	519

资料来源：国际教育评价系列结果 2000ₐ 卷和 2000ᵦ 卷；国家教育统计中心 2004（International Association for the Evaluation of Educational Achievement 2000a，2000b；National Center for Education Statistics 2004）。

　　罗马尼亚的教育水平与它的邻国和欧盟新加入的国家相比令人担忧，尤其是考虑到其低的二级教育和三级教育的入学率。其国内城乡教育入学率也存在很大差异，农村地区学生入学率明显低于城市地区的入学率。对于罗马尼亚来说，低的二级教育入学率使其无法形成有竞争力的劳动力市场，劳动者由于缺乏先进的教育，其生产力水平有限，在全球一体化的大背景下，劳动者竞争力处于弱势地位。而如果将农村学生到城市接受二级教育的人数考虑在内，仅有25%的农村学生到城市接受二级教育，其余的75%的农村学生就是完成基础教育后直接从事劳动生产活动的，有的甚至连基础教育都没有完成，成为新一代的文盲农民。

表3-3　　2006年罗马尼亚不同教育阶段城乡学生的入学比例统计　　单位:%

教育阶段	总计	城市	农村
学前教育	71.8	76.9	67.9
小学教育	108.2	108.5	107.9
中学教育	92.2	96.0	88.0
基础教育总计	99.2	101.1	97.3
二级教育	54.6	89.9	8.6
三级教育	29.9	——	——

（注意：该数据包括所有的公共和私立学校教育人数）
资料来源：罗马尼亚国家统计机构（National Institute of Statistics）。

　　罗马尼亚农村基础教育差、成人教育缺失，导致其劳动力生产技能低，在国际市场竞争中处于弱势地位。城乡区域入学率的不同揭示了城乡教育输出结果的不同以及被隐藏的弱势群体的教育问题（见表3-4)，这种差距存在于城乡教育中，也存在于大多数群体和少数弱势群体中。据统计，农村学生所得成绩一般都低于城市学生的成绩，更重要的是罗马尼亚学生的入学率整体低于国际的入学率，无论是学前教育（罗马尼亚的20%相对国际的66%），还是小学教育（罗马尼亚的64%相对国际的98.9%）。

表 3 - 4　　　罗马尼亚城乡四年级学生各科目评价结果的统计　　　单位:%

科目	地域	每个教育阶段不同水平的比例			
		差	及格	好	非常好
母语	城市	3.5	6.9	18.8	70.8
	农村	17.0	17.1	29.9	36.1
数学	城市	4.5	7.4	28.0	60.2
	农村	18.0	17.9	26.8	37.2
科学	城市	1.2	6.3	31.8	60.7
	农村	8.2	17.9	40.3	33.6

资料来源: 国际评价和检查服务, 2002 (National Assessment and Examination Service, 2002)。

与欧盟国家相比, 罗马尼亚劳动力的教育和技能方面的能力很低。在国际学生评价项目中, 罗马尼亚 15 岁的学生质量评价中约有 70% 的低于现代社会对劳动力资源的要求, 而欧盟的这个数字仅为 37%。同样, 罗马尼亚的教育质量相比欧盟也偏低, 这可以归因于其相对低的二级教育结业率、低的三级教育入学率以及低的终身教育入学率 (见表 3 - 5)。

表 3 - 5　　　　　　欧盟和罗马尼亚教育水平情况比较

指标	罗马尼亚的水平	欧盟的水平 (所有国家的平均水平)
学校辍学率	2002—2003 年中等教育约有 11%	最大不超过 10%
22 岁毕业于二级教育的学生百分比	66.5%	最低 85%
25—64 岁参加终身教育的百分比	在 2004 年为 1.6%	最低 12.5%

资料来源: 教育资源信息中心和教育部研究部门 [Education Resources Information Center (ERIC) and Ministry of Education, Research and Youth (MERY)]。

罗马尼亚劳动者竞争力相比欧盟国家较低 (根据劳动力中三级教育毕业人数所占总人数百分比估计)。根据欧洲创业板 2005 年的统计数据显示, 罗马尼亚 25—64 岁的青年毕业于三级教育的人数相对较少

（约占总人口的 10.6%），而欧盟国家的人数较多（约占 21.9%）。同时，罗马尼亚 25—64 岁参加终身教育的人数也很少，约为 1.6%。而欧盟 25 个国家的平均值达到 9.9%。

表 3 - 6　　　　　25—64 岁毕业于三级教育的劳动力百分比

和终身教育的入学率（2003 年）　　　　单位:%

国家	毕业于三级教育的劳动力百分比
保加利亚	24
克罗地亚	17
欧盟 15 国	24
欧盟 8 围	19
罗马尼亚	10
国家	终身教育的入学率
罗马尼亚	1.3
欧盟 15 国	10
欧盟 8 国	6.9

资料来源：欧盟统计数据（European Union Statistics）。

三　人口增长率低，学生入学率低，教育供给不足

随着罗马尼亚人均接受教育程度的不断提升，以及生活竞争压力的不断加剧，人们的生育观发生了极大的变化，很多新婚家庭推迟生育年龄或者减少生育孩子的个数，人口出生率明显下滑。而且随着科学技术的日益发达，医学水平一度得到很大提升，人均年龄逐年增大，老龄化社会逐渐形成，农村劳动力大多数为 65 岁以上老人。这导致罗马尼亚在一段时期内出现人口增长低潮，进而使学生的入学率也一度随之出现滑坡现象，尤其在 1990—1993 年间，罗马尼亚的学龄人数出现急剧的下降，尽管随后又开始回升，到 1997 年超过了 1990 年的水平，但是人口入学注册率仍然比较低。2004—2005 年学龄人口注册率为 74.9%，明显低于 1990 年总的注册率 91%。这个问题主要集中在较贫困的地区，由于经济原因，也可能出于其他原因。这对于罗马尼亚全体国民素质的提升产生了很大的影响。在那些拥有大量不合格教师的农村地区，

入学率及教育资源供给的质量都远远不如城区，学生入学率低，教师质量也与城市相差很多。所以，合格人才的培养更是无从谈起，致使农村教育供给量严重不足，优秀人才严重缺乏。

同时，罗马尼亚全国的教育成果水平与同一地区的其他国家相比相差不多，大约有超过 14% 的人口接受过高等教育，21% 的人口学历是中学毕业，11% 人口毕业于小学，另外 13% 根本没有就读过任何学校。但是这个比例与欧盟其他国家相比则相对偏低。同时，由于罗马尼亚农村学生数量的不断减少，导致很多教师没有教学对象，即教师出现过剩现象。有人建议缩减教师规模，对教师进行裁员，而另一部分人则认为学生数量的急剧下降，光靠缩减教师数量似乎起不到应有作用，关键问题就在于教师不断提升自身素质，以优秀的品德和才华吸引更多的学生接受其教育。我们假设其他因素都不变，只考虑班级规模参数，而且教师雇佣的形式是灵活的，那么根据学生减少的数量，需要裁减 5000 名教师，而 80% 的学生将去较低等的或者较高等的学校读书，农村学校教育规模仍然处于比例不协调状态（见表 3 - 7）。

表 3 - 7　　　　　按教育等级统计的师生比率（假设学生入学率按年龄统计以及教师数量不变）

学年	学前教育	基础教育	初中教育	高中教育
2004/5	18.37	13.72	12.17	18.48
2005/6	19.24	12.96	12.07	17.06
2006/7	18.93	12.65	11.53	17.15
2007/8	18.36	12.55	10.76	17.38
2008/9	18.35	12.48	9.90	17.57
2009/10	18.32	12.50	9.10	17.53
2010/11	18.21	12.60	8.44	17.13
2011/12	18.01	12.70	7.94	16.36
2012/13	17.73	12.79	7.67	15.33
2013/14	17.37	12.77	7.60	14.17

资料来源：世界银行支出和回报统计模型，2006（Public Expenditure and Institutional Review（PEIR）Simulation Model，World Bank，2006）。

四　教师工资低，质量低，责任心不强

各国 GDP 的不均衡使得罗马尼亚教师的工资水平在欧盟国家中处于最低水平。罗马尼亚本国也出台了对教师工资的规定，即每位新教师的工资平均每月要少于 125 美元，这使得教师这个职业的收入水平相比较其他行业收入也是偏低的。对于偏远地区的农村，教师的工资更无法得到保障，拖欠教师工资、克扣教师工资等现象经常发生，这使得罗马尼亚的教师工作没有动力，也缺乏相应的监督和责任心。同时，这种差的教师待遇直接导致教师频繁跳槽，为追求更高的工资，很多教师纷纷辞职到其他企业单位以及部分私立学校中，这对于本来发展滞后的农村教育更是雪上加霜，教师数量日益减少，优秀教师纷纷离职，农村教育的质量堪忧。

五　教育强调统一，农村教育特殊性未显现

罗马尼亚的教育经过多年不断的改革，终于形成了统一的教育体制，并且对教育的内容和形式也进行了统一的规定和安排，这在一定程度上利于国家统一管理教育，利于全国教育的统一发展。但是，由于农村教育具有其自身的特殊性，其教育兼具培养高级人才和本地区经济发展所需人才的双重任务。所以，对于农村教育，无论是其教育内容、教育年限、教育阶段，还是教学方式、教学方法都应该有其特殊性，应该与实际相联系，增强教育的实践性和实用性。农村教育过分地强调大一统，会导致农村教育脱离农村实际生活的需要，农村孩子接受的教育不能为农村经济发展服务，这就会引发两个严重的问题出现：一方面，部分农村学生在接受完基础教育后，将继续深造，而在继续深造过程中，其接受的教育和面临的挑战与城市孩子是完全相同的。由于基础教育存在很大差距，农村孩子在接受基础教育时，并没有享受到和城市孩子相等的教学设施和教育条件，尤其是在课外阅读和计算机等技术的使用方面更是一片空白，所以在和城市孩子面临同样竞争和挑战时，农村孩子无形中处于劣势地位，其竞争也明显不足，这势必使其形成自卑的心理，严重的可能引发不同群体的冲突事件，造成社会的动荡不安。另一方面，部分接受完基础教育未继续深造的学生，其面临的选择就是到城

市打工和留在农村种田，选择前者的就是人们眼中的打工仔，他们在城市里处于弱势地位，为城市建设服务，但他们无法享受到城市人所应该有的保障和服务。长期下去也会形成一种不平衡感，为社会治安埋下隐患。而选择后者的，他们则被村里人所嘲笑，因为他们所接受的教育并不适合在农村生活，他们在学校所学内容是完全脱离农村生活实际的，而他们各自的家庭也会出现"因教致贫"的困境。他们在村里几乎是一个无知的状态，有的可以从事农业生产，但他们只是简单地机械地模仿父辈的生产种植经验，农村教育对于农村经济的发展和农业种植技术的改善并没有起到应有作用，甚至会在农村引发对教育的一种偏见，产生"教育无用"的谬论。所以，农村教育脱离农村生产实践的问题非常严峻，亟待解决。

第五节　罗马尼亚农村教育改善的建议

　　罗马尼亚农村教育存在的问题很多，集中表现在经费投入不足、教学质量差、劳动者市场竞争力不足、教育供给偏低、教师质量差、教育脱农等方面，而完善其农村教育也应该从以上几方面入手，具体如下：

一　增加教育经费投入，为农村教育发展提供保障

（一）中央政府为农村教育经费承担主要责任，加大对农村教育经费的投入力度

　　众所周知，教育的受益者不仅仅是个人，即受教育者，而是整个社会和国家。因为教育与经济是不可分割的，二者相互促进，互相影响，经济的发展离不开教育，教育的发展对于经济发展起助力作用，尤其是农村教育，对于以农业为主的罗马尼亚，其农业的发展对于整个国家的发展都是举足轻重的。所以，重视农村教育，增加对农村教育经费的投入应成为整个国家的共识。而作为个人和家庭、社会和人民的代表，政府应该在教育经费投入方面占主要地位，承担主要责任。罗马尼亚政府在一些重要文件中也一直在强调增加教育经费的投入，尤其是加大对偏远贫困地区和少数民族地区教育经费的投入。但是，由于缺乏有力的保

障措施，很多科学的提议和措施在实际执行中并未取得好的效果。所以，建立教育经费保障机制，使教育经费真正用于教育发展成为罗马尼亚政府当前需要考虑的重大问题。

（二）地方政府建立科学的教育经费管理体制，多渠道筹资

地方政府虽然在教育管理中处于过渡性地位，但是其重要性不容忽视。中央政府下达的命令、文件以及分派的教育经费都必须由地方政府予以科学的分配和管理。所以，建议罗马尼亚地方政府建立科学的教育经费管理体制，对教育经费的使用、分配、储备等进行科学统一的安排，最大限度地利用有限的教育经费，促进本地区教育的顺利发展。同时，各地方政府在教育经费筹措中也担负着很大的责任，由于各地方政府的财力有限，所以多渠道筹措教育经费也是地方政府加大教育投入的有力措施，比如可以通过建立"义务教育基金会"接受来自社会各界的捐助，也可以仿效中国的"体育福利彩票"模式，发行"教育彩票"，让全社会都来关心和资助农村教育，还可以借助新闻媒体，大量宣传农村教育的重要性，让罗马尼亚整个国家的人们都意识到农村经济发展离不开科学的农村教育，而整个罗马尼亚国家的经济发展更离不开其国内农村教育的发展，进而使人们形成重视教育的观念，更真心更主动地为农村教育发展奉献一份力。最终，所得资金由罗马尼亚地方政府根据有关政策统一进行调配，切实定向用于农村教育。同时建议罗马尼亚国家放宽对学校办学条件的限制，鼓励多主体办学，增加学生入学的机会，丰富学生受教育的资金来源，促进农村教育的丰富发展。

（三）科技兴农，政策惠农，增加农民收入，促进教育发展

罗马尼亚属于传统的农业大国，但并非农业强国，农业经营大都属于私营的小农经济，仍然停留在自给自足的私有经济阶段，农业的生产并未实现与世界市场的成功接轨，尤其在加入欧盟后，其农产品生产处于被淘汰的境地。针对此问题，建议罗马尼亚政府对各类分散经营的小企业进行适度合并，以实现农业生产的规模化经营。而且国家要鼓励地方政府建立相应的信息发布中心，主要负责随时关注和发布国际农产品需求信息，以实现本国农业生产与国际市场需求紧密接轨，促进农业生产的高效率和高收益。在农业生产技术方面，罗马尼亚国家也非常重科研结果的推广，但是由于缺乏统一的科研管理机构，使得很多科研技术推广活动是零散的，缺乏组织的，最终很多技术推广活动随时间渐渐减弱甚至消亡，科研技术并没有对农业生产起到应有作用。鉴于此，罗马尼亚政府需要做的就是建立专门的农业科学技术推广组织，对农业科学技术的引进、适用性检测、使用推广等形成一套完整的管理系统，由统一的管理部门负责，这就在一定程度上保证了农业科研技术的实际推广应用，也对农业科研技术工作者形成了一定的激励作用，进而促进本国农业生产和发展的现代化和科学化。

在农民的科学文化素质方面，罗马尼亚农民的成人教育几乎没有，很多从事农业生产的劳动者都是文盲，即使不是文盲，也最多认识几个字，对现代化技术全然不知，导致罗马尼亚的农业始终处于传统阶段，农民收入有限且受外界环境影响大，收入不稳定。所以，加强对农民的教育，科技兴农，增加农民的收入成为改善罗马尼亚农村落后的重要途径。具体来说，可以通过加强农村的成人教育，减少农村人口的文盲数量。将农民教育纳入法制轨道，政府制定相应的法规、政策和计划，大力宣传农民教育的重要性，并且对农民的教育活动进行规范和指导，制定科学合理的考核制度，对农民教育不同层次、不同类型予以考核，建立多层次的农民教育考核体系，对考核合格者颁发相应证书。同时，将学校教育与农民教育进行有机结合，一方面为学校教育提供实习场地，另一方面，也为农民教育提供教育资料和条件，将农、科、教紧密结合，以教促农，实现农业的科技化经营。通过增加农民的科技化水平，实现农业生产、加工、销售一体化经营，最后提高农民市场化竞争水平，增加农民的收入，为农村教育提供经费保障和物质条件保障。

此外，对于农村、农业基础设施的投入问题也应该引起罗马尼亚政府的重视，加大对农业生产基础性设施的投入资金，引进先进的农业种植设备和各类农业灾害妨害设备，对于增强罗马尼亚农民对各种自然灾害的抵御能力非常重要，能促进农民的收入趋于稳定，进而对农村教育经费形成保障之势，促进农村教育顺利发展。

二　提高教育质量，增强劳动者市场竞争力

罗马尼亚教育存在的突出问题就是教育质量总体水平偏低，存在严重的城乡两极化现象，而且罗马尼亚政府在教育经费投入和资源分配方

面也存在不公平现象，即不同教育阶段所享受到的教育资源和教育服务并不平等。同时，基础教育、成人教育的缺失导致罗马尼亚劳动者在与国际市场劳动力进行比较时缺乏竞争力，处于不利地位。所以，罗马尼亚教育质量问题不仅关系到国家对合格人才的需求，也关系到整个国家劳动者的生存状况，亟待解决。

其一，罗马尼亚教育整体水平较低、存在城乡两极化的问题，政府、社会、教师、家庭和学生都有不可推卸的责任，这里主要从政府方面和家庭方面阐述。政府作为教育经费的主要承担者，作为教育资源分配的领头人，作为主要政策的制定者和决策者，在教育领域中扮演着重要的角色。针对罗马尼亚教育总体水平偏低、城乡教育两极化的现实，与政府不重视教育，忽略农村教育的重要性息息相关。所以，建议罗马尼亚政府重视教育，改变错误观念，因为教育对于一个国家的经济和科技发展都是至关重要的，而且在知识经济时代的今天，国际竞争力越来越取决于一个国家科技的实力，人才则是决定一个国家科技实力的最主要指标。教育的重要性不容忽视，教育对于一个国家的兴衰成败起关键作用，政府应该在政策制定中体现对教育的重视，倡导宣传教育的重要性。

同时，罗马尼亚还是个农业大国，农村经济的发展对于整个国家的发展是举足轻重的。农村发展了，才能实现整个国家真正的发展，农村地区的发展不容忽视。而教育通过培养各类人才，对农村经济的发展起着重要的作用，所以，农村教育同样应当受到重视，无论从经费投入，还是资源分配方面都应该享受到和城市同等的待遇，甚至对于偏远贫困的农村地区，教育政策应该有所倾斜，积极扶助贫困地区靠教育摆脱贫困境地，为农村经济发展作贡献。

家庭，作为教育的主要参与者，其对教育的态度也影响到教育发展的程度。对于农村家庭，由于其世世代代以农业种植为主，缺乏对现代社会的接触和了解，在世代文盲的情况下也可以依赖先辈流传下来的种植养殖经验来生存，导致农村父母一般都不重视子女的教育，即使个别重视子女教育者也是渴望子女"跃龙门"，摆脱农村生活，这种错误落后的观念对农村教育产生非常消极的影响，亟须纠正。所以，针对农村教育落后的问题，需要政府在政策上给予偏斜，使农村偏远地区可以享受到与城市同样的教育资源，也需要农村家庭在观念上予以支持，只有双方的大力支持和通力配合，罗马尼亚农村教育的水平才能得到提升，罗马尼亚农村教育的质量才能得到改善。

其二，罗马尼亚教育存在着二、三级教育入学率低，尤其是农村学生二、三级教育入学率低的问题，导致劳动力市场竞争力缺乏，在国际市场竞争中处于劣势地位。所以，提高二、三级教育学生的入学率应该得到罗马尼亚相关部门的重视，具体来说，罗马尼亚政府可以制定相关政策，鼓励农村学生接受二、三级教育，并对其在经济上予以资助，保证其不为教育经费和个人生存问题担忧。同时，应该对二、三级教育分设不同的教学阶段和教学内容，针对不同学生开设多种专业，将所学专业与学生实践工作紧密结合，使学生学以致用。另外，针对农村地区人口分散，交通不便的特殊状况，可以视情况在几个村庄比较集中的地方设立中等职业学校和高等职业学校，开设农业种植、养殖、加工、销售等相关专业，使学生所学东西与生活实际紧密相连，这样一方面减轻学生入学的交通和地理位置的压力，有助于提升农村学生的入学率，另一方面也有助于农村学生在接受教育后能更好地服务于农村，更好地为农村经济发展服务，以现实的例子告诉农村家庭教育的重要性以及教育脱贫的真理，这样将有助于改善农村家庭的教育观念，从而更好地促进农村教育的顺利高效发展。

其三，罗马尼亚农村基础教育不扎实，成人教育缺失，结果导致其劳动力在国际竞争中处于不利地位，并面临被淘汰的命运，这不仅关系到劳动者个人的生存问题，也关系到农村社会的发展问题，更关系到罗马尼亚整个国家社会的安定与发展问题，所以，扎实做好农村基础教育工作、大力发展农村成人教育工作是罗马尼亚整个国家需要重视的任务。这里主要阐述针对成人教育缺失的对策建议，而对于农村的成人教育，则主要是对农民群体的教育。具体来说，可以借鉴某些国家农民教育的成功经验，比如爱尔兰，其通过设立农场后继者培训委员会，对国家农场的经营有很严格的规范和要求，对于实施农业种植的农民，必须经过严格的教育培训才能进行农业生产和农业经营，而且国家也对农业生产和经营制定了严格的制度规定，要求农业生产经营者必须具备农业生产经营的资格限定，且必须经过严格培训，获得一定证书后方能从事农业生产经营工作。再如法国，其非常重视对青年农民的技术培训和教育，对于有志在农村创业的农民，在经济援助和税收政策上都给予较多的优惠，建立青年农民后继者补助金制度，同时为了吸收更多的新鲜血液，法国政府正考虑从一些城市地区，即非农业地区选拔一批热爱农村，愿意投身于农业事业的青年进行宣传教育，进行各种形式的培训，使其成为有知识、有技能、懂经营、善管理的新型农民，为传统农业生产注入活力和科技元素。

还有加拿大的"绿色证书"培训制度，其最初将农民分为三个层次，分别为生产者、生产指导者和经营管理者，有针对性地进行培训，根据其不同职位类别的技能要求进行不同形式的培训，因材施教，最终为培训合格者颁发绿色一级证书、绿色二级证书和绿色三级证书，而在其培训过程中采取的最基本培训方式就是"师傅带徒弟"的形式，培训经费主要来源于各省和各教育部门的财政预算，政府对于农民的培训也制定了各种优惠政策和资助政策，以保证培训工作顺利高效展开。绿色证书的获得过程也是非常公平公正的，绿色证书的质量则是完全有保障的，其主要环节大体分为注册、培训、考试和颁证四个阶段，注册阶段是申请、审查和签署培训合同阶段，这个过程主要是为了对受培训者进行筛选，鼓励和赞助那些真正愿意投身农村事业，为农村经济发展服务的青年后继农民。培训阶段则主要包括生产现场指导、自学、农场外培训等，其突出特点就是"师傅带徒弟"和"在做中学会做"，培训教师亲临指导，现场示范，对于比较复杂的专业则需要进行农场外指导。考试环节分为两次考试，即在农场的现场评估考试和去考试中心进行的资格考试，在农场的现场评估考试主要由培训师和指导老师主持，认为合格者即通过考试，但这里的考试是公平公正的，考试质量也是很高的，这里的合格者是真正意义上的合格者。绿色证书资格考试则需要到绿色证书培训管理办公室指定的考试中心进行，坚持"培训与考试分离"，以保证考试的公平和公正，对于考试合格者即可颁发绿色证书，而对于考核不合格者则要对其进行"会诊"，分析其不合格的原因和导致其不合格的因素，再经过一段时间培训后继续参加考试，最终以通过考试、获得绿色证书为终点。

三 合并学校，加强师资，保证适龄儿童入学

罗马尼亚农村地区由于受相关政策影响，人口出生率逐渐下滑，老龄化社会趋势明显，使得学校各级教育入学率不断下降。再加之当地教师质量相对较低，无法吸引学生入学接受其教育，罗马尼亚农村教育存在严重的教育供给不足问题，这也使得农村各行各业发展所需人才缺乏，优秀人才培养工作滞后。所以，适当合并小规模学校，选聘优秀教师集中教学，加大适龄儿童入学率将有助于培养更多合格的人才。

首先，建议罗马尼亚政府将根据农村各地区实际情况，根据其人口数量和规模以及交通等因素，对邻村的学校进行合并，以利于教育资源的集中高效使用，便于管理；同时，罗马尼亚教育部应该就农村教师的选聘、考核、任用等进行严格的制度规定，尤其是对教师的质量应该进行严格的考查，大力宣传鼓励优秀人士到农村任教。可以通过子女入学优先、对教师子女教育予以补贴、教师工资补贴、教师住房保障等措施吸引更多优秀教师到农村任教，教师质量的提高将会吸引更多孩子到学校学习生活，提高学校学生的入学率，也为后来大批人才的培养和供给作出贡献。

其次，针对农村各地区适龄儿童的入学问题，罗马尼亚政府应该出台相关政策规定，要求所以适龄儿童必须接受教育，根据其年龄和学习经历选择教育阶段和教育层次，对于那些因经济原因上不起学的儿童，政府和当地教育部门应该对其实行特殊的照顾政策，在生活上予以补助，在教育经费上予以补贴，为其顺利入学提供条件。针对合并学校产生的距离和交通问题导致的部分学生退学现象，政府应该针对这部分群体和相应学校建立某些条款建议，如对住宿制学校，要求其应该具备适合学生住宿的各类条件，包括宿舍管理者的资格条件、学校食堂的饭菜质量、学校放学后对住宿制学校的管理制度等都应该有一套完整的规章制度；对于那些往返于学校和家庭的学生，应该建立科学安全的校车制度，从校车质量、司机素质和驾驶水平、道路顺畅情况等多方面进行科学的规定和考察，以保证适龄儿童按时入学，身体和心理都得到健康的成长。同时为某些特殊困难家庭减轻经济负担，使其更好地支持子女的教育，加大各阶段学生的入学率，培养出更多合格优秀的人才，以实现

教育需求与教育供给的平衡，加大教育人才的供给量。

四　提高教师待遇，培养高质量教师

据介绍，罗马尼亚教师的工资普遍较低，与世界及欧盟其他国家相比相差很大，而且在罗马尼亚本国内，教师这个职业的工资与其他同等类型职业的工资相比，也相差较多，加上农村教师工资有时会出现拖欠现象，导致教师工资低成为罗马尼亚农村教育存在的重要问题之一。部分地区农村教师本来就很少的工资还无法得到保障，这对于农村教师质量和责任心有很大的影响。由于教师工资低，教师个人和家庭生活保障性缺失，导致很多原本从事教师职业的优秀人才纷纷脱离教师岗位，转而从事其他工资水平较高的职业。当然，有很多教师并未转行，一方面由于其自身水平有限，参加其他工作可能缺乏竞争力，另一方面其心态存在问题，对于教育事业没有热诚，抱着得过且过的心态。结果，教师工资的低水平导致优秀教师流失、教师质量偏低、教师责任心不强等教育问题，这势必影响到学生的教育质量，需要罗马尼亚有关部门的重视。

针对教师工资低的问题，罗马尼亚财政部应该每年预算出足额的教育经费用于教师工资支出，从观念和实际行动上重视教育。而重视教育则必定重视教育的施教者——教师，所以政府应该提升教师工资，以优厚的经济条件和精神补偿留住优秀教师，使其能更好地服务于教育事业，不仅在经济上得到保障，在精神上也能得到满足。而针对教师质量低的问题，罗马尼亚政府也采取过相关对策，如罗马尼亚启动了与世界银行合作的农村教育项目，其中，"以导师制为依托的农村教师专业发展"[①] 该项目在农村教师培训方面探索出一条新路，具体来说，该项目包括以下内容：

其一，培训方式——接受培训不离岗，培训教师通常被称为"导师"，每个县配备 4 名导师，导师人选的确定遵循一套严格的程序：有关部门通常先向全国发布招聘信息，根据应聘者的简历进行初评，接下来与初评合格者面谈，通过面谈的应聘者还要经过试讲才会被最终聘为

---

① 黄力：《罗马尼亚：为农村教师配导师》，《教育旬刊》2009 年第 5 期。

导师，在正式工作前，导师还要接受专门的"导师培训"，项目明确规定，导师每年应实地走访四五所学校，在每所学校工作的时间不少于 8 个工作日，培训者需要经常奔波于学校之间、学校与培训机构之间，所以会驾驶汽车就成了遴选导师的重要标准。

其二，培训内容——"导师工具包"，导师制项目团队开发了一套"导师工具包"，内有导师工作所需的各种材料及相关资源，其中最重要的是 10 个培训课程模块，它是导师对一线教师进行培训的主要内容，除去专供校长使用的"学校领导和管理"模块，面向所有一线教师的九大模块可分为 3 类：一是有关新教学方法的内容，如制订适合农村环境的课程、在课堂中使用形成性评价、复式教学法、将电脑运用于教学，二是有关学生的内容，如以学生为中心的互动教学、了解学生的背景，三是对在某些科目上低于年级水平或处于弱势的学生进行个别辅导的内容，如阅读的补充性学习（小学水平）、数学的补充性学习（高中水平）、作为第二语言的罗马尼亚语学习（针对母语不是罗马尼亚语的学生）。

其三，实施方式——参与体验，导师往往先让参加培训的教师获得亲身体验，然后才介绍该方法在中小学课堂中的应用。让教师获得参与体验是非常重要的。罗马尼亚的中小学教师多是在传统教学模式下成长起来的，其本身并没有受过当今提倡的各种新教学方法的训练，若对新教学方法的传授只停留在口头或书面上，教师对方法的理解也只能是理论的、粗浅的，很难运用到实际教学中，而教师的亲身体验可以帮助他们更好地理解学生对此种方法的感受，有利于教师从学生的角度来理解教学，提高教学质量。

其四，评价机制——随时抽测，罗马尼亚导师制项目设计了完整的监测和评估体系，包括教师对自身专业发展情况的自我监测，学校对本校教师专业发展的监测，导师到校督导以及项目管理者和专家对教师专业发展情况的最终评估，导师会进行不定期的课堂随访。该项目的实施对于罗马尼亚农村教师的质量提升作出了很大贡献，而优秀的教师更吸引了优秀的学生，长期下去形成良性循环，有助于培养更多优秀人才，使其在国际市场竞争中享有更大的优势。

五　农科教结合，以教促农

罗马尼亚的农村教育存在着严重的"脱农"问题，农村教育内容与农村实际需求严重脱节，使得农村教育并不能为农村经济社会发展服务，农村受教育者面临更多压力和不公平待遇，"因教致贫"、"读书无用论"思想日益形成，农村教育前景堪忧。而且罗马尼亚农村教育的"脱农"问题不仅出现在中等教育领域，其基础教育和成人教育也存在着严重的"脱农"问题。因为农村教育所学内容与农村实际相脱离，致使一部分农村受教育者在毕业后面临失业的窘境，他们要么在农村地区待着，靠祖祖辈辈传下来的农业耕作技术和畜牧业养殖技术生存，过着入不敷出的生活，要么就是不安于现状，进入城市打工，变成新的流动工人或者打工者。而前种生活方式的选择会使波兰的农村、农业以及农民始终处于一种萧条状态，罗马尼亚的农村经济得不到重大而长远的发展。同时，由于部分群体的贫困，使得罗马尼亚政府用于生活补贴、社会救助等方面的财政经费支出增加，导致政府财政压力加大。而后一种生活方式的选择就又会产生一系列连锁问题，包括农村人口大量涌入城市给城市环境、社会治安以及生活资源形成的压力，同时对城市劳动力市场也形成一种巨大的冲击力。另外，农村进城务工农民的大量出现，又会导致大量留守儿童、流动儿童、无人照顾的老人等问题的出现，造成农村"空心化"现象产生，在农村社会管理和稳定上又给政府增加了很多压力，为此，国家需要出台相关政策措施解决这些问题。可以说，农村教育的"脱农"问题所导致的结果是多方面的，而负面作用更加明显，亟须改善。

其一，从教育角度来说，在基础教育方面，罗马尼亚国家教育部应该优化课程设置，根据实际需要对农村和城市进行有区别的课程设置，包括课程的内容和课程的教授方式。比如，在农村教育的课程内容设置中增加田园课程，充分开发本地区优秀的课程资源。一方面弥补国家课程资源的不足，另一方面可以让当地儿童从小对自己所处地区的地理条件、经济状况、人文环境等有比较清楚的认识，从而形成对自己家乡的亲切感和自豪感，从小热爱自己的家乡，产生长大后建设自己家乡的愿望。在课程的教授方式上，应该选择教学与实践相结合的方式，通过课本让学生了解自己的家乡，并通过开展各类实践活动去引导和开发学生的思考力和创造力，并邀请当地所谓"土秀才"、"土专家"等人士积极参与到学生的教学实践活动中。一方面使学生所学知识与实践进行更加顺畅科学的结合，在实践中与当地农民相互促进，共同发展，另一方面也可以繁荣当地农民的精神文化生活，使其更加亲身认识体验到教育的意义，实现对教育的支持。最重要的是，农村教育与农村实践的结合，有助于农村教育服务于本地区经济的建设和发展。在评价方式上，对学校评价中，要注重对其本土化课程开发程度的评价，尤其是凸显当地历史、地理、文化等课程资源的课程开发程度，积极倡导学校教育体现多元文化精神。在对学生的评价中，改变将考试视为唯一评价手段的观念，增强评价方式的多样性，鼓励各农村地区自行组织考试，考试内容应加强与当地文化传统和经济文化发展的联系，注重考查学生分析问题、解决问题的能力，考试形式多样化，使学生在考试中能展示特长，发挥各自优势。

其二，在中等教育和成人教育方面，应建立相关的"农业学校"，而农业学校的课程设置应涉及农村、农业、农村经济的各方面。学生通过参加农业学校的学习和各项农业种植技能的培训，帮助农民们增加一定的农业科学知识和技能，促进农民素质的提升。也可以在自己毕业后将所学知识迅速应用于农业实践中，做新型的高素质农民，使农村教育更好地为农村经济发展所服务，为农村经济发展增添活力与动力。同时，在农村也应该为成人开设一些成人学校和职业学校，减少农村人口的文盲人数，将基本的文化知识予以普及，增强农村人口的基本文化素质。对农村成人所开展的农业知识培训，则应该与其切身感受和经验相结合，如用科学的理论为农民们介绍本地区的土壤、水源、物质资源、自然环境等，让他们能科学理性地了解自己的家乡，然后将一些国内外先进的种植技术，科学的种子搭配和育种技术传授给农民，让他们学习更加科学地安排自己所种植的农作物类型。而且要定期公布国内外市场上对农作物、动植物的需求量和供应量数据，以帮助农民们能更加科学合理地安排种植农作物和养殖牲畜的种类和数量，实现产需的紧密接轨，从而保证农产品的销售更加顺畅，增强农民生产的效益，提高农民的收入水平。

其三，针对罗马尼亚农村毕业生因为所学知识在农村无法运用，大量进城务工的现象，罗马尼亚政府应该采取措施鼓励这部分人留在农村就业，对其在农村就业设立一些优惠政策。如鼓励其自主创业，创业者可以无息向国家贷款，向国家少缴甚至不缴纳赋税。虽然这种做法在短期看来会减少国家的财政税收收入，但从长远来看，这种政策的实施既可以缓解城市就业压力，也可以带动农村相关产业的发展和更多人的就业，实现农民的就近就业。更重要的是，这一措施在很大程度上带动了农村地区经济的多元化发展，为农村经济的发展增添了更多的新活力，实现了农村经济发展由"输血机制"向"造血机制"的转化，促进农村经济更好更快地发展。

罗马尼亚是传统的农业大国，农业经济的发展对整个国家经济的发展至关重要，只有农村经济发展了，整个国家才能实现真正程度的发展，只有农民收入增加了、富裕了，整个国家才能实现真正意义上的富裕，所以农村经济发展不容忽视，罗马尼亚政府无论在政策制定上，还是在农业技术研发和推广上，仍然需要作很多的努力。而农业大发展离不开农业科技种植人才的培养，教育则是培养人才的关键，所以农村教育同样应受到罗马尼亚整个国家的重视，无论在教育经费投入方面，还是在农村教师培训方面，以及在教育政策制定、教育资源分配等方面都应该对农村教育有所倾斜，都应该以注重农村教育为出发点，努力提高农村基础教育和二、三级教育的入学率，加强成人教育工作，从扫除义盲工作到培养农业科技人才，加强其劳动者在国际市场的竞争力，以实现农村教育的健康长足发展，最终促进农村社会经济的发展，促进整个国家屹立于世界民族之林。

第四章

乌克兰农村教育发展的研究

　　乌克兰地处欧洲腹地，在北约和俄罗斯之间，是欧洲地缘政治中心，它拥有得天独厚的地理位置、悠久深远的文化历史、实力雄厚的经济发展基础、灿烂的文化及发达的科教体系。这给乌克兰在国际舞台上的发展奠定了基础。随着经济全球化及纷繁复杂的外交纵横发展，国家之间的较量已经完成由军事武力到经济、科技、文化、教育的过渡，世界各国、各民族之间通过文化渗透来扩大自身竞争实力。教育是人形成世界观、人生观、价值观、培养辨识能力、评判能力的重要媒介和手段，教育促进世界一体化，同时世界经济全球化的发展也加速了教育全球化的进程，加快各国教育交流及改革步伐。

　　当今，世界范围内综合国力的竞争中，科技实力的竞争，归根结底是教育的竞争，教育具有传授科技知识及将科技转化为现实生产力的功能。科技领域在对国民生产总值贡献中起重要作用，第二、第三产业的崛起与发展及其所创造的国民生产总值是不容小觑的，但农业作为各个国家产业结构的基础，尽管它属于传统的第一产业部门，但它对于国家的经济发展是起基础性作用的，甚至是起奠基性作用的。乌克兰虽有"第一粮仓"的美称，但独立后乌克兰农业改革带来的沉重代价及切尔诺贝利核污染的辐射，使得农田破坏严重，农业发展受阻。农业发展落后或者农业经济发展不扎实，第二、第三产业就会因原材料匮乏等造成发展源动力不足，从而导致整个国民经济的衰退。对于农业为第二大经济部门的乌克兰，农业的重要性显而易见，所以农业整体水平的提高会引起国家经济发展水平的提高，农民实现真正的富裕，国家才会真正富强。

　　农业人力资源的增加和农村人力资本的开发在农业发展和农村繁荣目标实现的过程中是不可忽视的重要环节，而完成该目标的主要途径则靠农村教育。通过农村教育不仅可以提高农民的知识水平和技能，丰富农村的文化生活，还可以形成良好的道德风尚，乌克兰农民占国家总人口的近1/3，农村人口素质提升对提高整体国民素质贡献较大。通过农村教育，提高农民的生产效率和科学种植技术，成功探索农业的现代化经营模式，以集约化的生产方式实现低消耗、高产出的绿色农业生产模式，实现农业生产方式由粗放型到集约型的蜕变，这对于面对全球市场化的农业经济具有巨大的竞争优势。所以，农村教育对农村经济社会的持续、稳定、繁荣发展具有重大意义，乌克兰政府有必要投入人力、物力、财力去建立农村教育发展网络，开拓农村人流、物流、信息流、资金流整合通道致力于促进农村社会综合发展。

　　乌克兰政府在综观本国农村现状的基础上，对农业、农村、农村教育作出一些努力并取得一定成绩。独立后，乌克兰政府进行激烈的农业经济改革，推行农产品"价格自由化"、"土地私有化"等激进的西方化改革手段，摧毁原有的计划生产、供销平衡体制，通货膨胀空前严重，农村经济因此受到巨大打击。农业生产持续下降，粮食供应短缺，由原来的粮食出口国变为进口国，农民生活贫苦，自然灾害侵袭，部分地区农民离农迁移盛行，出现逃荒现象。面对农业发展的严峻形势，乌克兰政府十分重视农业的恢复和发展工作，正在通过技术培训、贷款援助和减轻税收等政策措施来扶持家庭农场。现已建成的家庭农场，大多是专业性较强的农场如奶牛场、葡萄园、蔬菜棚等，其余大部分农民在播种、整地、治虫、灌溉和收获时需要集体互助劳动时，进行换工互助，建立农村建设合作伙伴关系。围绕农产品加工、销售和其他社会服务等私营企业和商贩的活动，正在形成农村购销式的服务网点，有的还采取预购、预销方式为农民服务。总的看来，农村市场经济秩序正在建立，农业生产可望逐步恢复和发展。乌克兰农村重新建设和恢复农工商综合体，农村生产、生活流通渠道再度打通，使扩大再生产收入及销售收入迅速增加，持续发展能力增强。农民生活条件有所改善，农村社会保障及服务体系恢复发展，农民在生产经营、生活供给、医疗保障、农民子弟就学就业等方面的情况均有好转。在农民及农村适龄儿童教育方面，乌克兰政府更是加大投入力度，建立信息化教育体系和教师培训发展体系，完善教育监管体制，从根本上进一步增加农村人才储备，提高乌克兰农民的职业素养。

本章选取乌克兰国家作为研究对象，在概述乌克兰国家地理、政治、经济、文化教育等的基础上，重点研究了乌克兰当代农村教育热点问题，分析了政府教育投入歧视，城乡经费额度不均，东西区教育投入差距较大，农村教师在结构、编制、职业素养提升方面面临的困境，生源大幅度减少引发的学校布局不合理及不合理的布局调整后所遇问题，多民族的欧洲小国教学体系自由化造成的教育复杂化及国家适龄人口德育发展迟滞等，并在此基础上提出一些相应的建议对策。本章主体分四大部分论述，第一部分对乌克兰国家概况进行了论述；第二部分论述乌克兰的农业、农村问题，具体介绍了乌克兰的农业现状和政府有效的改革对策，以及乌克兰农村发展概况；第三部分综观乌克兰的教育概况、教育体制、教育改革及发展趋势，特别介绍了农村普通教育的发展现状；第四部分主要是从两大教育体系（普通教育和职业教育）论述了乌克兰农村教育面临的问题；第五部分根据问题有针对性地提出改良对策建议，充分汲取苏霍姆林斯基教育思想的精华并发展该思想体系，提升乌克兰的教育水准，促进国际交流合作。

第一节　乌克兰国家的概况

一　领土和人口

乌克兰位于欧洲东部，于 1991 年 8 月 24 日宣布独立，首都是基辅。乌克兰地域辽阔，领土面积为 60.37 万平方公里，陆界长达 6400 多公里，海岸线长达 1270 公里，国土的东西跨度约 1300 公里，南北长达 900 公里，属于欧洲大国之列。全国土地面积为 6035.5 万公顷，其中，农业用地面积为 4255.8 万公顷，占全国全部土地面积的 70.5%。在农业用地中，可耕地面积为 3435.7 万公顷，占全国土地面积的 56.9%，占农业用地面积的 81%。乌克兰土壤有 1200 多种，拥有的黑土地占世界黑土地总量的 30%，这对发展农业极为有利。乌克兰的行政区划分为 24 个州、一个自治共和国、两个单列市。1993 年，乌克兰全国人口为 5224.4 万。至 1998 年年初，全国人口下降为 5050 万。人口剧烈下降的原因是人口出生率下降，死亡率上升。从 1991 年起，全国人口开始进入负增长，1995 年，每千人的人口自然增长率为 - 5.8（见表 4 - 1）。1997 年，乌克兰城市人口占全国人口的比重为 68%，农村人口占 32%；女性占全国人口的比重为 54%，男性占 46%。

表 4 - 1　　　　　　　　乌克兰人口　　　　　　单位：年初数，万

数量类别 \ 年份	1991	1992	1993	1994	1995	1996	1998
全国人口	5194.4	5205.7	5224.4	5211.4	5172.9	5133.4	5050
其中：城市人口	3508.5	3529.7	3547.1	3540.1	3511.9	3483.2	—
农村人口	1685.9	1676.0	1677.3	1671.3	1661.0	1650.2	—
其中：男性人口	2408.4	2416.7	2428.2	2423.6	2400.0		
女性人口	2785.8	2789.0	2796.2	2787.8	2770.0	—	—

资料来源：独联体跨国统计委员会：《1995 年独联体国家统计年鉴》，1996，第 532 页；乌克兰《镜报》1999 年 9 月 4 日。

二　国家政治

在政治上，乌克兰独立后，彻底摒弃了原来的国家政体，并仿照西方建立了立法机构、权力执行机构和司法机构"三权分立"的国家政体。1996 年 6 月 28 日，乌克兰议会通过了第一部新宪法，新宪法加强了总统的权利，并确立了三权分立原则、民主原则、法制原则和法律至上原则、人民至上原则和人权自由至上原则的国家政权制度的基本原则。乌克兰独立后第一位总统是克拉夫丘克。乌克兰议会也称乌克兰最高苏维埃，是国家的最高立法机构，乌克兰政府（内阁）是由各部组成的，是乌克兰最高权力执行机构。乌克兰独立后，推行多党制，在乌克兰正式注册的政党为 22 个，群众组织 11 个，按乌克兰政党的政治主

张划分为左派党、中派党和右派党。在 1996 年颁布的国家宪法中明文
规定，废弃苏联时期的社会主义制度和一党执政的政体，规定国家不把
任何一种意识形态置于必须尊崇的地位。国家在政治、经济和社会生活
中实行多元化原则。国家宪法强调的原则是："人民至上，人权和自由
至上，人的尊严和健康福利至上，这是社会最高的价值原则。"这种价
值观念是与欧洲多年推崇的价值观念相一致的。需要一提的是，民主、
自由和人权至上观念，在经济领域的影响是很广泛的。不仅私有化运
动、个人经营活动的空前活跃在很大程度上源于根深蒂固的人权和自由
观念，而且，在选择就业方式上，也出现了"非正规化"趋势。乌克
兰人心理素有"精神第一"、"个人意愿至上"的价值观，他们愿把自
己的工作和收入与个人的独立选择性和独立经营性、个人的首创性结合
起来。但是，作为一个历史悠久、文化发达的民族社会，某些传统价值
观念仍在民众中占有主流地位，并深深根植于民众之中。①

三 经济发展

在经济上，乌克兰不仅是苏联而且也是整个欧洲最重要的经济地区
之一。按国土面积计算，乌克兰是欧洲第二大国，仅次于俄罗斯。按人
口数量计算，乌克兰接近于法国。就经济规模（国民总产值）而言，
乌克兰则接近意大利。而在苏联或独联体，乌克兰的经济规模均居第二
位，仅次于俄罗斯，是哈萨克斯坦的两倍。乌克兰的经济结构在 20 世
纪经历过两次较大规模的转折，第一次是始于 20 世纪 30 年代的工业
化，第二次是在苏联解体后。经济结构多样化程度较高，既有规模巨大
和门类齐全的工业，又有集约化水平较高的农业。但是在经济转轨过程
中，乌克兰发生了持续性的经济危机，社会生产持续下降、财政赤字不
堪重负、通货膨胀率一度居高不下、能源危机日益加深，投资积极性严
重下挫，使得其在欧洲从东方到西方的社会梯度上位于较低层次。导致
乌克兰经济陷入危机的原因是多方面的，其中有苏联时期留下的危机因
素，也有转轨进程中出现的危机因素。面对经济危机，乌克兰制订了由
中央计划经济向市场经济过渡的经济体制改革计划，在历届政府的改革

---

① 马贵友：《列国志：乌克兰》，社会科学文献出版社 2003 年版，第 83 页。

计划中，乌克兰的经济改革主要是从财产所有制关系、价格方面、财政金融方面、产业结构方面、工资方面、社会保障体系方面和对外经济关系方面展开的改革。当前，乌克兰主要的拉动经济模式是出口导向型，同时国内巨大的不饱和市场所带来的内需的上升，也是其经济复苏的有利因素。2011—2012年全球经济的复苏和交易价格的上涨、乌克兰贸易一体化进程的推进、国内汇率政策的灵活运用及国际金融组织对乌克兰格里夫纳货币增值的预期，这些国际国内市场的复苏对乌克兰经济的平衡发展起到重要作用，同时国际货币基金组织的一揽子援救计划依旧对乌克兰提高对外清偿能力和保持国内货币的信心尤为重要。

四　文化教育

在文化教育上，乌克兰文化政策的宗旨是：国家对文艺组织和艺术家提供法律保障，支持民族文化的发展，不对其实行政治或行政干预。维护文化艺术在其存在和发展过程中所表现出的自身价值和独立性。保证创作自由，保存文化遗产，为各民族人民进一步发展其传统文化创造必要条件。吸引各方资金，以支持文化基层单位和重要文艺机构开展活动。截至2005年年底，乌克兰共有国家级剧院135所，各级博物馆394家，电影厂7家，电影放映场所4.1万个，各类图书馆2.3万个，藏书3.36亿册。国家级文物保护单位2万多个。[①] 教育方面乌克兰实行国家管理和社会自治相结合的教育管理体制。教育与科学部是国家教育主管部门，参与制定国家教育、科学和干部职业培训法规，制定教育发展纲要、国家教育标准和教育工作的具体政策，统筹乌克兰教育工作。

地方教育由地方权利执行机构及地方自治机构负责管理并建有专门的管理机构，学前教育机构、基础教育机构、校外教育机构及中等师范学校均隶属上述机构。地方教育管理机构负责向其所属学校拨款，为教育工作者及青少年提供社会保障，为学生就近入学并接受教育创造必要条件。高等教育的主要投资方式是国家预算拨款，国家每年按照不低于国民收入10%的比例提供教育拨款。

教育体系主要由学前教育、基础教育、普通中等教育、职业技术教

---

① http：//baike.baidu.com/view/10290.html.

育、高等教育组成，还有校外教育、继续教育、副博士研究生教育、博士研究生教育、自学教育等。截至 2005 年年底，乌克兰共有 970 所高校，著名大学有国立基辅大学、国立技术大学（基辅工学院）、基辅音乐学院、国立哈尔科夫大学、国立哈尔科夫师范大学、国立里沃夫大学、国立辛菲罗波尔大学、敖德萨音乐学院等。其中国立基辅大学是"欧洲十大名校"之一。乌克兰有 1600 余所教学科研生产和教学综合体。乌克兰中小学教师约 55 万人，高等院校教师约 12 万人，其中博士约 7 千人，副博士约 4 万人，教授 6 千人，副教授约 3 万人，中学生650 多万，职业技术学校 966 所，在校生 52 万。[①]

第二节　乌克兰的农业和农村

一　乌克兰的农业概况

乌克兰拥有面积广阔、土质肥沃的土壤。在乌克兰流传着这么一个说法："上帝在划分土地给不同人类时，把自己的那一份划给了乌克兰人。"乌克兰国土面积为 6030 万公顷，其中农业用地 4180 万公顷，已耕种面积为 3270 万公顷。据估算，乌克兰所拥有的黑土面积占世界黑土总量的 8%—15%，是土质最为肥沃的农业用地，得天独厚的自然条件不仅适合于种植粮食作物、油料作物、水果和蔬菜等，而且还有利于畜牧业发展。乌克兰的主要农作物是小麦、甜菜、玉米和油菜，畜牧业以饲养猪、牛和鸡为主。由此可见，农业是乌克兰国民经济中的第二大部门，以 1992 年为例，农业在物质净产值中的比重占 30%，该部门的劳动力占劳动力总数的 20%。1996 年，农业部门的从业人数为 500 万人，占劳动力总数的 21.6%。[②] 乌克兰拥有丰富的农业资源，再加上地理位置优越，拥有许多良好的港口，农产品很容易进入世界市场。但是，乌克兰为了保证国内市场供应，乌克兰不鼓励农产品出口，再加上出口许可证的发放十分复杂和烦琐，导致农产品贸易得不到快速发展。

---

① http://baike.baidu.com/view/10290.html.

② 马贵友：《列国志：乌克兰》，社会科学文献出版社 2003 年版，第 112 页。

乌克兰的农产品具有较高的质量，在苏联地区拥有一定的竞争力，但在欧洲市场上缺乏竞争力。虽然乌克兰拥有一些世界闻名的农业技术专家，但乌克兰的农业技术水平不及西方工业化国家，因为农业技术的发明与应用之间存在着很大的差距。

为了解决农业问题，把农业部门转变成具有出口能力的主要经济部门，乌克兰政府计划加快改革步伐，进一步强化市场机制的作用，并为农业改革创造有利的宏观经济环境。作为第一批乌克兰独立法典，《乌克兰土地法》和《乌克兰议会关于土地改革的决议》于1990年12月18日颁布。从1992年开始，乌克兰逐步实施土地私有化改革，着手将苏联时期的集体农庄和国营农场改组成农业集体企业（以下简称"农企"），取消了国家对土地的所有权，农企所有者成为乌克兰土地私有化的主体。在这一阶段，乌克兰尝试将土地变为集体所有，乌克兰议会在1992年3月13日通过了对《乌克兰土地法》的修订，在法律上明确了乌克兰土地集体所有的合法性。但将土地转为乌克兰农企集体所有并未让农企成员成为土地的真正所有者。1994年11月10日乌克兰颁布了《关于加快土地改革步伐发展农业生产的紧急措施》总统令，土地改革的重点转为将土地划分为不同的份额分配给农企的每位成员（即股份），每个农企成员的股权以证明书的形式予以明确，而个人土地所有权则由国家出具《个人土地所有证》。将农企集体所有的土地按股份分给农企成员，是乌克兰土地改革的第二阶段。但这一阶段的土地改革进展很不顺利，改革的本意是将农企成员变成农企股民或"劳动所有者"，而名义上获得土地和财产的农企成员实际上仍然是农企的雇佣工，实质上既没有土地，也没有财产。尽管出台了总统令，但农企土地和财产股份制改造推进缓慢，很多地方根本就是流于形式。农企成员个人股权证明书并未发给个人，而是留在了农企领导的保险柜里，农企的土地和财产实际上还是被农企领导所控制。1996年6月28日乌克兰出台了新宪法，再次明确土地为个人所有，土地集体所有制已不具有合法性，而实际操作中，集体农企仍然控制着土地和财产，其主体地位并未得到丝毫动摇。农企的存在已严重制约了乌克兰土地私有化改革的进程。

乌克兰2000—2004年发展计划规定，必须尽快地在2000—2001年开展农业改革。改革的内容包括：（1）以私人财产为基础，改革集体农业企业；（2）在土地所有者和租赁者之间确立一种地租关系，以便更好地利用土地资源和保护土地所有者的利益；（3）进一步扩大私人部门在农业发展中的作用（独立以来，私人部门在农业产值中的比重已从29.4%提高到59.9%）；（4）完善农业基础设施；（5）建立农村信贷市场。① 如何合理保护和充分利用肥沃的土壤始终是摆在乌克兰人面前的巨大课题。从16世纪中叶开始，乌克兰就不断地探索农业改革和土地改革的方法，历史上曾进行过几次意义深刻、影响深远的农业改革。可以说，乌克兰的农业改革具有极其重要的战略意义，因为它决定了乌克兰大多数人的命运，关系到乌克兰的经济发展、社会稳定和国际地位。

二　乌克兰的农村

在新经济政策盛行时期，乌克兰的农业已跻身于世界先进行列。在集体经济发展模式的推行过程中，许多集体或国有农庄购置先进的农业机械，实现了农村经济发展的现代化和国际化；在规模经营的前提下，发展了乌克兰独具特色的七区或八区的草田轮作制，促进农牧业发展相结合，土壤的生产力得以保持和延续，促使农村经济实现持续稳定发展。农村国营农场和集体农庄在现有农村经济发展条件下，深入探索农业发展模式，由原材料供应为主向转为横向或纵向一体化模式发展为主，进行产品的深加工，提升产品价值。农产品进入流通领域，创建农工商综合体，促使农业进入产业化经营的新阶段。农村经济的发展，保障了国民经济发展的需要，实现农村生活的富裕，农村文化、科技和教育、福利事业也都有相应的发展。苏联解体后，乌克兰进行激烈的农业经济变革，原有的生产计划被摧毁，供销体系、农业发展平衡机制被打破，农工商综合体解散，被市场经济的私有企业、商贩所代替。农村经济严重破坏，农村社会保障服务体系濒于崩溃，农民的生产经营、医疗服务保障、子女的就学、就业都面临严峻形势，人民生活困苦。乌克兰政府面对乌克兰的农村问题，积极采取政策措施优化农村待遇，虽取得

---

① 马贵友：《列国志：乌克兰》，社会科学文献出版社2003年版，第120页。

一些成效，但是农村问题一直存在。

（一）乌克兰农业人口减少，农民迁移。

在戈尔巴乔夫执行时期，乌克兰农业人口以每年 1.2% 的速度下降。农业人口减少究其原因主要有两点：人口自然增长率下降且呈负增长趋势，农村人口的出生率从 1970 年的 14.5% 下降到 1992 年的 12.5%，自然增长率从同期的 4.1% 变为 -5.1%；[①] 农村人口迁移，农村人口流向城市及农村人口流向国外都是导致农业人口减少的相关因素。乌克兰农村人口迁移的原因主要有：其一，农业实现全盘机械化，节省大量劳动力，农村富余劳动力被迫寻求就业岗位，城市的就业机会相比农村有较大优势，另邻邦国家或者发达国家提供大量就业机会且报酬要高于国内。其二，农村农业的创新发展离不开新技术支持，大量农业技术专家出国进行学术交流，时间长短不一，有些专家则因薪资、福利待遇、发展环境等因素留在国外。其三，农村的生活环境较差，农民尤其是青壮年向往美好生活。1992 年，乌克兰的农业人口为 1700 万，占全国总人口的 32%，截至 2008 年 1 月 1 日，乌克兰的人口为 4640 万，其中农村人口为 1470 万，占总人口的 31.7%。在 1470 万农村人口中，有 350 万人从事农业。

（二）乌克兰农村人口素质普遍较高，在地区差异较大

乌克兰处于欧洲腹地且是个多民族的国家，民族文化多样式的发展及传播使乌克兰的整体文化底蕴深厚，人民素养普遍较高。乌克兰的教育体系比较完善，到 1999 学年，乌克兰有全日制普及教育学校 2.22 万所，在校生 67.43 万人；中学 256 所，学生 14.73 万人；贵族学校 258 所，学生 8.66 万人；中等专业学校 658 所，学生 50.37 万人；高等院校 313 所，学生 128.54 万人。每万居民中在全日制普及教育学校读书的学生有 1357 人，在中等专业学校有 101 人，在高等院校有 259 人。但是，在农村居民点中，其中包括 300 人以上住户的近 3000 个居民点，约一半没有学校，15% 的学生实行两部制或三部制。有 1/3 的学校校址不好。[②] 农村居民受教育水平逐年提高，但是地区差异较大。在乌克兰

---

① 马贵友：《列国志：乌克兰》，社会科学文献出版社 2003 年版，第 121 页。

② 同上书，第 203 页。

农村教育效果较好的基础上，乌克兰政府依然给予其高度重视，指导农村学校办学模式向先进靠拢、鼓励教材充分自主编排，并坚持求同存异的教育观念，在本国著名教育家苏霍姆林斯基的教育理论的指导下，教育方式呈现民主性、开放性、和谐性特征。农村居民受教育水平得到提升（见表4-2）。但是，各地区教育质量存在一定差异，这是各地区的经济差异所造成的。东乌克兰毗邻俄罗斯，人口3200万，主要经济支柱是工业，经济比较发达；而在第聂伯河以西的西乌克兰毗邻欧盟，人口1600万，主要经济支柱是农业，经济比较落后。① 如喀尔巴阡州、伊万诺—弗兰科夫斯州、切尔诺夫车州等，在初等教育向中等教育过渡阶段，该地毕业生人数呈现下降趋势。

表4-2　　　　　乌克兰居民受教育受教育水平（每千名
居民中受过不同教育的人数）

数额 \ 类别 \ 年份	受过高等和中等（完全和不完全教育的人数）	受过高等教育人数	受过中等教育人数
1939	120	8	112
1959	373	21	352
1970	494	40	454
1996	850	—	—

资料来源：尼古拉耶夫：《乌克兰苏维埃社会主义共和国百科手册》，1987，第340页；谢辽沙：《乌克兰普通教育的现状》，《乌克兰经济》杂志1997年第1期。

（三）农村社会保障服务体系缺乏完善，农村两极分化严重

农村的社会文化发展滞缓，娱乐场所及娱乐设施不健全，农民的社会文化生活单调乏味。到1998年年底，乌克兰共拥有各种专业的医生22.7万人，每万居民中拥有医生45.5人；病床48.3万张，每万居民拥有97张；医疗诊所的接待能力（每一班接待病人数）96.6万人，每

---

① 张弘：《社会转型中的国家认同——乌克兰案例研究》，《俄罗斯东亚中欧研究》2010年第6期。

万居民拥有诊所 194 个。但是约 30% 的乡镇没有类似卫生室、医疗诊所这样的保健机构，农民的健康得不到保障。综合服务商店在农村消费网上网点较少，几个村拥有一个中型供销社，人们购置生活、生产用品极不方便。农村基础公共设施与农民生活不配套，比城市少一半以上。只有 6% 的农村家庭拥有自来水，不足 3% 的农村家庭配备了取暖设施、排水系统及天然气管道。1974 年《土地法》规定："法人和自然人将获得土地所有权利，不仅可以出租土地或土地股份，而且可以出售和收买土地。"政府鼓励拥有土地的农民建立西式的"家庭农场"，到 2000 年底，全国家庭农场总数达 3.5 万多个，约占农村居民户数的 20%。据乌克兰调研资料显示，每年都有 30% 左右的个体经营单位因管理不善而破产，有的被迫卖地维生，农村两极分化现象日趋明显。

第三节　乌克兰的教育

一　教育概况

据乌克兰政府统计数字，21 世纪初乌克兰拥有 315 所三、四类高等院校，较苏联解体初期增加 157 所。其中，38 所为国家级院校。国立高等教育体系由 223 所大学、学院，596 所专科学校、中等职业技术学校和职业中学构成。全国有 163 所非国立高等学校。一、二类学校总数比 1992 年减少 89 所，国家根据教育标准进行合并或改组，这些学校成为大学、学院的分部。乌克兰还有 1600 所产学研和教学综合体。高等教育的投资方式是国家预算拨付为主、投资主体多元化。国家财政预算教育分配比例为：一、二类高等院校占 48.32%，三、四类占 46.76%，另利益承担主体法人与自然人投资的资金分配如下：一、二类高等院校占 49.95%，三、四类占 41%。2001 年，有一半以上的学生公费接受高等教育。近几年，国家高等教育改革卓有成效，以就业为导向的三、四类高校毕业生就业情况明显好转——1997 年就业率为 80%，2000 年为 88.8%。同年，乌克兰新建 12 所高等职业技术学校及职业技术教育中心，培养综合型和实用型人才。政府已批准加强法律人才培养、实施终身教育及远程教育、支持贫困大学生家庭的国家计划。

在特殊教育方面，政府将拟定残疾学生社会保障计划及助学金制度。据资料显示，2000—2001 学年初，乌克兰中学生有 667 万人，教师为 57.6 万人，比上学年增长 0.1%。2000 年 9 月 1 日，2.221 万所中学开学，有近 67.6 万名新生，比上学年增长 12%，其中乡村地区有 24.8 万人。为特长儿童创办了 273 所特殊中学（13.25 万名学生），232 所私立学校（7.38 万名学生），25 所中高等学校（1.44 万名学生）。今年私立学校增加 8.5%，其学生人数增加 13.4%。在 966 所职业技术学校中有 53.2 万名学生，其中，35 万名学生在接受职业教育的同时还可以接受完全的中等教育，40% 以上的毕业生可以获得两种或两种以上的技能。乌克兰是个多民族国家，民族差异较大，乌克兰民族学校的出现保持和继承了民族文化传统。

乌克兰各中学考试采取 12 分制，主要是根据鼓励教育的教育理念，制定学生成绩核算标准，避免单纯反映学生成绩是否下滑的弊端；取消强迫学生留级制，根据全国统一的教育计划，采取全国统考方式检查毕业生是否合格。国家教育改革计划使中学应届毕业生有了更多升学的机会，国家支持大学生家庭的计划为他们提供了优惠贷款，21 世纪初用于该项目的国家预算拨款为 500 万格里夫纳。政府为身体有缺陷的患有慢性疾病的儿童开设了康复型社会服务机构，其中医疗机构 1300 家，容纳了 5.82 万名缺陷儿童，疗养机构 507 家，容纳 3.26 万名儿童，教育综合体 1100 家，帮助 4.02 万名儿童享受受教育权利。

现在乌克兰中学校的教学大纲包含三个标准：国标、地标、校标。教材反映历史与现实，改版工作不容懈怠，教育部目前继续进行新版统编教材的编写工作。20—21 世纪之交国家预算中有 8360 万格里夫纳用于发行教科书、参考书，为普通教育和职业技术学校供书 1200 万册。生均图书拥有量为两本，保证了学生的基本阅读需求。优先保障弱视和残疾学生用教科书，政府要求保证该群体的图书材质。国家预算中规定用于购置教科书的拨款为 1.168 亿格里夫纳。教育与科学部长克列缅强调改善寄宿学校制度。近几年，政府开办了 401 所残弱儿童住宿学校以及可接受普通教育的教育综合体。乌克兰政府强调提高普通中等教育和职业技术教育质量是政府的改革目标。普通中等学校正由 11 年学制向 12 年学制过渡。政府为提高农村教育现代化，还计划拨给乡村中学

2000 万格里夫纳用于普及计算机教学。克列缅部长强调，在改革基础上政府教育工作重点集中在以下几个方面：禁止随意削减学前机构；改善儿童饮食结构；保证为儿童提供有教育意义的教辅资料和优良的医疗护理，提高学前教育机构场地的利用率。

二　教育体制

（一）乌克兰的普通中小学学制

乌克兰教育机构改革中中小学学制的改革尤为凸显。中小学教育的学制已由原来的 11 年改为 12 年。目前乌克兰的中小学共分为 3 个阶段：（1）前基础教育阶段：1—4 年级或 1—5 年级，6 岁入学的儿童读 5 年，7 岁入学的儿童读 4 年。（2）基础教育阶段：共 5 年，基础教育阶段的毕业生分流进入不同类型的学校。（3）高级教育阶段：10—12 年级，共 3 年，该阶段的学生是大学的主要生源。在中等教育体系中，还包括其他中学学校类型：其一，特殊教育学校。其二，教育网上的校外教育机构，例如艺术学校、体育竞技学校、青年教育者学校和青年技术者学校等。其三，智力和身体发展教育中心。其四，作为单独的教育体系的中等职业教育，中等职业教育是乌克兰国家教育需求与教育供给矛盾最大的教育类型。乌克兰采取国家统一考试制度，大学具有自主招生权利。

（二）学校与政治体制分家，民族化、特色化、国际化教育体制建立

在乌克兰，教育的政治功能淡化，教育的阶级色彩被逐渐抹去。为促进中小学教育自由发展，乌克兰学校与政治体制分家。（1）教育政策的非意识形态化和非政治化，学校中禁止成立任何带有政治色彩的组织，例如共青团组织。但这并非剥夺孩子们参与政治的权利，孩子们要参与政治可以在校外机构中进行。各类学校的教学内容都带有民族色彩，例如增设的乌克兰历史、乌克兰地理及地方志等。（2）新型中等学校层出不穷，沿袭苏联时期贵族学校的特色，例如完全新颖的实科中学、古典中学的出现，这些学校的教学内容面更广，基础性更强，这些学校的教学形式和教学手段都各有特色。（3）发展民族教育，建立民族学校，力求保护各民族特色。各民族学校在乌克兰已有 178 所，都是由居住在当地的民族代表开设的，如波兰族、犹太族、希腊族等。俄罗斯族在乌克兰为第二大民族，因为俄罗斯人在乌克兰人口中占了22.7%，乌克兰东部毗邻俄罗斯，俄罗斯族主要分布在乌克兰东部，自然俄语学校也主要分布在此。乌克兰的国际学校在世界教育中也是一大亮点，在乌克兰存在管辖权不属于本国的外国学校，例如在基辅就有以色列人管理的学校，还有美国人开办的中学，且学校完全自治，教育体制、教学内容、教学方法均由校方来决定。（4）教育观念的转变：其一，从集体教育向个性化教育转变，乌克兰的学校一向是以集体教育形式为主的，现在则开始强调个性化教育，着重研究学生的个性和差异性，研究学生的接受能力和心理发展的差别，开设特科班等。其二，从国家统一的教学大纲向因地制宜的教学大纲转变。随着教育民族化进程的推进，乌克兰的每一所学校都有权选择合适自己的教学大纲。

三　教育发展及改革趋势

乌克兰历届政府都把发展农业、农村教育、办好农村学校、提高劳动者素质、加强农村基础设施建设作为工作的重心，并不断出台和修改针对"三农"问题的国家发展纲要。国家的各项政策措施在中小学改革过程中奏效。就农村学校的发展我们作进一步分析。

（一）乌克兰农村学前教育发展的状况分析

乌克兰农村现有8000多所学前学校。学生数量有17万人。由于乌克兰经济发展水平等的限制，农村学前教育发展得很不够，特别是广大东、西部地区，农村学前教育机构严重不足，经费紧缺、财政拨款不足，师资量少和当地政府对学前教育的意义和重要性认识不够等现象普遍存在，所以导致不少州以下的学前教育机构几乎关闭。幼儿园关闭的另一个原因就是乌克兰人口减少，生源不足，近几年乌克兰人口持续负增长。例如，1991年至2003年儿童的数量减少了22.22万人。近三年来，由于出生率下降，导致学前班减少了15%。而且儿童数量也减少了10%。截至2004年年末由于各种原因停办的农村学前教育机构有2000所。目前这种现象在农村还有继续扩大的趋势。目前，乌克兰城市学前教育的普及率达到75%，在农村则仅达到26%。乌克兰出现这种情况的地区有：克里米亚自治共和国的农村学前教育的普及率为

40%，切尔尼戈夫州为37%、波尔塔瓦州为28%、卢甘斯克州为27%、扎波罗热州为23%，利沃夫州的幼儿园中只有12%的孩子来自农村，而罗夫诺州、日托米尔州、波尔塔瓦州也只有10%，沃伦州有16%。①

尽管如此，近年来，关停学校的情况还是得到了抑制。农村接受普通教育的学生数量有所上升，有290所学校又恢复了工作。恢复学校最多的地区有：卢甘斯克州（81所）、日托米尔州（65所）、波尔塔瓦州（30所）、切尔卡瑟州（30所）。目前，乌克兰国家教育与科学部制定了《农村学前教育的预算规划和改革农村学前教育的措施》，② 呼吁利用一切有利的资源提高农村学前教育的普及率，同时保障农村学前教育的质量。第一，规划强调发展农村学前教育必须从农村的实际出发，改善财政投入，实现农村教育现代化。并且在办学形式上应该做到灵活多样，可以独立设置农村学前教育机构。乌克兰农村学前教育主要关注5方面的内容：（1）教养员的业务专长；（2）农村地域的影响力；（3）幼儿情绪、情感与心灵、道德素养的培养；（4）解决幼儿和小学阶段教育衔接问题；（5）对农村学前教育硬件、技术和教学方法的改善情况。第二，规划强调为幼儿的学习准备，最重要的该做些什么？农村幼儿园是农村教育生态圈之核心，应以此为核心，因地制宜为农村幼儿提供高质量的教育文化环境。理由一：它是公共教育机构（超越血缘关系）；理由二：它是有目的、有系统的教育，因此它是儿童步入真正社会性学习的开始。无论是用超越个人学习的社会学习情境（超越个人学习）的理论解释，还是用道德潜能与道德学习的理论解释，农村学前教育阶段对于真正的高素质农民的培养都是最重要，因为真正提升了素质农村人口是生存于社会联系之中的人。规划向全国的所有的农村学校提出了六个雄心勃勃的目标。第一个目标最有远见，其要旨是：到2016年，乌克兰的每一个农村儿童在入学前都已"准备学习"。"准备学习"是什么意思呢？它提倡的是一项国家义务，即为农村年幼的儿童提供一种富于教育意义的环境，以使他们初进校门就能获得积极的

① Серезинка В. Сучасна освіта в контексті реформування. К.，2006. C. 6. 12. 67. 70.
② Ibid. .

和创造性的经验，并使他们作为学生的潜力得到充分的实现。规划提出，要让所有儿童为进入学校做好准备，必须做好以下 7 个方面的工作：（1）孩子有一个健康的身体；（2）充分发挥家长的作用；（3）为贫困学生提供高质量的教育；（4）处理好工作单位与家庭的关系；（5）为孩子播放有教育意义的电视节目；（6）在每所学校的周围创造有利于儿童学习的社会环境；（7）形成代际之间的关系。总之，乌克兰力争要把学前教育纳入整个农村教育系统和社会系统中，全面推动农村学前教育的发展。

（二）乌克兰农村普通中等教育发展的状况分析

乌克兰 20 世纪 60 年代采取合并农村居民点的举措使居民点数量骤减，那时在乌克兰地图上有四分之一的村庄消失了，在农村就学的学生数量减少。当时仅在四年的时间里（1973 年至 1976 年），农村学校的数量就已减少至 2500 所。但当时关闭学校的程序由权力机构执行，而学生家长、公社提出的意见则往往不被采纳。而现在乌克兰教育与科学部支持地方权力机构的行动，但是出发点是任何一个乡村，只要有儿童，至少保障有一所小学。一个巨大的普通教育网正在乌克兰农村慢慢铺开。至 2006 年年初乌克兰在农村就学的学生比例达到 34.8%（见图4－1），乌克兰农村有近 14200 所普通教育机构，在校学生数量1800 万。[①]

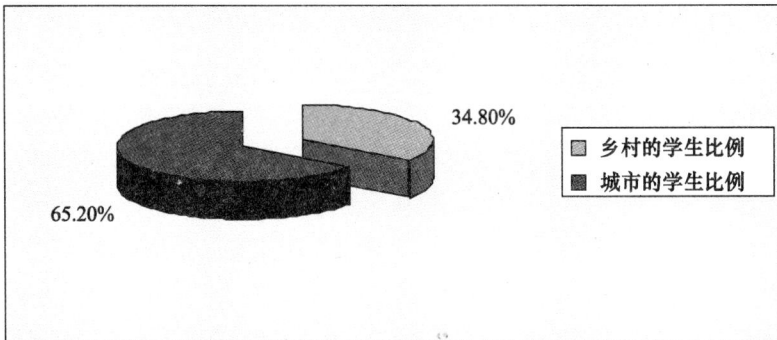

图 4－1　城乡学生比例

---

① Серезинка В. Сучасна освіта в контексті реформування. К.，2006. С. 6. 12. 67. 70.

　　2004 年由乌克兰教育与科学部颁布的《农村普通中等教育协调发展的规划》强调指出：第一，强调建构农村学校网的改革，要考虑到每个地区的具体特点。根据当地经济和社会发展实际统一制定发展规划，努力使农村学校网相互渗透、相互沟通，形成联系密切、协调发展的农村学校网。近 5 年农村学校网的数量已经由 1228 个上升至 1808 个。为农村学生的教学训练、受教育和发展，创造了一切有利的条件，保障了普通教育机构的发展。第二，强调实施示范学校的发展构想需要建立职业学校，以保证学生们可以自由选择专业，这为个人的发展提供了广泛的可能，为学生受到优质教育提供了更广泛的教学空间，它将极大地促进教师有组织地为示范校和教学区内的高年级学生进行辅导和培训。目前，乌克兰新建的农村学校大部分将建成农村示范校。学校将创造一切条件为教学服务，实现跨校选修，可以选课，可以增加补充科目，等等。这些学校都将成为教学区的中心。由此农村公社、学生家长的作用会加强，发挥教育的整体功能和效益，更好地为当地经济建设和社会发展服务，同时也能够真正地让农村的孩子们自觉地接受教育。为此乌克兰 2004 年预算拨款购买 566 辆校车按时接送学生到教育中心、示范校上课。第三，强调提高农村学校的教学质量，必须提高教师专业水平，特别是一些相邻专业的业务水平。在乌克兰各州建立了教师培训基地，制定了教师培训规划，同时健全了教师培训激励机制。要求每一位教师要掌握电脑技术、外语，对一些学生较少的学校要掌握多种教学方法，采用讲座、自学、辅导、集体讨论交流等形式，促使学生探讨问题，学习新知，提高能力。乌克兰为保证农村学校具有专业水平高的师资，要求把精通两三种专业的教师输送到高等师范院校进行学习，这些高等师范院校以充足的物力、财力、高水平的教师队伍和较先进的教学设备，提高各自的培训质量。同时乌克兰现实行一种农村青年参加高等师范学校培训的选拔模式。每年选拔一定数量的农村青年由国家委培。根据州政府和当地权力执行机关的中心部门提出申请，2005—2006 学年共有 5900 个这样的委培名额。

　　欧共体的普遍价值观深刻影响了位于欧洲腹地的乌克兰，乌克兰人民正努力寻求一种更高的人生标准，而高质量的教育是其达到这种人生标准的重要途径，新的有创造性的教育模式应运而生，乌克兰进行了国家教育体制创新性改革。乌克兰政府颁布《紧急行动起来以确保乌克兰的教育体制的运作和发展》和《进一步行动起来提高乌克兰的教育质量》教育法令，乌克兰政府坚持发展性教学思想及教育人性化、民主化、民族化的教育方针，对教育系统作出优先调整。乌克兰教育沿着教育多元化、教育标准规范化、教学手段多样化、教育管理程式化、教育评估公正化、教育信息化的发展道路，继续创造属于乌克兰人民的奇迹。

第四节　乌克兰的农村教育所处的困境

一　农村普通中小学教育存在的问题

乌克兰农村学校教育质量的欠缺制约着农村学校的发展。乌克兰教育和科学部 2005 年年末进行的教育监测指出，规模较大、能自给自足的农村学校，其教学水平与城市相差不大，但农村教学点的教学水平就参差不齐了，乌克兰自然增长率的持续负数及农村移民人数的增加导致生源大量减少，而学生是学校存在的根本，由此农村普通中小学教育陷入困境。

（一）教育经费严重不足，东、西区差异大

国家是国立、市立中小学教育经费承担主体，但是政府在执行过程中暴露了投入歧视行为，集中精力发展城市中小学，对于农村教育则期望不高。乌克兰教育和科学部通过对乌克兰农村教育发展数据的统计分析，证明教育经费短缺仍是乌克兰农村教育发展缓慢的关键因素。为促进乌克兰整体教育水平的提升，乌克兰总统宣布 2006 年为乡村年，并规定在预算中不断加大对农村教育的投入。当年的农村教育经费较上一年提高了 20%。但是，在政策执行过程中，乌克兰是按照国家、州、市（区）管理层次阶梯式顺沿进行的，由于贪污、挥霍等教育腐败现象的盛行，真正用于提高农村教育质量的财政拨付款额所剩无几。另外，教育监督部门的监督不力或官官相护、同流合污使教育潜规则得以顺利进行。农村学生家长及农村学龄儿童作为真正的受害者，思想意识已经受到教育潜规则的严重侵蚀，再加上无力反抗的无奈，遂任其自由

发展。另外，学校教育经费部分依靠法人、自然人的赞助，受乌克兰经济危机的影响，乌克兰企业亏损、兼并、破产倒闭的现状使学校预算外资金支持大幅减少。

乌克兰全境可分为 3 个经济区：东北部工业区，西南部农业区，南部地区，且乌克兰国民收入中各部门的比重是：工业 50.5%，农业 21.4%，建筑业 9.9%，交通运输业 5.7%，各区经济发展水平有较大差异（见表 4-3），城市化程度不同（东北区城市化程度为 74%，西北区为 50%，低于全国平均水平），东北区政府财政经费相对充足，农村教育投入总额要高于西北区。

表 4-3　　　　乌克兰各地区经济发展水平指数比较表

	自然资源	工业水平	基础设施	劳力资源	商业水平	总平均
东北部地区	9	7	7	7	3	6.6
西南部地区	5	5	5	6	1	4.4
南部地区	3	4	6	5	2	4.0

注：指数满分为 10。

教育经费的严重不足，给农村教育带来了很多问题。教学设施老化，缺乏现代信息技术的支持制约着乌克兰农村教育现代化的建设。乌克兰有些学校，学生连一台电脑都没有。据"世界经济论坛"2006 年 1 月的资料，乌克兰信息化指数处于第 82 位（与赞比亚和坦桑尼亚并列）。教师职业倦怠，教育意识和能力跟不上发展的需要，校车计划实施不利，农村学校安全事故频出，人们对教育效率的期望下降，有一部分青年人只读完不完全中学就辍学了，1994—1995 这一学年辍学的青年总数达 3.5 万人，而且呈递增趋势，这种现象最突出的是在塞瓦斯托波尔地区。

（二）农村教师队伍的现实困境

教育是各国创造人力资本的重要途径已成为不争的事实，教师的师资水平则对人力资源开发的程度起着基础性作用，乌克兰政府教育改革同邻国俄罗斯具有异曲同工之处，都旨在促进教育现代化，"实现这一目标的关键之一是教师终身教育体系的加强与发展"，但据乌克兰官方数据显示，农村教师队伍在建设过程中存在一些问题，主要表现在：

1. 农村师资队伍结构性矛盾突出

2008—2009 学年，乌克兰中小学教师人数为 48.41 万，有专家[①]头衔和硕士学位的教师占 88.6%，其中小学教师有 78.1%，初中和高中教师有 98.1%。[②] 乌克兰教师学历水平较高，但是乌克兰农村教师队伍在性别、年龄、专业、编制结构等方面存在不可忽视的问题，是提高农村教师质量的现实难题。首先，受性别刻板印象、个人职业发展期望及承担家庭责任的影响，乌克兰农村教师中男女比例严重失衡，据有关资料统计，在教师行业男性教师在开发学生的智力潜能方面具有先天优势，因此，乌农村教师性别结构现状对于儿童的智力开发、性格培养及兴趣喜好引导略显不足。其次，农村教师年龄结构严重失衡，老龄化现象严重，乌克兰 41 岁以上的教师超过在职教师人数的一半，而且 30 岁以下的教师人数在最近 4 年内从 21% 下降到 17%，如表 4-4 所示。教师队伍新陈代谢能力大为降低，教师老龄化问题使乌克兰政府不得不直视农村教师的现实困厄。[③] 乌克兰并不限制教师的退休年龄，只要教师有意愿留在工作岗位上，政府不会强行令其退休，这样就导致教师岗位空缺极少。另有统计表明，现在高等师范院校毕业生只有 60% 选择教师职业，而且其中半数以上留在大中城市任教，深入农村的高校师范毕业生微乎其微。教师队伍缺乏新鲜血液的注入，由于老教师在使用新的教学手段时存在障碍，农村教育现代化进程被阻滞。

再次，就任教教师专业构成来看，农村教师转专业任教现象普遍存在。一方面，由于农村教师师生比失衡，教师有时就要带两三门课，非本专业课程教师备课时间较长，教师压力很，甚至产生职业倦怠；另一方面，农村学校存在转业教师，这类教师对教学方式、技巧及教育专业思想缺乏认知，教育效能低。另外，教师专业培训体系不完善，教师专业发展没有得到充分重视。农村教师中专业教师和兼任教师比例失衡，

---

① 在乌克兰，经过大学 5 年教育的人称为"专家"。

② 张天雪、娜佳：《乌克兰现代化进程中的中小学教师继续教育》，《比较教育研究》2011 年第 4 期。

③ 同上。

这直接影响农村中小学的教育质量，兼任教师占多数的学校，教师的敬业程度、职业认同、学校文化影响都大打折扣。最后，编制结构不合理。农村教师编制标准低于城市，有些地方还随意占用教师编制；体制不顺，教育部门不能有效地管理和配置教师资源，该出的出不去，该进的进不来；一些地方出台的政策没得到很好落实，致使有的学校几年都无法补充合格的师范毕业生。

表 4 - 4   乌克兰当前教师年龄结构表   单位:%

年龄	30 岁以下	31—40 岁	41—50 岁	51—55 岁	55 岁以上
人数	17	25	28.1	11.9	18

2. 农村教师生存环境较差

农村教师待遇问题是乌克兰政府亟待解决的重要问题。农村中小学阶段属免费教育阶段，学校生平均公用经费不能提高，市、区级以上的政府性补贴，如果不纳入财政预算，农村教师的实际收入则可能降低。农村工作生活条件较差，信息闭塞、视野狭窄，农村教师生活单调乏味，高校师范毕业生甚至认为这是对个人意志的磨灭，所以新生教育力量远离农村择业，这样农村教育则陷入恶性循环，教育质量效度、信度滑坡。

3. 专业发展存在障碍

农村教师的职业生涯规划和专业发展较城市教师来说更加虚无缥缈，农村教师的进修培训面临较大困难。农村教师从培训额度、专业发展费用及家庭负担方面看，农村教师培训受到很大限制。农村教师培训名额有限，教师间的不正当竞争导致人际关系疏离，教师教学关注视角转移；培训经费比较紧张，政府投入歧视导致农村教师各专项发展经费远达不到要求；工学矛盾比较突出，指定农村教师外出参加培训，则该教师担任的课程无人来教，造成教师短缺的假象。

（三）学校布局不合理及不合理调整后的问题

乌克兰独立后，受经济形势和经济转轨的影响，学校教育机构改变了性质，有些学校被关停，1992—1995 年乌克兰学前教育机构就减少3100 个，教育规模受到影响（见表 4 - 5）。普通教育机构在 1990—

1996 年有所发展，但因生源较少，不少学校也面临着停课关闭。全乌克兰学校布局分散致使教育资源严重浪费，学校布局调整是针对基础教育特别是农村中小学长期以来存在的高投入、低产出，学校布局分散难以管理，低水平重复建设，以及近年来出现的生源萎缩所造成的教育资源的严重浪费而作出的慎重抉择。旨在通过学校布局结构调整，在宏观层面上，缩小教育发展的差距，促进教育均衡发展；在中观层面上，实现教育资源的合理配置与优化重组，扩充优质教育资源，提高免费教育阶段的教育质量与效益；在微观层面上，节省人力、财力、物力，促进教师队伍的优化组合，提高资金、设备及校舍的使用效益，实现规模效益。学校布局调整在一定程度上改善了乌克兰的教育局面，但是，部分地区不合理的布局调整不仅影响了当地农村教育的普及，给农村学生带来了新的求学困难，而且严重影响农村教育持续稳定长远发展，甚至影响社会安定团结。

表 4 - 5　　　　　1990—1996 年乌克兰学前教育状况　　　单位：万所、万、%

年份 类别 \ 数额	1990	1991	1992	1993	1994	1995	1996
学前教育机构	2.45	2.44	2.38	2.32	2.24	2.14	2.02
在学前教育机构就学儿童数	240	230	210	190	170	150	130
就学儿童占同龄儿童的比重	57	55	49	47	44	41	41

资料来源：独联体国家跨国统计委员会:、《1996 年独联体国家统计年鉴》，莫斯科，1997。

1. 农村中小学生上学距离扩大，且存在严重的安全隐患

由于部分地区脱离当地农村实际情况，快速撤减了大量的农村中小学和教学点，打破了调整前"村有小学，乡镇有中学"的格局，不考虑当地的人口密度和地理环境等问题，盲目将学生集中到乡/镇的中心学校，使得许多农村学生上学路途遥远，就近上学成为奢望。特别是在一些偏远山区，山坡陡峭、河道纵横，遇上刮风下雨更是山路泥泞难走，山洪、泥石流等自然灾害时有暴发，崇山峻岭中有时还有野兽出没，学生的人身安全无法保障。

2. 子女教育成本骤增，农民家庭支撑困难

2002 年 8 月 26 日乌克兰部长内阁决议《关于幼儿园和寄宿制教育机构的紧迫问题》规定，由父母支付在公共和社区机构的儿童的营养需要，并要求严格遵守。考虑到孩子上学路途上的艰辛和安全问题，有的家长只能让孩子乘车上学并在校解决午餐，这样就额外增加了交通费和午餐费的开支；还有许多家长选择让孩子寄宿，许多学校考虑到农村经济情况都尽量降低学生的住宿费用，但是置办寄宿用品和伙食所需费用对于大多数农民家庭来说，仍是一笔不小的开支，一些贫困家庭无力承担。农忙时期，作为劳动力的孩童由于外出上学，父母生活负担骤增。因此，不少地方在大量撤减中小学后，农村父母的子女教育成本骤增，家庭经济、生活负担加重。部分家长为了孩子的前途，勉强维持，但一些家长不愿独自承担生活压力，农村辍学儿童增加。

3. 农村寄宿学校安全、卫生、管理等方面存在漏洞，严重影响学生身心健康

调整后当地乡/镇中心学校提供寄宿服务，受资金限制至今无法合理安排学生住宿，寄宿房屋勉强可以提供，但是配套设施却非常简陋。生均住宿面积不足 1 平方米，且宿舍桌椅、橱柜等生活辅助设施不完善，餐厅条件简陋且工作人员态度不佳，卫生条件更是不值一提。厕所建设简陋、不便清理，距宿舍较远，学生常因不愿起身而忍着，对学生身体健康极为不利。寄宿学生的交通安全也存在隐患，有些学校虽有校车接送，但车辆并不规范，安全系数不高，而且超载现象严重；还有些学校由于资金短缺无力负担校车项目或学生家长不愿支付校车费用，学生只好自行回家。学生寄宿管理人员失职。根据儿童身心发展规律，基础教育阶段的学生心智不成熟，主观意志不强烈，任务型管理较适合这一阶段的寄宿生；处于普通中等教育阶段的学生则要分析他的意志、兴趣、情感等非智力影响因素，对症下药，人际导向型的管理人员更受欢迎。然而农村普通教育阶段宿管人员的文化程度不高，素质相对较低，所以管理方法运用失当，严重损害青少年的心理健康。部分青少年寄宿者身体素质差，抵抗力较弱，农村寄宿学校医疗条件差、护理能力低，学生身体健康也难以保障，再加上恋家恋父母，农村学生厌学情绪高涨，辍学率上升。

4. 中心学校班额数量过大，教师职业压力增加，教育质量滑坡

农村中小学布局调整的原则是通过合理调整学校规模，实现中心学校的教育规模效益。由于部分地方政府缺乏实际调研，盲目合并，增加了当地教育负担，导致学生人数陡然增加、住宿和后勤配套无法跟上、财政经费状况没有改变、教师教学管理压力过大等问题，有些学校难以顾及教育质量。班额陡增不仅给教师的教育教学工作造成压力，同时加大了教师的心理负担，尤其是目前中心学校大多实行全封闭式的寄宿管理，而农村学校的教师编制又不充足，教师集教学与管理于一身，教育责任很大。

5. 社会隐患潜存

不合理的布局调整伤害了农民的经济利益和情感期望，农民会采取行动来对付政府行为，如有些地区的农民参加游街、静坐等宣传抗议活动，扰乱社会治安及日常生活秩序，社会影响恶劣。

（四）民族教育多元化背景下的乌克兰中心主义

乌克兰是个多民族国家，全境共有 130 个民族，居民主体为乌克兰族。乌克兰族人口占全国 5200 万人口的 71.3%，俄罗斯族占全国人口的 22.7%，犹太族所占全国人口比重为 0.9%。苏联时期，乌克兰实行的教育模式与俄罗斯并无二致，独立后乌克兰进行教育改革，民族化、多元化特点突出。各类学校的教学内容都带有民族色彩，例如增设乌克兰历史、乌克兰地理及地方志等。各民族学校在乌克兰已有 178 所（1996 年），都是由居住在当地的本民族人，如匈牙利族、犹太族、希腊族的代表开设的。当然俄罗斯族学校也占有相当大的比例，在乌克兰东部有很多的俄语学校。乌克兰民族办学形式开放，各民族学校坚持民族语教学，这在保护和继承发扬民族文化的同时也加剧了民族教育极端化的进程，民族交流沟通变得愈加困难。其中矛盾较为突出的是乌克兰语与俄语的地位角逐，前国家总统尤先科采取激进的去俄罗斯化政策，规定"从 2005 年 9 月 1 日起，乌克兰的法律诉讼只能使用国语；从 2006 年 7 月 26 日起，必须对国家公务员进行乌克兰语水平测试"。"限俄令"不仅破坏了教育的稳定环境，还涉及语言政策、意识形态、民主权利的实施与归属等问题，造成社会形态混乱，更对提升乌克兰整体教育质量形成羁绊。

（五）道德教育放空，青少年犯罪率攀升

作为东、西欧文化交流要道的乌克兰思想开放较早，观念西化强烈加之乌克兰在扭转本国经济的过程中社会、经济变革失控，国内政治、经济形势不稳定，贫富两极分化。青少年失业率较高，物质生活极度匮乏。在苏米地区的调查发现，实际失业率要比官方发布的数字高 10 倍，达到 5%。另外还有近 5% 的隐性失业现象（有职业而无工作或报酬），因此该地区的失业率几乎达到 10%。① 对政府极度不信任，拜金主义、个人主义盛行，"第二经济"崭露头角，酗酒、吸毒者较之前增加，青少年犯罪率不断攀升。东、南部青少年较之西部对国家政治事务更淡漠，农村青少年比城市青少年的国家意识更薄弱。1993 年的一项研究表明，70% 被官方宣布为失业的年轻人拥有高于最低生活水准的实际收入。一半多的年轻女性（55%）试图找一份报酬不甚高但却相对稳定的工作，而年轻男性的这个比例只有 16%。有近一半的失业者（49%）在与别人相比时并不觉得难堪。并且有 28% 的人认为每天酗酒没什么过错，而认为吸毒无罪的人只有 1.9%。这说明在乌克兰青少年中酗酒是比吸毒更为严重的社会问题。② 西方发达国家的文化殖民、电视暴力和堕落产品向乌克兰国家倾销，极大扭曲了青少年的心灵。由于学校教育对性教育的忽视造成青少年的性科学知识缺失，然而青少年对未知领域具有强烈的探索意识及相对不成熟的心智，他们会通过电视、广播、网络、色情杂志等多种传播媒介来填补对性知识的渴求。西方发达国家便乘虚而入，大肆宣扬性暴力、性堕落，严重影响乌克兰青少年的价值取向，青少年犯罪率上升。在乌克兰农村社会中，对观看性暴力和性堕落可视产品的人群分布的调查发现，青少年的比例最高。《电视暴力对不同年龄段的青少年的影响的考察报告》对家长、对电视节目制作者提出忠告，呼吁净化荧屏。

二　农村职业教育的发展困境

在乌克兰，职业教育是一个独立教育体系，其宗旨是追求知识和职

① ［乌］安德烈·冯希克：《1991—1995 年乌克兰青年状况与研究》，朱可亮译，《国际青年研究信息》1996 年第 13 期。

② 同上。

业技能的结合。以前，乌克兰的职业教育教学体系发达，达到世界发达国家水平，但由于世界技术需求的更新及乌克兰独立后经济形势的转变对职业教育的影响，乌克兰职业教育脱轨，教育质量急剧下滑。

（一）乌克兰职业教育存在经济难题

1. 教育经费严重不足。乌克兰政府的教育投入以普通教育学校为主，其他各级各类学校主要通过教育有偿服务、社会捐助、民间筹集、合资等渠道吸收资金。由于国内经济形势的急转直下，特别是受全球金融危机的影响，约80%的工厂企业瘫痪，企业办学经费投入水平大幅度下降。职业学校目前虽然划归教育与科技部管理，但其经费来源却没能从根本上解决，职业教育的生存令人担忧。

2. 投资方教育投资回报收益率低。农村职业教育学校是乌克兰国际国内专门人才和熟练技术工人的生产车间，在供应—生产—销售—售后服务产业链上，任何一个环节的疏忽都是国家经济衰退、企业利润流失、家庭投资失败、扰乱个人规划的闸口。据调查统计，只有在就业和专业对口的情况下，农村职业学校毕业生才能比同等教育程度的毕业生的工作满意度更高，生产效率提高，个人收益率和企业生产率、国家GDP得到相应提升。就目前乌克兰农村职业学校的发展来看，企业无力承担职业教育高成本，学生专业对口率不足50%，农村经济疲软，各方的教育投资回报率均较低。

3. 教育供需矛盾突出。农村职业教育严重脱离农民实际需求，一方面迫切需要提高驾驭现代农业的知识技能，迁移农民需要加强职业技能培训，另一方面农村职业学校由于脱离农村经济状况，学校教育不合时宜，毕业生面临"升学无望、就业无门、致富无术"的现实困境。城市农民工培训的边缘化、政府或社会培训机构的营利性、企业培训内容的偏离及窄化都提高了城市农民工就业的门槛。

（二）农村职业教育管理集权化，管理效率低

受苏联大统一的教育思想的深重影响，独立后的乌克兰农村职业教育仍然备受教育管理过度集权化的煎熬，集权化虽然可以基本保证全国教育水平的一致性，但是其弊端也显现出来。

1. 学校缺乏办学自主权，校长领导力僵化，严重影响学校改革的主动性和积极性。各个职业学校所处的地理位置、市场形势及社会、经

济、文化背景皆不同，诸校的优势、劣势、机会和竞争威胁均不同，因此诸校所存在的问题不尽相同，由于国家教育政策针对共性问题而忽略个性发展，结果是所有学校都存在问题，示范学校、模范标兵就变得滑稽。只能在政府政策下办学的职业学校，校长领导才能缺乏展示平台，校长领导力中的开拓能力消失殆尽，维持该校现状成为校长的最大责任。另外，由于学校发展的同一化，教育测量与评价指标都是不合时势的，测评结果也就不足为信。

2. 把适当的权力下放给地方一级的行政管理领域有待改善。例如，农村地区教育部门的负责人的任命机制和城市的任命在本质上是不同的。按照现行的监管和法律框架，任命地区教育部门负责人仅需要农村地区的教育科学公共管理部门同意。基辅和塞瓦斯托波尔地区公共行政教育部门规定，教育部门负责人的任命和免职应分别由基辅和塞瓦斯托波尔地区公共管理的正副负责人同意。[1]

3. 教育信息化技术起步较晚。在农村职业教育中，教育信息资源的情况更糟糕，用于教育方面的应用软件开发也是问题。如今，教学过程中使用的还是教育与科学部批准的第 140 号的教育软件。而最严重的问题是，ESA（教育质量监测）需要行政支持。[2] 乌克兰创新型教学较其他职业教育发达国家落后了许多，在教育体制、教学体系、教学方法及手段甚至教学效果方面都无法监测，更无法根据岗位需求预测，制定人力资源计划。这对于以就业为导向的农村学生来说都是打击。

（三）农村职业教育机制不灵活，思想基础薄弱

市场经济是开放型、竞争型、能力型、实用型经济，乌克兰农村的经济体制在市场经济转轨的过程中，人才需求的结构也发生了转化，与之相应，农村职业教育培养的毕业生应符合国内发展潮流。但农村职业教育受生源、服务对象地域的限制，造成毕业生就业面狭窄。一些地方对农村职业教育在构建现代农业和建设乌克兰农村的作用认识不足，对农村职业教育工作的重视和支持不够，国家政策执行

---

① ［乌克兰］鲁尼亚切克·瓦季姆：《全球文明趋势化背景下的乌克兰教育发展战略》，王丽萍译，《求知》2012 年第 11 期。

② 同上。

不力，农村职业教育发展的政策措施和舆论宣传效力大减，劳动市场对技工人才的尊重不够。对此，农村职业学校无力回天，不能应本国农村经济发展的需要对培养结构作出相应的调整，教育机制的迟滞性暴露，尤其体现在办学体制上，盲目地沿袭计划经济体制下普通学校封闭式的教学体制和办学模式，农村职业学校的办学模式、专业课程设置、人才培养的质量与农村社会经济发展实际需要不能相一致，导致毕业生就业率低与企业岗位缺额大两者并存的尴尬境况，农民对职业教育的前景缺乏信心。

（四）生产类和教学类教师能力倾向不同，教师职业素养不高

与普通教育相比，职业教育教师在薪酬、编制、教师结构方面存在的缺陷更为明显，同时，职业教育教师队伍其特有的问题仍然存在。其一，职业教育教师的实践能力弱，教师队伍总体水平较差。理论基础扎实的高学历教学教师几乎没有参加过技能实践，课堂讲授泛泛而谈，缺乏指导性和吸引力；下厂实践过的拥有技术经验的生产类技师理论基础薄弱，课堂讲授言语不规范（专业行话较多），使课程更显复杂，学生失去学习兴趣。在乌克兰农村，专业课教师实践能力欠缺，缺乏理论教学和实践教学一体化的教师。其二，职业教育教师的教育教学素养差，缺少专业的教师教育训练。据有关教育部门调查统计，在乌克兰农村全面掌握教育学、心理学、课程与教学论、教育测量与评价学科知识的教师人数甚少，此外，部分教师认为自身选择和运用教学媒体的能力一般。部分教师没有系统接受过教育理论与方法的培训，教育教学能力相对较弱，体现为课程规划与开发能力弱，难以根据市场需要将新知识、新技术融入教育教学中。其三，农村职业教育教师的科研意识与科研能力不强，专业可持续发展后劲不足。教师承担教学、科研、社会服务的教育职能和社会职能，但是乌克兰农村职业教育教师仅满足于传道授业解惑或热衷于社会服务所带来的经济酬劳，对新思路教学、新技术开发等创新实践置之不理。职业教育就业竞争本来就大，加之教师对学生能力和就业导向学习的忽略，导致学生就业前景不佳。如果农村教师加强农业技术的研究，提升农民种植培养技术和现代化农用机械的使用、维修水平，就能形成以教促农、农反哺教的良性循环。

第五节　促进乌克兰农村教育发展的举措

近年来，乌克兰颁布并实施了总统法令《紧急行动起来以确保乌克兰的教育体制的运作和发展》和《进一步行动起来提高乌克兰的教育质量》，且法令规定的目标保障取得了较大成效。乌克兰农村教育多层次、多极化的基础设施逐渐完备，基于农民需求的心理服务站建立起来，一体化教育网络覆盖农村社区，不同类型的教育机构正在形成，与乌克兰教育质量评估中心及其所属机构共同运作。总统法令中明确规定了学前教育、普通教育、职业技术教育、高等教育的教育发展和管理方法以及国家教育体系标准。另外，教育质量检测系统也成为全球文明趋势下乌克兰教育发展的重要产物。在 2005 年 7 月 4 日乌克兰第 1013 号主席令《紧急行动以确保乌克兰教育体制的运作和发展》中，把按照欧盟成员国标准建立国家教育质量监测系统视为一项任务，以确保一般教育机构参与到教育质量检查中来。2008 年 3 月 20 日的乌克兰第 244 号总统法令《进一步行动起来提高乌克兰教育质量》中提出"在两个月内，重新审查乌克兰 2008 年创立的教育监测系统以及国际教育质量比较研究的参与情况"。① 乌克兰政府实践了一系列措施，使得乌克兰教育特别是农村教育发展卓有成效。

一　农村普通教育改革的创新举措

（一）提高国家教育预算拨付能力，扩大国际国内教育产业市场

1999 年以来，乌克兰经济总体保持高速增长，各分项指标也保持良好增长态势，金融经济和实体经济平衡发展，但是受 2008 年金融危机的影响，乌克兰经济进入步履维艰的阶段。2007—2010 年乌克兰 GDP 增长率分别为 7.9%、2.1%、−15.1%、3.7%，2010 年乌克兰经济虽有恢复，但不抵危机前的经济水平，从年度财政赤字、内外债务、

---

① ［乌克兰］鲁尼亚切克·瓦季姆：《全球文明趋势化背景下的乌克兰教育发展战略》，王丽萍译，《求知》2012 年第 11 期。

经常项目等指标考察发展，乌克兰内外经济处于失衡状态，见表 4 - 6。
从表 4 - 6 中，亦可看出乌克兰经济回暖趋势明显，综合各方面的因素，
乌克兰经济具有巨大的发展潜力。乌克兰具有巨大的国内不饱和市场，
1990 年以前，乌克兰居民购买的轻工业产品有 80% 是乌克兰本国生产
的，而现在国产轻工业产品在国内市场上的份额则不到 30%，进口产
品接近 70%。[①] 乌克兰政府致力于国内市场的开拓，提高国内工资收入
水平来刺激内部需求。乌克兰科技基础雄厚，劳动力素质较高，加之现
代化发展条件下所具备的完整的工农业体系，乌克兰经济在 2010 年后
处于持续发展状态，提高了国家财经保证水平，相应的，国家教育预算
拨付能力加强。

表 4 - 6 　　　　　　　　2007—2010 年乌克兰经济指标统计 　　　　　单位：%

比　重／数　额　　年　份　类　　别	2007	2008	2009	2010
年度财政赤字占 GDP 的比重	- 2. 0	- 3. 2	- 6. 2	- 5. 5
公共债务占 GDP 的比重	12. 3	20. 0	34. 6	39. 2
经常账户余额占 GDP 的比重	- 3. 7	- 7. 1	- 1. 5	- 0. 4
国际储备余额	32480	31540	26510	34300
外债余额	73600	92479	94296	100020

资料来源：IMF：《World Economic Outlook Database》，October 2010；以本币为单位，2010
年为估计值。

　　创收渠道层次化、多元化、市场化、国际化是乌克兰现代农村教育
的特色。
　　现阶段乌克兰国民经济总产值上涨、人均工资收入增加，机器化大
生产对人们文化素质的要求提高，同时机器化大生产使人们闲暇时间富
余，形成教育供需失衡的尴尬局面。乌克兰农村学校根据国内农村这一

---

① 米军、黄轩雯：《当前乌克兰经济形势及影响因素分析——兼论中乌经贸合作》，《俄
罗斯中亚东欧研究》2011 年第 4 期。

现状着手发展农村补充教育，服务范围覆盖幼儿、学前、基础教育、普通中等教育等各阶段学生，体现出较强的农村补充教育分层次教学特点。办学形式多样化，农村开办了学龄儿童补习班、文体培训中心、手工艺制作站及各种益智活动培训中心。

乌克兰将教育推向市场，促进教育产业化发展。乌克兰农村的教育产业化运作模式是参与"教育创新博览会"。在博览会展厅内，设立免费网络查询中心和通信系统，方便受邀人士自助查询，及时掌握博览会展品基本情况及展点位置。博览会运用现代技术手段，利用声光电磁将具有重大突破的科技成果通过电子荧屏展示。将农村学校推向市场的最直接的方式便是将本校科研成果（科技项目说明、著作、磁盘、科研成品等）在本校展台陈列说明。在展厅内还有陶冶情操的艺术表演，使人在享受的心境下去完成参展的使命。另设有招生、学制、学费咨询总台服务中心，使世界各国教育人士了解乌克兰的基本教育状况，为吸引外国留学生精心布置。在展厅一角还有热点问题教育沙龙，参展人士就共同教育话题进行充分交流，各国教育思想激烈碰撞，探讨出最有效的解决方式。此外还拥有形式温馨的交流咖啡屋。在教育创新博览会上，乌克兰的双联双语教育学校签订了不少接受外国留学生的协议；各校的教育科研成果、各种教材、专著、课件光盘被纷纷购买。乌克兰的这种教育产业化模式使该国教育摆脱了西方美式的随意和东方日式的古板，恰到好处。

乌克兰争取国际组织教育援助，深入开展国际交流与合作。乌克兰教育与科学部同各国际组织签署协议和计划书，通过合作争取获得各教育领域的援助或捐赠。例如，"英特尔教育计划（INTEL）"，乌克兰引进世界范围网络系统超级通信 World Wide Web（WWW）工艺，2000年11月成立乌克兰因特尔协会及因特尔仲裁法庭。还有同微软（Microsoft）达成的协作计划，乌克兰各教育机构通过建构教育网络进行远程教育、视频查询、进行高效的资料查询，尤其对信息闭塞的农村学校来说，教育网络的覆盖使其同外界联系起来，对实现乌克兰教育现代化起到推动作用。另外，乌克兰同联合国签署联合国（OOH）发展计划备忘录，通过联合国教育基金委员会给予乌克兰教育特别是乌克兰农村教育发展援助。在驻乌克兰的联合国儿童基金会（юнисеф）的支持及在伊万诺·弗兰克夫（ивано·франковщинвт）三个山村的地方社团的积极参与下，学前教育新模式检验项目在农村区域环境下展开。[①] 为保证特殊教育与普通教育均衡发展，乌克兰政府同国际慈善基金会"艾滋病国际联盟"（вич/спид）达成相互理解与合作备忘录，给予特殊儿童疾病治理的技术支持和心灵关怀。开拓国际学生交流通道，扩大生源来源，吸引外国留学生是乌克兰教育创收的另一手段。

乌克兰内阁 2007 年 7 月 10 日发布第 595 号《关于创办普通教育机构"国际乌克兰学校"》的命令，从 2007 年 9 月 1 日起开设了乌克兰教育与科学部管辖内的国际乌克兰学校，即 I—III 级的普通教育学校。2007—2008 学年内，有 832 名通过了国际学校的鉴定。在乌克兰教育史上首次于 2008 年对 697 名国际乌克兰学校学生在其暂住境内进行了学年评定和终结性国际鉴定。吸引高等教育留学生是乌克兰教育国际合作的重要领域，2007—2008 年度，有 204 所乌克兰高等教育机构对来自 127 个国家的外国学生进行培养，其中通过合同付费的修业者为 3.77 万人。[②]

（二）改善农村教师结构现状，推行农村中小学教师继续教育政策

进入 21 世纪以后，乌克兰政府为进一步解决农村教师的结构性问题命教育与科学部制定了一系列法律、法规和规章制度，从不同层面和角度阐明了进入 21 世纪后国家在农村教师发展方面的方针、目标、任务和手段，政策涉及教师编制、薪酬待遇、教师发展等方面且向农村教育倾斜，促进乌克兰城乡教育均衡发展。师资力量是学校发展的根本，教师专业发展则是学校固本、创新的重要手段。随着国际国内教育发展观念的转变，现代教师发展观给教师继续教育的价值、目标、内容、模式带来了变化，教育界据形势调整教师继续教育政策，构建完善的教师培训体系，且在执行过程中权利界定清晰，责权利相统一。现在，乌克兰中小学教师继续教育政策由中央政府制定，国家教育与科学部负责组织与监督政策的贯彻与实施。州教育厅主管本地区中小学教师继续教育工作，制定本地区中小学教师继续教育的配套政策和规划。市、区教育

---

① ［乌克兰］帕维尔·波利扬斯基：《乌克兰教育领域的国际合作》，乌克兰文献研究中心译，基辅科学出版社 1997 年版，第 32 页。

② 同上。

局在州教育厅指导下，负责具体管理本地区的中小学教师继续教育
工作。

乌克兰政府积极推进中小学教师继续教育，从立法层面讲，乌克兰
最高苏维埃于 2002 年颁布了《高等教育法》，明确了继续教育的发展
方向及其在终身教育体制中的作用。在此基础上，乌克兰内阁会议于同
年 3 月通过了《"教师"全国计划》，这是第一部专门针对教师培养和
任用的国家政策。4 月，教育与科学部又颁布了《乌克兰继续教育发展
观念》，明确了继续教育是包括教师在内的专业人士所需要的、不可分
割的教育系统的有机组成部分，明确了由政府提供继续教育的担保和条
件，规定了继续教育的主要目标、任务、原则、内涵、内容、时间、类
别、组织管理和条件保障等。[①] 作为对原则性政策的落实，12 月乌克兰
教育与科学部颁布了《关于共和国（克里米亚自治共和国）、州、基辅
市和塞瓦斯托波尔市教师继续教育学院条例》，就教师继续教育学院的
任务、权利、责任、组织结构和管理等作出了具体、详细的规定。[②] 这
个政策不但体现了终身教育理念在教师继续教育中的价值，也延续了
1993 年制定的《关于乌克兰师资鉴定示范条例》，使政策具有了连贯性
和创新性。新条例规定：每个中小学教师每 5 年必须通过 1 次师资鉴
定。师资鉴定的目的是提高教师职业的创造性，促进终身教育，提升教
师的工作品质，增加对教育结果的责任，增强教师工作的社会保障等。
通过定期鉴定，教师将被授予、确认（或不授予、不确认）教师职称
和等级，并据此来确定教师符合不符合在任岗位；拒绝参加定期鉴定的
老师将被自动地降到低于鉴定时得到的等级。参加教师鉴定者，规定必
须先（不少于每 5 年一次）参加继续教育培训，而教师有权利自由地
选择培训的内容、大纲、培训形式和培训机构。[③] 2002 年和 2004 年，
乌克兰先后颁布了《教育发展的国家学说》和《乌克兰师范教育发展

---

① Концепція розвитку післядипломної освіти в Україні. К. : Вил-редцентр ЦІППО АПН.

② Положення про республіканський Автономної Республіки Крим, обласні та Киї
вський і Севасто польський міські інститути післядипломної педагогічної освіти. К. :
Офіційний.

③ Типове положення про атестацію педагогічних працівників України. К. : Офіційний
вісник України, 1998, 50.

和融入欧洲教育空间的概念框架》。两份文件都从师范教育发展的目的、主要任务、体系和内容、教师职称及教师教育专业设置等方面阐述了乌克兰政府的立场，其中对信息技术在教师继续教育中的价值尤其重视，信息素养成了教师专业发展中的重要内容。

为提高中小学教师教育技术能力水平，促进教师专业能力发展，2005 年 12 月乌克兰教育与科学部又制定了《培养教师教育技术能力规定（试行）》。[①] 保证教师继续教育信度和效度的关键要素是资金，为此，乌克兰中央政府对教育经费的筹措方式制定了明确的章程，并将教师继续教育经费进行计划单列，各级政府狠抓落实，保证教师继续教育的顺利进行。教育与科学部出台文件，明确规定了建立、保证教师继续教育体系的主要原则：连续性、多元化、追求教师专业信誉、职前及职后教育的一体化、对专业知识和教学知识最佳组合的侧重、鼓励教师进行研究工作、发挥继续教育过程中教师自身的创造性和主动性等。大部分乌克兰教师是通过自我教育、校本继续教育和继续教育教师学院培训（每 4—5 年 1 次）来接受继续教育的。为了有效推进乌克兰中小学教师继续教育政策的执行，乌克兰中央、州立、市级政府在教育与科学部制订的文件精神指导下，建立了完善的教师继续教育体系、完整的教育培训结构、完备的教学内容及科学的课时、学分安排计划。以下以卢甘斯克州为例，见图 4 - 2、图 4 - 3、图 4 - 4、表 4 - 6。

卢甘斯克州教师继续教育学院执行三大相互关联的功能：一是发展教师的专业化；二是确保创新教学方法，并将之引入教育过程；三是开展区域教育研究，形成培训知识的共享机制。

卢甘斯克州教师继续教育学院的教学内容为以下 5 大模块：

1. 人文学科模块（8 学时）；

2. 专业学科模块（90 学时）；

3. 教育学科模块（20 学时）；

4. 个人的创造工作模块（52 学时）；

5. 监测与评价（8 学时）。

---

① 张天雪、娜佳：《乌克兰现代化进程中的中小学教师继续教育》，《比较教育研究》2011 年第 4 期。

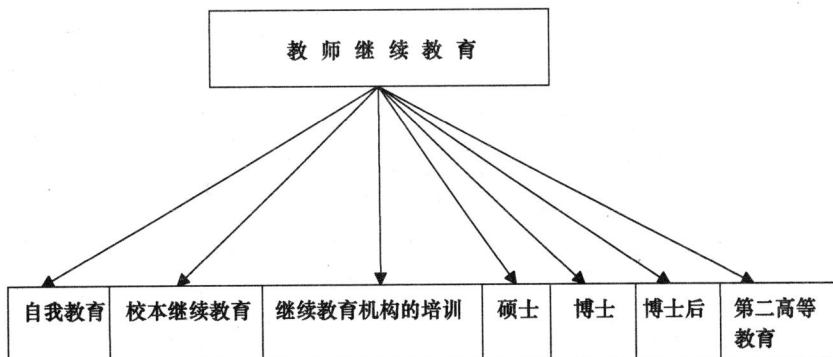

图 4 - 2　乌克兰现行的教师继续教育体系

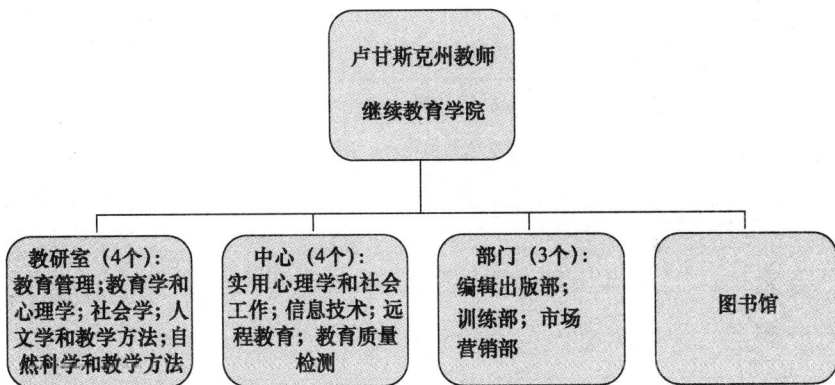

图 4 - 3　卢甘斯克州教师继续教育学院

上述 5 个模块，每个模块在内容上都由有所关联的不同课程组成，如：人文学科模块包括人文社会科学知识、教育哲学、人道主义法、儿童权利、儿童健康和生命安全等；专业学科模块包括专业知识及更新与扩展、教学技能等；教育学科模块包括现代教育理论与实践、教育科学研究、现代教育技术等；个人的创造工作模块包括进行专题教学研究、撰写论文、查找与分析资料、创造性地分析问题和总结问题等。①

---

① 张天雪、娜佳：《乌克兰现代化进程中的中小学教师继续教育》，《比较教育研究》2011 年第 4 期。

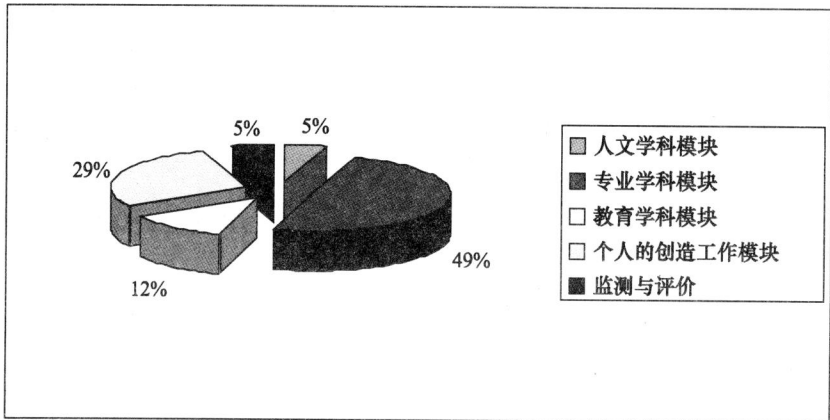

图 4 - 4　卢甘斯克州教师继续教育学院教师继续教育学时及学科分配图

表 4 - 7　　　卢甘斯克州教师继续教育学院培训学分分配表

模块的名称	培训模式							
	在校培训				函授培训		远程培训	
	学分	学时	学分	学时	学分	学时	学分	学时
人文学科模块	0.2	8	0.2	8	0.2	8	0.2	8
教育学科模块	0.6	22	0.2	8	0.2	8	0.1	4
专业学科模块	2.5	90	2.0	72	0.9	32	1.0	36
监测与评价	0.2	8	0.2	8	0.2	8	0.2	8
个人的创造工作	1.5	52	0.4	12	1.5	52	1.5	52
总共	5	108	3	108	3	108	3	108

　　在乌克兰，教师继续教育实行学分制度，并辅以转学学分制度，这涵盖所有的教师继续教育学院。

　　应乌克兰教育现代化的新要求，农村中小学教师继续教育朝多层次、多规格、多形式发展。师范大学和综合大学、城市教学法研究室和教育工作者进修中心要定期为教师开设公开课、交流材料与经验，以及激励教师的创造精神。国家成立乌克兰教师创造学会，按专业组成教师联合会以及一年一度举行教育市场，举行国际会议以使教师了解先进的课程教学法、优秀教师的教学经验，并吸引教师参加教育科研活动如参

与教研室的科学研究和副博士学位论文创作等等。农村教师继续教育采
取脱产、半脱产、业余培训或结合课题学习和研究等不同的教育方式，
解决了农村教师的教学矛盾，增强了学校教师参加教育培训的意愿。乌
克兰教育与科学部每年举行"优秀教师"全国竞赛，对富有成效的教
育改革、先进的教育方法、职业创新、学校工勤的先进经验进行表彰、
嘉奖，旨在践行乌克兰教育创新改革。

科技进步是教育现代化的必然成果，同时也深刻影响着教育发展模
式，由于产生了教学内容的新需求，教师继续教育模式也要与时俱进。
它表现为在职教师对继续教育的学习形式有了更广泛的选择。乌克兰
"INTEL"和"Microsoft"国际合作计划的实施使得乌克兰的远程教育
模式应用程度更高。在乌克兰，每年都有大量关于科学教学法的教材、
科学普及读物和期刊发行，农村偏远地区都能得到有关科学教育理论和
教师实践方面的新信息。互联网和个人电脑的普及为教学过程中利用现
代信息技术创造了有利条件，同时为农村教师的专业成长提供便利和帮
助。2002 年发布的《"教师"全国计划》要求教师教育应满足现代信
息技术社会的需求，更新终生教育的内容和体系。[①] 网络教育是现代远
程教育的传播途径，它促进教师继续教育向信息化、现代化的方向发
展，加速了教师继续教育大众化和普及化的进程。2000 年，在乌克兰
有 4.166 万因特网节点，其中有 2.3549 万网节在乌克兰的 UA 域中，
信息资源分布在 1.1498 万个网站上。乌克兰农村学校也建立了中小学
教师现代远程教育网站以共享网上教育资源，各地也逐步建立了一批中
小学教师远程教育实验学校。同时全国的教师继续教育学院也运用 E-
mail 信箱、联机交谈、Web 教材、电子公告板和联机图书馆等途径，
卓有成效地促进教师教育培训。

（三）合理调整学校布局，协调处理善后工作

首先，应深刻解读国家的农村中小学布局调整政策，领会要义。农
村中小学布局调整绝不等同于简单的"撤并"或"收缩"，而应以促进
当地农村免费教育的持续健康发展，保障优质的农村基础教育为根本出
发点，科学合理地对农村中小学进行"撤"、"并"、"调"、"增"等布

---

① Державна програм "аВчитель". К.：Офіційний вісник，2002. 13.

局调整。州、区、市级政府必须全面、透彻地解读议会的调整政策，领会议会政策旨归，并真正认识衡量学校布局调整成功与否的关键，围绕提高农村免费教育质量的宗旨最大限度地优化整合农村教育资源，保证各项调整工作与措施的结果遵循满意原则，以缩小城乡教育差距，促进乌克兰城乡教育均衡发展，实现教育公平。

其次，政府应深入考察调整区域社会、经济、教育等实际情况，因地制宜地推行农村中小学布局调整。科学地统筹规划，合理制定调整方案是成功推行乌克兰农村中小学布局调整的必要前提，在学校布局调整的执行过程中，要坚决遵循实事求是和因地制宜的基本原则。各级地方政府和教育发展规划委员会应组建专项调查小组，深入地调研调整区域的地理、人口、经济和学校的发展现状等实际情况，认真聆听农民的心声，广泛征求意见，根据当地社会、经济、地理等客观实际合理地研究制订科学的调整方案和办法，在条件适宜的地区可以进行合并，而在一些偏远地区仍需保留必要的教学点，使调整工作既有利于优化配置教育资源、提高农村教育质量和办学效益，同时保证贫困群体的切身利益。针对乌克兰东、西、南部区域内部地理环境、经济、文化等差异较大的特点，各州、区、市级政府在具体落实调整方案、实施调整工作的进程中应坚持循序渐进、谨慎推广的方针。充分考虑不同地区地理环境的特殊性和农民群众的可接受程度，在调整初期，可以建设"试点"工程，分区、分阶段进行调整，避免一揽子工程所带来的负面效应。据实际调研统计资料所示具备合并条件的区域（如交通安全问题已解决、中心学校师资编制充足、后勤配套设施完备、农民群众支持率高）率先进行调整，而对那些边远偏僻、地广人稀、交通不便，不具备集中办学条件的地方，则仍应保留原有村办学校或教学点，并尽力提供相应的教育支持，尽可能使每个适龄儿童都能接受到最大限度的优质教育。

再次，应以开放的思路改变封闭的环境，开拓提升农村教学质量的新路径。目前，教学点在自身质量提升上存在客观障碍，如教学设施不完善、师资建设不合理、教育手段单一落后、教学形式刻板老化等。教学点的师生比、生均占地面积较教育中心来说比例较大，针对教学点师资年龄偏大和学历较低的情况，在配备师资方面需要有机动灵活的标准，可采取选派优秀教师到各个教学点巡回授课的方式，探索新型的教学模式，把提高农村公社免费教育整体质量摆在重要位置。新型教育技术的普及和使用，为地理位置偏僻教学点提供了一条可供选择的途径。如埃塞俄比亚和赞比亚等国家从 2000 年开始在农村广泛使用互动式广播教学（Interactive Radio Instruction）来提高小型学校教育质量，[①] 所需成本相对较低，覆盖面广。2003 年中国实施"国家农村远程教育工程"，教学点应成为重点建设对象。需要特别说明的是，应把新型教育技术与传统的教育形式结合起来使用，而不应将其看作是一种取代传统形式的独立的手段。瑞典教育家托斯顿·胡森指出：不要把学校看成是一个教学工厂，因此机器也不能代替教师。[②] 现代化教育技术的使用往往需要额外的资金投入，教育设施的购置和维护需要资金的保证，而且教师需要付出更多的精力来适应新型教学工作的需要。

　　然后，应完善中心寄宿学校后勤配套设施，健全、落实学校生活管理制度。从当前布局调整中所产生的问题来看，寄宿制学校后勤保障和配套设施的不完善和有效管理的匮乏成为制约调整工作顺利开展和实施效果的重要因素。所以，各级政府应严谨考虑布局调整后寄宿制学校的配套建设与管理，对农村的寄宿制中心学校要加大经费投入，积极落实学生安全生活的配套设施，从基本的生活必需条件到医疗服务、心理治疗等身心健康保障配套设施，加强学校的基础设施建设。同时，当地教育和人事部门必须结合实际，核定农村寄宿制学校的专职生管教师编制，以保证寄宿制学校学生的正常生活、学习、健康与心理得以有效的管理与引导。

　　最后，"校车"支援应到位，保证寄宿生的交通安全。农村寄宿生的交通困难是当前各地农村中小学布局调整中所共同面临的突出问题，如拖延解决，不仅农村学生的身心健康与人身安全难以保障，而且学生个人成本的增加会挫伤农村家长对子女教育投资的积极性，甚至由此诱发贫困地区辍学率的上升。发达国家学生的交通问题通常由地方政府负

---

　　① The World Bank. Improving Educational Quality through Interactive Radio Instruction［R］. Washington，DC：Africa region human development working paper series，2005，pp. 97－106.

　　② 中央教育科学研究所《世界教育展望》编辑组：《世界教育展望》（联合国教科文组织《展望》杂志文集I），教育科学出版社 1983 年版，第 12 页。

责，美国学生的交通体系是全美最大的交通体系，据美国《学校交通新闻》（*School Transportation News*）报道：在平均 180 天的一学年中，45 万余辆黄色校车在美国的道路上行驶 40 亿英里，大约 2400 万名乘坐校车上下学的幼儿园至高中的学生每年要乘坐校车 100 亿次。[①] 法国和日本也是由中央政府和地方政府共同承担学生的交通成本。众多发展中国家在发展义务教育的过程中，所采取的措施是使学校更接近学生的居住地。虽然办学的开支加大，但这是政府必须作出的一项抉择，仅以经济原则来指导学校布局调整是不可取的。乌克兰 2004 年预算拨款购买 566 辆校车供普通免费教育阶段的学生按时到教育中心、示范校上课，基本上是由学生家庭来承担乘车费用。在确定中心学校服务范围和教学点的撤并过程中不能仅仅以政府办学成本最小化为目标，同时，要考虑学生的个人成本是否在家庭的承受能力之内，否则就会导致只看重学校规模效益的倾向，学校服务距离过远。[②] 因此，在农村中小学布局调整过程中，各地政府应高度重视集中办学后农村学生的交通问题。首先，应在制定布局调整规划前，充分考虑和深入调研当地的地理情况、受教育人口的分布状况和学校的服务半径，在一些交通不便、路途遥远偏僻又无法解决校车接送问题的农村地区，应暂缓集中办学，适当保留一些村办中小学和分散办学点；其次，在有条件的地区，宜考虑由地方政府出资，在集中办学后为乡、镇中心学校配置校车，免费接送学生往返家校；最后，各地政府应充分组织、协调当地财政、交通、运输等部门，以加开客运班次、贫困家庭学生免费乘车等多种办法和优惠政策帮助解决农村学生的交通困难问题，并确保学生的交通安全。

（四）贯彻霍苏姆林斯基和谐教育思想，净化民族教育环境

苏霍姆林斯基曾经说过："教育最大的奥秘就是爱孩子……我生命中最重要的是什么？那就是爱孩子。"这就是苏霍姆林斯基个性与思想最真实的写照。苏霍姆林斯基的教育思想是一个完整的体系，他始终坚

---

① ［美］小弗恩·布里姆莱、鲁龙·R. 贾弗尔德：《教育财政学——因应变革时代》，中国人民大学出版社 2007 年第 9 版，第 13 页。

② Hung-Lin Tao, Ming-Chin Yuan, "Optimal scale of a public elementary school with commuting costs", *Economics of Education Review*, 2005（24）.

持把人看成是不可分割的整体，完整的个性正是一切教育—教学过程的最终目的。为达到这一目的，苏霍姆林斯基把自己的教育思想建立在人道主义的基础上，强调全人类的价值，如善与恶、美与丑、对人的爱、同情、责任、尊重老人、扶助弱者等，他不是停留在思想水平上，而是通过一整套手段、方式、形式、方法构成完整的教育体系。苏霍姆林斯基所强调的人性的价值是建立在民族传统基础上的。他的教育思想遗产在突出民族性的今天成为乌克兰民族教育学的重要组成部分。在苏霍姆林斯基教育思想中至今仍具有重要现实意义的主要有以下几个观点：(1) 在集体环境中的个别化教育思想：他认为，每个儿童都具有独特的个性，具有独特的素质基础，儿童的个性是在劳动、教学以及各种形式的集体，如学校班级、各种儿童游戏集体中形成并发展的。（2）发展性教学的思想：苏霍姆林斯基一直努力使学校由单纯的知识记忆转为以发展思维为目的。为此，当年他努力使每个儿童体验到认识的欢乐，力求把帕夫雷什学校办成快乐学校，并试图让儿童在与大自然的接触中，产生强烈的求知欲。由此出发，他摸索出一整套行之有效的教学法体系，如寻找认识源泉的旅行、蓝天下的学校、地球上的旅行等。与此同时，他十分注意引导儿童对各种伦理问题的思考。现已出版的《苏霍姆林斯基伦理学文集》所收集的正是他当年以伦理教育与发展思维为目的编写的故事与寓言。这些故事现已编入乌克兰的小学教材。(3) 儿童与自然的交往：苏霍姆林斯基认为儿童与自然的交往是充实儿童的心灵，形成其世界观的重要途径。他从活动观点出发，强调儿童与自然的交往应该是双向的：儿童在与自然的接触中增长知识、发展思维，同时，儿童通过自己的劳动将自然装扮得更美丽。对于教育十分重要的是如何保持人与自然的协调。[①] 应该承认，在苏霍姆林斯基的教育思想中已经隐含了生态学的观点。这在今天具有十分重要的现实意义。

　　生态教育需要和谐的教育环境为土壤，而民族多元化背景下的乌克兰中心主义却制约了乌克兰生态教育的发展和苏霍姆林斯基思想的践行。早在 2002 年，欧洲理事会就在名为"乌克兰的结论"的咨询会议

---

　　① 高文：《乌克兰教育改革与苏霍姆林斯基教育思想的现实意义》，《外国教育资料》1997 年第 1 期。

上表达了对乌克兰有关教育法令的不满,在次年的秋季联合会议上更是对乌克兰的《广播电视法》提出了严厉批评。截至2008年,乌克兰共颁布了七十多条诸如此类限制俄语使用的法令,涉及教育、大众传媒、政府公文事务等诸多领域。这些法令大多由总统亲自签署或经过总统批准,因此具有相当高的权威性和强制性,对打压和排挤俄语起到了重大的促进作用。2010年,亚努科维奇任总统后不久便在公开场合表示,不会赋予俄语第二国语或第二官方语言地位,但会在《欧洲区域与少数民族语言宪章》框架内采取措施,以保证俄语的自由使用。①

(五) 关怀人的心灵,德育教育人本化

1. 政府层面

乌克兰政府清楚意识到加强乌克兰农村青年学生的思想品德教育是当前的迫切问题。乌克兰政府颁布法律法规予以明令制止不良行为。另外,开展国际合作项目,寻求国际援助。在联合国开发计划署的机会均等计划的促进下,2008年乌克兰举办以性别平等为主题的培训讲习会。乌克兰工作人员在瑞典发展与合作署的支持下,研究其从联邦到地方预防青少年犯罪的"瑞典模式"。另外,在国际劳动组织合作框架内,乌克兰教育与科学部就根除极端恶劣的儿童劳动形式、反对买卖儿童、反对性剥削、反对其他与儿童交往的残忍方式等问题采取一系列举措。②

2. 社会层面

乌克兰农村设有少年之家、社会服务处、儿童活动中心、未成年人违法者挽救及恢复名誉中心、社会收容教养所、医学心理学咨询处、家庭社会帮助教育心理咨询所、收养并关怀保护私生子中心、未成年母亲和准妈妈社会旅馆、社会孤儿院、学校儿童少年关心老年人和丧失劳动能力者服务站、居民经济及法律权利教育处等社会教育机构。另外乌克兰社会教育模式也在不断创新。"智者"模式是乌克兰社会教育的一种新型培养模式,其主要特征是社会工作者走入家庭开展工作。所谓"智者"是指由心理学、医学和权力机构的专业工作者组成的联合集

---

① 侯昌丽:《试析乌克兰语言政策的去俄罗斯化》,《西伯利亚研究》2012年第6期。

② [乌克兰]帕维尔·波利扬斯基:《乌克兰教育领域的国际合作》,乌克兰文献研究中心译,基辅科学出版社1997年版,第42页。

体，专门深入家庭了解家长、孩子的情况，帮助儿童从不利环境中分离出来。其工作的基本任务是：

- 诊断家庭，微观社会智力圈的社会—心理状况；
- 帮助家庭适应变化着的社会—经济条件，保护所有积极方面的因素；
- 研究儿童和成人的利益和需求、困难、家庭各种生活问题；
- 进行家庭和儿童的预防和矫正工作；
- 对神经系统不稳定的人给予心理—教育的帮助；
- 协助环境的健康恢复；
- 促进家庭心理—教育文化水平的提高。①

每周五晚由知名度很高的专家接待青少年、家长、有各种问题的成人。他们采用古典的和非传统的方法研究青少年、家庭。例如表格法，观察记录，未完成句子填写，精神分析，谈话，颜色问卷，研究家庭学术专著，等等。通过多种方法调查所发现的问题集中表现在：青少年行为不正常，学习和交往困难。例如不愿意学习，与教师发生冲突，不理解家庭，过度兴奋，没有朝气，神经官能症，性行为问题，自杀企图，等等。综合所得材料分析，乌克兰农村家庭和青少年面临的最主要问题是社会适应综合征。"智者"的专业工作人员共同研究调查，以期找到有效解决问题的途径。参与解决有问题的家庭工作的程序被分为三个阶段：信息—理论阶段（包括听课，给家长布置任务）；训练阶段；咨询阶段。针对不同的社会症状要对症下药：为经常有冲突的家庭提供心理学和社会教育学方面的知识，首先从理论上认识；对于成人不良生活方式导致的不良矛盾积累的家庭以及父母的心理学、教育学修养水平很低或完全缺乏的，就采取行政和法律手段，对他们进行严肃教育，必要时由主管部门对青少年给予财政帮助或权力保护。

此外，社会协助青少年教育的模式还包括夏、冬令营活动，少年宫心理辅导及收养家庭模式。根据乌克兰教育与科学部的规定，幼儿园、中小学、少年宫可在教育部的领导下，自发设立心理辅导教室、心理援助中心等。少年宫作为校外教育机构可与校方协商，根据双方实际情况

---

① 孙启林：《社会教育》，吉林教育出版社 2000 年版，第 270 页。

确立服务方案。心理学老师如果发现某学生有富于攻击性、有异常行为、害怕学习等表现，便会请学生来心理辅导教室。老师会努力营造出家庭式的氛围，让学生感受关爱、呵护，在放松情境中描述内心"震动"的原因，老师针对具体情况进行心理辅导。收养家庭模式中收养父母没有管理孩子财产的职能，而且一般与被收养孩子的家庭不认识。但收养家庭要与孩子的亲生父母保持联系，在收养结束时将孩子送还其父母。孩子在收养家庭可获得保障其身体、心理、社会等方面顺利发展的良好条件。

3. 学校层面

学校是青少年接受教育最主要的形式，乌克兰农村学校注重公民教育。在乌克兰著名教育家苏霍姆林斯基的心中，学生就是一位小公民。要按其身心发展规律，循序渐进地培养他的公民品质。他的公民教育中包括了共产主义理想教育、爱国主义教育、热爱劳动和劳动人民的教育、自觉的社会公德教育、集体主义精神教育、较高的科学文化素质教育等丰富的内容。他认为："一个人以自己的劳动而自豪——这是道德纯洁高尚的重要源泉。"[①] 他擅长对学生进行"情感教育"并组织各种各样关心人的活动，如关心附近的孤独老人、关心战争中牺牲了丈夫和儿女的母亲、帮助家中患病的亲人、帮助学习上有困难的同学等等。苏霍姆林斯基的思想教育精髓在乌克兰得以延续和继承，尤其在教育环境类似的农村。农村学校重视青少年的个性教育、关注青少年的心理，尊重人、关心人、发展人已然成为乌克兰德育教育的基本理念，德育教育人本化趋向明显。

二　农村职业教育改革措施

乌克兰耕地面积广阔而人口稀少，劳动生产率较高，农业劳动生产率更是居于世界前列。乌克兰发达的农业得益于完善的农业职业教育。从大的方面看，乌克兰农业教育可分为三种类型：一是注重系统理论知识学习和研究的学历教育；二是注重职业技能培养和训练的职业教育

[①] ［苏］苏霍姆林斯基：《育人三部曲》，毕涉芝等译，人民教育出版社 1998 年版，第261 页。

（career education）；三是直接面对农场工人、农民的农业生产技能培训，属于成人教育的范畴，在乌克兰统称为农民职业资格证书培训。准确地说，第一种类型不属于职业教育，它是代表国家农业科技教育水平的学历教育，是一种高层次的农业基础理论研究或农业高新技术研究的学术型教育；后两种类型才是真正意义上的职业教育。但是乌克兰独立后经济转轨的举步维艰对于农业、农村甚至农村职业教育的打击是很大的。农村经济的恢复发展以及农村人力资本的积累归根结底还是依赖农村职业教育，乌克兰职业技术教育机构近五年积极参加了数十个国际项目和计划。总体上看，乌克兰的农村职业教育主要具有以下几个方面的特点：

（一）建立农村教育网

乌克兰的高等农业职业教育学院办学形式十分灵活，一般都是学历教育、职业培训并举，主要以二年制的职业培训班为主，也有三年制和四年制的学历教育班。同时，还根据行业或雇主的需求，开办多种形式的短期培训班。一般来说，接受三年制、四年制学历教育的学生，大多具有从事农业工作的背景，有农业行业的实践经验。他们工作一段时间后，根据个人发展计划和行业工作需要，又回到学校接受系统的理论知识教育。而二年制的学生主要是高中毕业生，在参加工作之前来学校接受就业培训，以获取技能。二年制学生学业合格可获得职业技能证书，证书上写明所学技能和专业，是首次就业的"敲门砖"。三年制和四年制学生学业合格可获得本科学历文凭，同时，他们中大多可通过考核获得三级农业资格证书，毕业后担任行业部门经理，而二年制毕业生考核合格可获得一级农业资格证书，毕业后一般做该行业的技术工人。

乌克兰的"农业资格证书培训"起源于20世纪70年代初。基辅市的农业资格证书培训根据农业生产实际设置农业生产者、生产指导者和生产管理者三个层次，并根据农业内部的行业分类常规确定专业，如根据农业生产需要设置了肉牛养殖、奶牛养殖、母牛与牛犊养殖、养猪、养羊、大田（旱地）农作、灌溉农作等专业，相应专业的相应层次即为相应的生产岗位。农民获得农业资格证书后，可以增加工资或获得新的就业机会。该市农业厅与教育部门协商，把绿色证书培训扩展到高中教育阶段。农业资格证书的培训学习使学生不仅参与了农场的生产劳动，而且还完成了高中的学业。同时，政府还规定农业资格证书培训可以抵农业大学或农业职业技术学院的学分，即如果高中毕业进入农业高等院校学习深造，还可以相应抵免学分。此外，农业资格证书培训还使高中学生积累了从事农业生产的经验，为毕业后的就业奠定基础。

（二）坚持以能力为本的职业教育理念，建立乌克兰职业教育模块教学体系

乌克兰高职教育以培养学生的能力为宗旨，在专业开发和课程设置上借鉴加拿大农业教育的 CBE 理论。即要使受教育者在学校学习期间具备某个职业所必需的实际工作能力，而且把是否具备这种能力作为评价学生和教师，乃至学校办学质量的标准。劳动技能模块（модули трудовых hавыков，简称 MTH）是 20 世纪 70 年代由联合国国际劳工组织在总结各国人才培训经验的基础上开发出来的一种新的职业培训方法。[①] 职业教育教学模块体系的建立是乌克兰职业教育的创新。教学课程模块的制定首先要对各岗位要求进行系统分析，组成一系列教学单元（模块），每一职业能力一般分解成 8—12 项综合能力，每项综合能力又分解成 6—30 个专项能力。在对所有专项能力进行系统分析和归纳的基础上，设计出若干课程，并按课程类别和相关性设计若干"学习包"（即学生学习指南）。在教学过程中强调自学和自我评价，侧重实践环节，强化对学生能力的评价和考核。教师起指导者、管理者、促进者的作用，帮助学生制订学习计划，为学生提供学习资料，对学生进行考评。CBE 强调以培养职业技能作为教学的基础来设计课程及相关的教学环节；强调以学生为中心，着重培养学生的自我学习能力和自我评价能力；强调教学的灵活多样性和管理的严格科学性，真正体现重视能力培养。乌克兰的农业职业教育特别注重生产第一线的行业技能的培养，强调"在做中学会做"（learning to do by doing），"在工作中学习工作技巧"（learning job skills by doing the job）。它不注重理论知识的传授，而强调生产现场的培训，强调学生亲自参与生产劳动，从而获得所需要的技巧。与此相关联，乌克兰衡量其职业培训最终成果的指标是是否掌

---

① 王茹：《乌克兰职业培训模块体系的分析与启示》，《天津工程师范学院学报》2007年第 6 期。

握了可检测的行业技能，而不完全是学分和课程的积累。

（三）构建以行业需求为核心的课程开发体系

乌克兰职业教育中重视课程开发，其每一门"课程"都包括行业生产所必须掌握的技能和知识。在农业职业课程的开发中，首先，培训机构进行市场需求调研，他们要深入到如畜禽养殖场、家庭农场等农业基层单位，向行业老板、农场主询问他们在生产、管理、市场销售等过程中对员工素质的要求，上岗人员都需要具备哪些专业知识和技能。之后，成立行业委员会讨论行业需求、所要开发课程的种类及其具体的技能要求，制定出课程技能图表（skill profile）。如育牛生产技术岗位（课程）的技能图表，有五大项技能要求，每一大项又分解为若干子项，共有43项需要掌握的具体技能。按其性质技能归纳为三大类：第一大类为牛的养护和生产，第二大类为牛的产仔和保健，第三大类为肉牛生产和销售的商品化技术。这三大类技能分别用黑、蓝、绿三种不同的颜色标注，从而形成育牛生产技术岗位（课程）的技能图表。再次，课程技能图表制定完毕，职业学校的课程开发人员的工作就是去征求行业（企业、农场主等）的意见，将课程图表根据征求的意见或建议对技能课表进行最终定稿，课程的开发也随之完成。这种以行业需求为核心的课程开发体系，充分考虑到行业、雇主需求，所以开发出来的课程具有强烈的吸引力，培养的人才受到行业、雇主的青睐。

（四）注重学生"态度"培养

乌克兰的农业职业教育不仅注重培养学生掌握基本知识和实际技能，而且非常注重培养学生的工作态度，这些都是乌克兰职业教育学生素养的培育要求。如职业学院就将他们的办学宗旨概括为"三部曲"：一是丰富学生专业知识；二是发展学生专业技能；三是培养学生职业态度。在乌克兰，对学生的"态度"培养是有硬性规定和考核指标的。从国家角度看，乌克兰联邦政府颁布的"职员能力清单"，对职员从业的"态度"有明确的要求；从学校课程设置看，市级教育部规定，任何一所学院都须开设四门必修课程：语言交流课、技术写作课、商业和人际交往课、计算机课。除计算机课程外，其余必修课均以提高学生为人处世的技巧，树立诚实守信、勤奋克俭的做人准则，提高社交沟通能力，培养换位思考方式，培养善于合作的团队精神为旨归。从教育方式、手段看，一是课堂教育，诸如命题演讲、案例分析、角色扮演、情景模拟等；二是课外活动，包括在生产现场中处理危急事件，类似于项目完成训练、工作笔记等。从行业、雇主对人才的需求看，学生在课程学习中提高了沟通交流能力、营销技能，缩短了学校教育与社会从业之间的距离，学生毕业后社会、行业适应能力较强，可以较快为企业、雇主创造经济效益。

（五）培育"双师型"教师的"4＋1"学院双证书制

乌克兰"双师型"职业教育师资被称为"工程师—教师"，是由工程师范教育系统来培养的。乌克兰教育学院提出"4＋1"模式（即4年院校毕业生增加1年心理和教育学培训）。"双证"则指学术性证书和技术性证书。

乌克兰职业教育师资队伍具有层次性，包括初级专门人才、职业教育学学士、专门人才、教育硕士四个层次，且他们各有分工。初级专门人才在职业技术教育系统、教学与生产综合基地担任生产教学技师、教学车间设备工艺技术人员和教学实验员；职业教育学学士是在职业教育系统担任普通技术课教师、生产教学技师、实习指导教师、教学法教师的复合型人才；专门人才是职业技术教育系统的专业课和普通技术课教师、生产教学法教师；教育硕士则是为职业教育领域的科研工作和高等院校教学工作培养的。① 鉴于此，乌克兰政府及教育与科学部对职业教育师资队伍的培养目标逐渐明朗。乌克兰"双师型"职教教师资培养途径是以学校教育为主的，不同层次学校的在职教师资培养有不同的定位。如工程师范专科学校和技校以培养初级专门人才为主，工程师范专科学校也培养学士，学士和专门人才也可由工程师范学院和高等技术院校的工程师范系培养。

工程师范学院的教育课程设置涉及教师的专业知识、专业技能及教育风格的建立。学院的教育内容不仅包括学科知识、教育理念、学习和教学原理以及学科教学知识，还包括教学设计、材料组织、信息交流、教学活动组织、课堂管理及教育评价管理，目的在于掌握学生的基本规

---

① 马彦、周明星：《日本、乌克兰"双师型"教师培养模式及借鉴》，《职业技术教育》2004年第34期。

律及各教学环节的执教能力和沟通能力。乌克兰"4＋1"学院双证书制的成功实践对扩大农村职业教育师资队伍及提高农村职业教育质量具有很大贡献。

第五章

东欧转型国家农村教育改革对我国的启示

我国是个传统的农业国家，农村人口在全国人口中所占比例很大，农村的发展一定程度上影响着全国经济的发展。而教育通过培养优秀人才，改善劳动工具，提升劳动生产率，对于农村经济的发展起着核心的作用。所以，我国的农村教育也是值得重视和发展的。同样，我国的农村教育在发展中也面临着诸多困境，包括教育经费、基础设施、教育观念、师资队伍、教育内容和评价方式等，都在不同程度上存在着很多问题，甚至影响到整个农村的经济发展和社会的稳定和谐。只有农民富裕了，农村发展了，我国才能实现真正的小康，我们的和谐社会才能真正地实现。所以，发展我国的农村教育成为当前我国教育事业的重中之重。

第一节　波兰农村教育改革对我国的启示

波兰国家农村教育的发展虽然存在很多不足，在实践发展中也出现了很多矛盾，但在一定程度上对我国农村教育的发展产生了很多启示，对于我国农村教育的发展有很大的借鉴意义。

一　革新教育观念，提高家庭教育投入

观念是植根于人内心深处的一种思想，一定程度上影响制约着人们的行为。马克思主义哲学认为，"内因是事物发展的根本原因，外因是事物发展的重要条件，外因通过内因起作用"。对于农村教育的发展，

起决定性作用的是农村家庭的教育观念。所以，革新农村教育观念是促进农村教育发展的基础。一方面，政府要以身作则，改变好大喜功、追求政绩工程的经济建设行为，以本地区实际情况为依据，在经济发展的同时，更注重对农村"软文化"的建设。可以通过印刷品、电视广播、村民小组会议等形式，以农民喜闻乐见的方式大力宣传"科技兴农、教育兴农、科学致富"的思想，在农村形成重视教育、重视科技的文化氛围；另一方面，农民要改变落后观念，认识到教育对农村发展的意义，从家庭教育和经费投入方面为子女的教育发展出力，加大对子女教育的投入力度，帮助其树立正确的教育观和价值观，以便将来能更好地为自己的家庭增收作出贡献，为自己家乡的繁荣发展服务。

二 增加教育经费投入，实现教育经费使用高效率

受城乡经济发展差异的影响，波兰农村地区在教育经费的投入上始终低于城市，甚至低于国家对教育的平均投入水平，这个问题在我国也是很典型的。鉴于此，我国应该在教育经费投入方面既注重投入量，也注重教育经费使用效率。具体来说：首先，在教育经费筹措方面，要坚持多渠道筹措的方式。如通过建立"义务教育基金会"接受来自社会各界的捐助，也可仿效"体育福利彩票"模式，发行"教育彩票"，让全社会人都来关心和支持农村的教育，还可以借助新闻媒体，大量宣传"教育兴农"的思想，让社会的全体国民认识到农村教育与农村未来的生存密切相关，从而激发其为农村教育发展投入的热情。其次，在经费投入保障方面，建议政府建立农村教育经费的监督保障机制，加大对农村教育经费的投入力度。在实践中，以各地区实际的教育发展状况、教育的不同阶段为依据，划分合理的投资比例。也可以效仿波兰的做法，将用于城市教育的部分经费转移到农村，进一步充实贫困地区的教育经费。再次，在农村教育经费的使用上要建立严格的监督机制，切实发挥国家在公共财政资金配置方面的作用，通过建立一套完整的农村教育经费保障机制和严密的监督机制，保证农村教育经费在国家财政投入的情况下，做到依法、合理、科学、充分地使用，避免资金浪费和"专款不专用"的腐败现象，为农村教育的发展提供长久的保障。最后，在现行政策的执行方面，各地方政府要加强对农村各项补贴政策的落实，保证国家用于农村教育的经费能够按时足额发放，对农村教育的各项补贴也能落到实处。这一点可以效仿波兰国家的做法，建立一种介于国家政府与地方政府之间的部门组织，其组建目标就是在国家政府与地方政府之间形成一种中间沟通渠道，保证地方政府能将国家政府的各项政策措施落实，是国家政府与地方政府之间的一种过度组织。

另外，增加农民的收入，促使其提高教育方面的投入也是非常有必要的，波兰国家在农民增收方面采取的诸多政策是值得效仿的。鉴于我国当前农村很多土地处于无人经营的现状，希望国家能尽快出台一些政策，对土地整体规划管理、土地承包转让、土地终止经营等进行明确详细的规定，加大对农民种植土地的补贴力度和扶持力度，倡导科学种田。这样将有利于农村大片土地重新回归其实际用途，提高农村人口的收入水平，激发其更好地投入生产，为农村教育发展投入更多经费，也能为农村教育发展提供切实的经济保障。

三　教育结构性问题的改进

（一）学前教育

波兰早期的学前教育并非强制性的，即适龄儿童接受学前教育完全取决于其父母的意志，各地方政府只对那些愿意接受学前教育的儿童负责。这样将导致部分儿童没有机会接受早期教育，这对于其以后的知识接受能力和兴趣爱好的培养都有着一定的消极影响。同样，我国目前对学前教育也没有实现全面化普及，部分农村地区学前教育仍处于放任状态，发展状况由当地自行决定，这在一定程度上也会出现与波兰农村地区类似的情况，即部分适龄儿童没有接受正规的学前教育。而种种研究表明，幼儿的早期教育对于其以后的成长是有巨大意义的，所以提高我国农村儿童的学前教育入学率和教育质量显得尤为重要。

加强对农村父母的教育，改善其对学前教育的观念是提高学前教育入学率的基础。由于受传统观念的影响，尽管很多家长意识到教育的意义，但在他们眼里，学前教育只是一个哄孩子的场所，在那里孩子并不能真的学到知识。所以他们要么把孩子托付给家里的长辈抚养，要么就是在无人看管孩子的情况下将孩子送到附近的幼儿园。所以，加强对农村父母的教育，以理论知识与实践典型性事例相结合的方式告诉他们学前教育的重要性，这样将利于提高农村孩子的学前教育入学率。

规范农村学前教育机构是提高学前教育质量的关键。在我国，大多数农村的学前教育机构并不是专业的，负责学前教育的教师并非学前教育专业出生，其主要的职责就是看孩子，保证孩子的安全，几乎等同于"保姆"型工作。同时，由于学校设备缺乏、教师专业性差，学前教育应该教授的音乐、舞蹈、绘画、识字等诸多对幼儿进行启蒙式教育的科目并没有在农村的学前教育中得到落实，牧区的学前教育几乎处于放任状态。鉴于此，我们必须对农村学前教育机构进行严格规范，对其成立要经过严格的审查和考核，从师资、教学设施、组建程序等角度予以考核。对经济困难的地区学校应予以一定的补贴，保证学前教育有条件开设开足幼儿发展的基础类课程，并且有专业的教师利用已有设备对其展开教育，切实发挥学前教育的价值，这对于孩子以后的成长是非常有意义的。

（二）基础教育

波兰国家农村基础教育存在的典型问题就是大量小规模学校的存在使得农村基础教育面临着高投入低效益的问题。我国也存在这个问题。我国农村大量小规模学校的合并使得这个问题在某种程度上得到缓解，但是这一政策遗留的问题也是值得我们深思的。

当前，各媒体频繁报道的校车事故、寄宿制学校出现的管理问题，以及住宿学生因脱离家庭管理而染上各种恶习导致犯罪的消息让人触目惊心。这些问题的产生并不能完全归咎于"撤并学校"政策的实施，但毕竟是有很大关系的。所以，很多学者已经开始倡导各地区要因地制宜地贯彻执行这一政策，个别地区要允许小规模学校的存在，国家也在为这一提议草拟相关政策决议。这样的做法是明智的，也是广大农村地区人民所期望的，因为撤并学校不仅增加了家庭的教育负担，也为很多孩子的健康安全问题埋下了隐患。

针对小规模学校高投入低效益的问题，我们可以从三方面改善：第一，要以地区分布结构为依据，对那些确实出行不便的地区，可以选取相对距离集中的地方建立学校，这样将方便适龄儿童入学，并提高其安全性；第二，对小规模学校的办学水平和资质要经过严格审核，对学校各项工作的管理运作都要求有科学的准则，不能因为规模小而处于放任的管理状态；第三，对于小规模学校的师资水平也要有高的要求，对教师的质量要严格把关，实现小规模学校教育的高效率。

（三）中等职业教育

与波兰国家情况类似，我国的中等职业教育也几乎被城市中等职业教育所取代。所以，针对农村地区的中等职业教育也存在着诸多问题，如专业设置狭隘、教育内容脱农、中等职业教育受歧视等。针对这一问题，我们可以从以下几方面努力。

首先，要拓宽专业设置领域，尤其要加大针对农村发展的专业设置，如扩大畜牧养殖、蔬菜种植、电路维修、兽医等与农村实际发展相关的专业招生量，使得这部分人能在毕业后将所学用于农村，为农村发展增加人才。其次，加大对职业教育的扶持力度，对那些专业水平优秀的学生进行定向分配，并且予以一定的补贴，尤其是分配到比较落后的偏远地区的学生。要以国家倡导地方政府组织的方式为职业教育的学生提供专场招聘会，以帮助职业学校的毕业生能够尽快找到适合自己专业的岗位，这样将增加职业教育的就业率，也可以提升人们对职业教育的信心，从而鼓励更多学生参与职业教育，为国家经济发展培养多样化人才。最后，要注重对职业教育学校的规范和考核，从教学设施设备、师资水平、专业课教授方式等角度对其进行严格考核，赏优罚劣，促进各职业学校为提高教学质量努力。

四 加大师资培训力度，提高农村教师质量

农村教师不仅承担着传授文化知识的任务，而且肩负着农村精神文明建设引导者的历史使命，所以加强农村教师培训工作意义非凡。

其一，应该建立科学的人才引进制度。建议政府建立健全农村教师工资保障机制，保证教师工资的足额发放。为农村牧区教师制定特殊政策，包括增加工资、提供优质住宿、优先解决子女教育问题等，以此来吸引优秀的教师流入农村任教，充实农村教师队伍。在教师招聘环节要严格把关，注重教师的任教能力，将其学历与实际能力综合考察，引进优秀教师。

其二，注重对农村教师的"特殊性"培训。农村教师之所以特殊，是因为其不仅承担教学的责任，而且肩负着向农民普及文化知识、传播

先进观念的重任。所以，在农村教师的培训中，要注重理论知识与实践相结合的培训方式，不断提升教师自身实践能力，使其在实践教学中注重教育与农村实际紧密结合，实现二者的共同发展。

其三，拓展农村教师的知识结构。一方面，通过定期不定期的方式对农村教师进行专业性的进修，使其在学习进修中拓宽思维，学习新的知识理念和教授方式，更好地为学生传授知识。另一方面，要加强农村教师群体的多元化发展，优化农村教育的学科结构，不仅注重对基础性学科教师的培育，更要加强对音、体、美等学科教师的培养，促进农村教育的全面化发展。

其四，也是波兰国家教师培训亟待解决的问题，即培训机构的质量。对于我国农村教师的培训机构，要有严格的审批建立程序，对培训机构的质量要严格要求，对其培训的信誉度要公之于众。针对农村教师的培训项目，要注重根据其实际情况制定培训计划，并在实际执行中跟踪观察，以便在以后的工作中改进，使农村教师的培训工作切实收到效果。

五　普及网络，科技富农兴教

网络的普及不仅利于农民获取更全面的信息，也利于农村教育更好地享受世界的优质资源，对于农村经济的发展和农村教育质量的提升意义重大。目前，波兰国家已经在为"电脑村"项目做相关规划，匈牙利国家这一项目的成功实施也为我国提供了很好的启示。尤其在这个信息技术时代，科技成为世界发展的主流，"电脑村"项目对我国的农村经济发展和农村教育质量提升具有很大的启示意义，值得借鉴。

首先，受地区差异和财政经费限制，我们可分别以东、中、西三个地区为参照划分区域，每个区域选取几个地区作为"电脑村"项目的实验基地。当然，在项目实施前做好经费预算是非常有必要的。其次，"电脑村"项目要想得到顺利实施，不仅需要国家政府的引导和鼓励，更重要的是地方政府的支持和配合，这就需要对各地方政府进行教育和倡导，告诉其项目实施的意义，从而得到地方政府的全力配合和相应。再次，在项目实施中，要保证每个实验基地的设施得到充分利用，前提是要对村内人员进行培训，包括基本的网络知识，计算机操作技能，搜索网络信息和共享优质资源的操作等，只有这样才能保证"电脑村"设施充分发挥其功效。最后，要建立专门的项目监督部门，对"电脑村"实施中遇到的问题及时予以解决，对该项目实施后的效果作出科学合理的评价。一方面有助于国家对"电脑村"项目作出合理评估，另一方面也为之后更大范围项目的展开提供经验教训，从而促进项目的实施更加完善科学。总之，网络化的普及，科技富农兴教已成为当今世界发展的主流，"电脑村"项目的实施也需在不断地改进和完善中进行。这一项目的实施最终将推动我国农村更大范围的网络普及，对于农村的现代化发展、农民的科技种植和多元化收入都将起重要的作用，科技富农，教育兴农将成为我国农村未来发展的主流。

综上所述，波兰是个农业大国，但并非农业强国，长期历史经济发展所带来的城乡差距始终存在并有扩大的趋势，这势必导致农村地区经济发展的落后和农民收入的缩减，进而影响其用于子女教育经费的支出，所以加快农业的发展，增加农民的收入，促进农村经济的发展，实现农村教育的科学发展都是需要引起重视的。同时，尽管国家政府对农村经济和教育都采取了若干优惠和补助措施，以期缩小城乡差距，在实际中也取得了一定的效果，但问题仍然存在，国家政策实施的不到位甚至错位，地方政府为一己之利对政策贯彻实施不到位使得国家的政策在实际中并未取得预期效果，所以相应的监督措施和权责分明的组织机构亟待建立和完善。再者，农村教育存在的教育经费短缺、教育资源分配不均衡、教育质量低、教育内容与农村实际相脱节等问题也使得农村教育的问题更加严峻，这就需要上从国家政府，下到地方政府以及各村各社甚至每个农民家庭都对教育有科学的认识，在教育政策制定实施执行中能更加科学合理，在教学方式上更加科学有效，实现农村教育的高质量发展，进而带动农村地区经济和文化事业的繁荣，为提高全体国民素质作贡献。

同时，我们也应该清醒地认识到，导致农村贫困、农村经济发展落后、农村教育水平低下的因素很多，要想改变这种状况也不是一朝一夕可以实现的，这就需要国家政府乃至全体国民共同的努力和信心作支撑。对本国农村经济发展和文化繁荣有信心，在实践中愿意为促进农村经济和文化事业大繁荣贡献每一份力。相信波兰的农村教育状况会得到很大改善，也相信我国农村教育事业在借鉴他国有益经验的基础上能得到质的飞跃。

第二节 俄罗斯农村教育改革
对我国的启示

我国同俄罗斯有着深远的历史渊源，尤其在近代政治经济发展上有着近似的社会经历，而政治经济制度决定教育的性质，决定着受教育的权利，同时政治经济制度决定着教育目的，所以，俄罗斯农村教育的改革践行所获取的经验教训对我国现行农村教育改革有着借鉴和激励作用。

一 教育改革要把握住继承与创新的关系

改革是事物不断发展前进的过程，发展则是新事物代替旧事物的过程，发展具有进取性、上升性，新事物是在旧事物的基础上产生出来，否定了旧事物中消极的、腐朽的和过时的东西，继承并发展了旧事物中积极的因素。教育体制改革同样面对较为复杂的继承与改革创新的难题。俄罗斯社会性质的转变所生成的诸多社会矛盾都不可避免地折射在教育领域，同时，教育系统自身的发展运行也衍生出新的矛盾和产生新的问题，这是由俄罗斯特定的历史、文化、传统和现实决定的。所以，转型期俄罗斯农村教育改革面临的挑战性的问题就是实现继承与创新之间的选择和平衡。

经历了70多年社会主义社会的俄罗斯已经形成成熟的教育发展体系和完整的教育理念体系，且这些教育理念和实践体系作为苏联教育的象征对世界教育发展产生过巨大影响，在当今国际教育发展模式中其概念的影响依然存在。在俄罗斯教育改革中，教育专家及学者对教育历史传统继承的可行性和内容存在争议。然而面对社会转型的需要，俄罗斯政府和社会一直在继承与改革的矛盾中寻求二者的统一策略。总体来看，俄罗斯的农村教育改革基本上还是坚持了继承与改革的统一。转型期的农村教育改革基本上是20世纪80年代苏联教育改革的延续，各级各类学校改革在保留了传统教育结构的同时又结合新的社会发展需要，在多方面进行了新的改革尝试，教育管理由集权向分权的转变及办学模式的多元化就反映了俄罗斯教育改革新理念。当然，因一些激进的改革措施而导致的失误也是俄罗斯教育改革的教训。

我国的农村教育改革同样面临着继承传统和改革创新的矛盾。我国农村教育的传统课程和教育体系深受苏联模式的影响，这一体系曾为国民素质的提高和教育系统的发展发挥过重要作用且具有深远影响。当今我国教育改革更多的是借鉴发达国家特别是美国、英国、澳大利亚、日本的理念和做法，发达国家教育的先进性不可置否，但是我们改革的目的是发展自己，只有适合中国农村教育现实的措施才对促进我们民族教育事业发展具有借鉴和吸收的价值。所以，当我们面对新一轮改革中出现的问题时应该进行理性的思考，我们在改革中接受新鲜事物的同时，我们应该正视我国的农村教育需求及优势、劣势。我们过去的教育不应该被全盘否定，改革中我们在"拿来主义"指挥棒下要立足于我国农村教育的实际状况，在传统与改革的矛盾中寻求平衡。

二 注重教育立法

加强立法保障是俄罗斯教育改革的特点。俄罗斯政府重视农村教育改革，教育立法为农村教育体制改革提供法律支持，同时对传统教育供给与现实社会需求之间的矛盾起到协调与平衡的作用。纵观俄罗斯转型期出台的教育法律法规，覆盖范围已超出教育体制、课程等教育系统内部，谋求教育与政治、经济以及文化整个系统的协调。1991 年起俄罗斯政府颁布的联邦一级的教育法规多达 250 个。叶利钦上任后的第一号总统令就是《关于发展俄罗斯苏维埃社会主义联邦共和国教育的紧急措施》，提出制定国家教育发展纲要的紧迫性。1992 年 7 月 10 日颁布《俄罗斯联邦教育法》，从总体上阐述与俄罗斯新形势下社会、政治、经济改革要求相一致的教育系统架构，后于 1996 年对其进行补充修订，针对普通教育的私有化等问题进行增补。1992 年 10 月，《俄罗斯教育发展纲要》开始修订，经不断完善于 1997 年颁布，这部法律作为俄罗斯独立后教育法律、法规的集大成者提出"坚持教育发展的国家优先地位，保证俄罗斯教育、文化和科学的统一空间"，成为俄罗斯转型期国民教育政策的依据和纲领。对于转型期的俄罗斯农村教育改革，教育立法不仅规范和约束了教育改革，同时体现了国家在推进整体改革进程中的教育新目标。但由于政府更迭频繁，使得一些教育法令严重脱离农村教育的实际情况，连续指导性效果不理想。历任俄罗斯政府根据社会反响高效能地对教育法律法规进行调整、修正和完善，确保教育改革工作正常开展。

我国处于向社会主义市场经济过渡的关键时期，包括教育体制在内的制度完善迫在眉睫。例如，提高发达地区的农村中小学师资水平要求《教师法》等法律法规作出相应的修改和调整，为高水平师资队伍建设提供法律依据和保障；欠发达地区的师资问题仍较为严重，需要政府提供相应的法律政策保障。教育领域存在着法律滞后和不健全的问题，及时制定各级各类教育法规，修订和完善过时的规章和条例，为教育改革提供立法保障和支持，对促进我国教育事业健康发展及社会和谐发展有重要意义。

三　农村教育新体制的建立要符合市场需求

在计划经济体制下，被纳入国家经济发展计划体系内的整个教育体系都具有计划性，农村教育体制也不例外：一方面表现为教育国有化，由政府统一办学，教育管理高度集权，教学采用全国统一教育大纲；另一方面，农村教育能在全国范围内最大限度地满足普及免费教育的需求，使国家最大限度地保持教育均衡。但随着社会经济发展方式的转变，高度集中的计划经济转向自由竞争的市场经济，在这一过程中教育体制及其运行机制不再适应现状，社会的变革要求教育从传统模式的束缚中摆脱出来，重新建立适应市场需求的新体制。1988 年 2 月，苏共中央全会通过了《关于教育体制改革的决定》，以"民主化"、"人道化"为指导思想的教育体制被推向教育舞台，后又成立专门负责教育民主化改革的"国家教育委员会"。独立后的俄罗斯社会和政治改革的整体目标旨在确立和发展一种混合所有制的市场经济，实行政治多元化和以区域自治为基础的社会机制。这一转型目标必然要求打破国家对教育的垄断。1992 年《俄罗斯联邦教育法》的颁布，消解了国家垄断教育的束缚，国民教育进入一个区域化、自治化、分权化、民主化、多元化的新阶段。

目前我国农村教育体制是在计划经济体制下形成的国家统一办学的集权体制，已不适应和满足教育多样化的社会需求，也不利于调动办学主体的积极性，阻碍了农村多层次、多规格人才的培养和发展。农村市场经济的发展要求打破这种单一的、陈旧的教育体制，建立多样化、开放性、标准化的新体制。农村教育体制改革需要在遵循教育规律的前提下，充分考虑价值规律的作用和市场体制的影响进行全方位建设，以适应市场经济的需要。也就是说，从办学体制到招生体制，从教育运行管理到教育组织形式等各方面微观、宏观的体制都与整个教育体制及经济体制相契合，从而建立起具有教育自身特点、自主办学、自我发展、能够满足市场经济发展需要的中国特色的社会主义农村教育新体制。

四　实施"教育优先发展"战略

俄罗斯是一个高度重视教育事业的国家，虽然政权更迭，但是转型期的俄罗斯政府一直把教育作为优先发展的领域。从 1992 年《俄罗斯联邦教育法》到《2010 年前教育现代化构想》，都可见一斑。俄罗斯面临经济危机的冲击，出现教育经费危机，虽然无法保证法定的教育财政投入占国民收入的 10%，但教育投资一直未低于 4%，始终坚持保证农村教育发展的最低保障。在俄罗斯某些州立农村地区教职员工的工资拖欠严重，但仍尽最大的努力保证学生免费午餐的供给。按居民受教育程度指标来衡量，俄罗斯目前仍居世界前列，居民接受高等教育比率高达 3.2%。在教育投资比例上，俄罗斯各级各类教育重视程度没有太大差距，联邦政府坚持教育要优先发展，农村教育更加受到关注，国家应成为农村义务教育发展的主要义务承担者，这既是许多国家实践的成功经验，也是发展农村教育的必然。

我国实施科教兴国战略，教育的优先发展已被提上议程。我国教育优先发展面临的首要棘手问题便是教育财政经费问题。我国各级各类教育投资分配存在严重失衡——高等教育拨付额度比重远高于其他层级的教育投入，基础教育投资尤其是农村明显不足，覆盖范围、拨付额度严重脱离教育发展规划。教育经费短缺以及分配不均的弊端已成为制约我国农村教育发展的瓶颈，尤其是在以县为单位的投资主体的现状下，区域经济差异造成的教育区域发展不平衡成为教育亟待解决的难题。部分地区辍学率居高不下，普及义务教育难度大的根本原因已不再是家长教育观念的问题，而是家庭经济问题，义务教育阶段学生学习的附加费用支出造成部分家庭经济负担加重。我国同俄罗斯的相同之处是穷国办大教育，而我国义务教育适龄儿童数量远超俄罗斯，并且地区差异悬殊，农村受教育人口比重大，对教育的整体发展是很大的挑战。保证基础教育所需资金到位，并重新理顺整个教育系统各阶段投资的分配比例，是解决问题的关键。

俄罗斯是一个教育大国，拥有完整的教育体系、成熟的教育理论和优秀的教育家，对世界教育产生了深远的影响，并且这种影响将持久延续。俄罗斯农村教育改革体现了俄罗斯教育思想的开放性、国际化、教育管理民主化、办学模式创新性、投资主体多元化。俄罗斯在农村教育改革的过程中充分把握继承与创新的关系、加强立法保障、结合社会需求实行教育优先发展战略。但是，体制改革是一个复杂连续的过程，要更新一个有 70 年历史的教育体制，其艰难程度可想而知，且与其相关的社会、经济、文化等因素处于不断变化的过程中，所以对这个艰辛的过程，我们尚无法作出全面的评判。即便如此，俄罗斯农村教育体制改革的成功经验对我国农村教育的改革发展仍有重要借鉴意义，我们的国家、社会力量、教育系统内部正走在致力于我国农村教育良性发展的道路上。

第三节 罗马尼亚农村教育
改革对我国的启示

我国属于传统的农业化国家，农业、农村、农民的发展对于我国和谐社会的建设意义非凡，要想实现我国社会主义建设的成功，"三农"的重要性不容忽视。所以，我国历届国家领导人以及政府一直强调农业发展的重要性和农民收入提高的必要性。但由于城乡二元经济体制的长期制约，我国的农业、农村和农民仍处于相对落后的处境，农牧业的现代化种植养殖技术、农村面貌的革新以及农民综合素质的提升仍需要得到辅助，才能最终实现我国"三农"的发展，实现我国真正的富强。教育，对于提升国民素质、劳动者劳动技能都至关重要，始终处于核心地位。所以，农村教育尤其应该得到重视和发展。鉴于罗马尼亚国家在教育以及农业发展、农民增收方面的有效措施，下文结合我国自身现状，深入分析罗马尼亚国家农村教育发展对于我国的启示。

一　科技兴农，保障教育经费的稳定性

据统计，2000 年罗马尼亚政府用于教育的公共支出上升至 GDP 的 4%，但这一投入比例与欧盟国家相比仍处于较低的水平。同样，我国截至目前，国家用于教育经费的支出仍未达到 GDP 的 4%，教育经费出现明显不足现象。所以，增加国家对教育经费的投入比例非常必要。与此同时，我们也应该认识到，国家增加对教育经费的投入比例只是外因，要想实现我国农村教育的真正发展，农村本身才是关键，是决定农村教育实现高效发展的根本原因。罗马尼亚国家在农业发展、增加农民收入方面有很多经验值得我国学习，其中最重要的就是依靠科学技术和良种引进等提高农业的现代化种植水平，促进农民收入的增加，一定程度上也为农村教育提供了教育经费保障。

我国是一个农业大国，但农业种植仍停留在传统种植方式上，在农业新品种的引进、农业新技术的运用方面一直很欠缺。所以，我国的农业在未来的发展道路上，要重视农业技术的引进和各种优良种子的培育，实现农业的现代化经营，提高农民的收入水平，为农村教育提供经费保障。更重要的是，在借鉴罗马尼亚农业发展经验的基础上，也要警戒其中的不足，最主要的是做好对农产品供求信息的及时有效公开，以保证我国农产品供给与市场需求紧密联系，进而促进农产品生产的高效益。同时，要加强对农业科研技术机构的统筹管理，保证农业科研技术的研发、运用、推广和评价实现紧密的连接，形成整体而有效的管理体系，一方面保证了农业技术研发的科学性和高效益，另一方面，对各研究所的农业科研人员也是一种激励，使其具有研发积极性和国家荣誉感。总之，实现农业现代化经营模式，为农村发展增添活力，促进农民增收，是保证农村教育经费稳定的根本性措施，是农村教育从"输血机制"向"造血机制"转变的根本。

二　完善教育体制，提升教育的价值

从 2003 年起，罗马尼亚开始实行 10 年义务教育制，其中包括小学 4 年、初中 4 年和高中前两年，在学生 8 年级时对其进行分流，一部分学生上普通高中，另一部分学生上艺术类学校或职业学校，规定接受教育的年限不得少于 10 年。这样的教育体制有很大的优点，一方面，实现了基础教育知识的普及，提高了国民的综合文化素质。另一方面，8 年级式的分流体制使学生在接受教育方面有了更多的选择，结果就会出现两类型人才：一种是上普通高中，继续在文化知识方面深造；另一种是选择读艺术类或职业类学校，进行职业技术的学习，为将来工作做准备。

我国实行的是 9 年义务教育制，即小学 6 年，初中 3 年。而对于初中之后的学习并无强制规定，结果会出现三类群体：一种是经过中考合格后，选择读普通高中，继续学习文化知识，为考入高等学校做准备。一种是中考成绩不合格而被迫选择就读职业技术类学校，农村学生尤其占多数，这与农村基础教育质量差有直接关系。可能有部分学生是自愿作出职业学校这一选择，但这种概率微乎其微，因为我国绝大多数人对于职业教育是存在很大偏见的，对职业教育的歧视观念也是由来已久的。最后一种，也是我国农村地区占很大比例的，即义务教育结束后选择回家种地或者进城打工，成为新一代农民工，这与农村家庭的经济收入条件有关，也和农村家庭的教育观念有关。综上可以发现，我国的教育体制与罗马尼亚相比有很多缺陷，尤其是中考这一考核政策的实施，对于广大农村地区的学生是极其不公平的。无论从基础教育的师资、教育资源的供给量、教育环境，还是教育观念和方式，城乡都存在很大差距，农村孩子与城市孩子的起点就存在很大差异，但他们要想继续深造面临的考核方式和标准却是一样的，无形中对于农村孩子是很不公平的。鉴于此，我国可以考虑参照罗马尼亚教育体制，进行必要的改革。

另外，罗马尼亚创建了一个特殊教育阶段，即中学后教育。中学后教育是罗马尼亚教育体系中的一个特殊层次，但不属于高等教育范畴，它是由高中后学校和工厂学校实施的，学制规定为 1—3 年，主要根据有关部门或者经济实体的需要，实施比高中阶段更加专门化的职业技术

教育，培养受过良好训练的职业人才。这或许与我国的大专教育类似，但这一教育阶段在罗马尼亚并非高等教育范畴，而且教育方式与我国的大专教育也存在很大差异。其中，最突出的，也是最值得我国借鉴的就是它的办学模式，即由高中后学校和工厂学校实施，实现人才培养供给与需求的紧密接轨。同样，我国的职业教育也可参照此模式，建立学校与工厂企业的合作，将工厂企业所需人才数量以及专业与学校招生数量及培训专业进行有效衔接，形成人才供需一条龙服务。这样一方面为企业培养了专业化合格的人才，促进了企业效益的提升；另一方面也提高了毕业生的就业率，尤其是采取中学后教育这种方式对于学生职业技术水平的提升有了很大的促进作用，学生毕业后也能将所学运用于实际，摆脱学非所用的尴尬境地；最重要的是，学生就业率的提升在一定程度上能缓解农村家庭对职业教育的歧视观念，从而鼓励支持职业教育的发展，为社会发展培养更多各行各业优秀的人才，最终将促进我国经济的多样化繁荣发展。

三　改革教学内容，摆脱农村教育"脱农"的尴尬

罗马尼亚国家于 1990 年进行的教育改革中提及教学内容的改革，即"改变原来全国均使用统一的教育标准、课程大纲和教材的做法，将制定教育规章、计划和教材的权利予以下放"。虽然这一改革内容的实施需要时间，但这一改革内容意义深远，尤其是对于农村教育的意义更是重大。

我国的教育一直以来都遵循统一的教学大纲、统一的教材和教学内容，采取统一的教育评价方式，总之就是始终贯彻执行"大一统"的思想政策，农村教育的特殊性并未得到强调和重视。之所以说农村教育具有特殊性，是因为农村教育不仅承担着为上一级教育层级输送人才的重任，更重要的，也是农村教育的本质目的，即培养农村建设需要的人才，为农村发展增添活力和动力，尽快缩短城乡差异，实现全国人民的共同富裕和富强。尽管多年来很多学者倡导建立农村教育模式，实现农村教育为农村，国家政府也倡导注重农村教育的特殊性，但截至目前仍没有一个科学合理的农村教育体系产生，农村教育内容与城市教育一致，且始终围绕"应试教育"的指挥棒进行。这样的教育是消耗农村

资源、缩减农村人才的教育，是对农村长远发展没有意义的教育，而这样的教育也势必影响农民投入教育的积极性，影响农村经济社会的长远发展。所以，强烈建议我国尽快制定出台针对农村教育特殊价值的教育制度，从教育内容、教学方式、教育评价等角度对农村教育进行规范，实现农村教育的真正价值。

四　加大师资培训投入力度，提高农村教师质量

罗马尼亚的教师工资水平与全国其他行业就业人员相比很低，而农村教师由于拖欠工资、教育经费不足等因素，工资水平更低。结果导致各种现象出现：一种是很多优秀教师纷纷辞职，离开教师岗位转而从事其他职业；另一种是部分教师由于受自身年龄、技术、工作能力的限制，并未转业，但严重缺乏教育责任心，把教育事业作为消磨时间、等待退休的途径。这两种结果只会使得农村教育的质量改善成为空话，优秀教师缺乏，不称职教师得过且过。

《中华人民共和国教师法》规定教师的平均工资水平不低于甚至高于公务员的工资水平。我国教师的工资水平目前还比较高，与同类行业相比处于较高水平，但这并不意味着我国教师质量都处于高水平，尤其是我国的农村地区。尽管现在拖欠教师工资的现象不多了，但农村教师的质量仍是特别值得关注的问题。我们知道，农村教师不仅承担着传授文化知识的任务，而且肩负着农村精神文明建设引导者的历史使命，加大农村教师的投入培训力度，优化农村教师队伍意义非凡。

五　重视少数民族教育，实现多民族文化大繁荣

罗马尼亚是以罗马尼亚族为主的国家，其他主要民族有匈牙利族、罗姆族（亦称吉卜赛族）、日耳曼族和乌克兰族。罗马尼亚国家的官方语言为罗马尼亚语，主要民族语言为匈牙利语。罗马尼亚国家倡导民族信仰自由，对其他少数民给予特别的关照，尤其在教育方面，特别重视少数民族的教育。按照罗马尼亚的有关法规，少数民族的各项权利均可得到保障，即使人数不到全国总人口1%的少数民族也能够享受到本民族语言的教育，少数民族学校实行自治，并且由少数民族代表管理。1995年罗马尼亚颁布的《教育法》还特别强调，

即使少数民族学生只有 5 个，也可以独立成班。可以说罗马尼亚国家非常重视少数民族的教育工作，在法律制定和政策实施方面，都特别强调少数民族的教育。

我国是一个多民族国家，"56 个民族是一家"是对我国民族性的科学阐释。在少数民族管理上，我国实行少数民族自治，给予少数民族自治的权利和自由。但是，在教育上，我国的少数民族教育逐渐减弱，有的民族语言甚至处于消失的边缘。少数民族教育的减弱一方面与我国"大一统"的教育政策有关，少数民族学生在学习上无形中比汉族学生多很多压力，既要学习本民族语言，还要学习汉族学生必须学习的英语和汉语，这就使得很多少数民族学生甘愿放弃本民族语言的学习，进入城市汉族学校读书，与汉族学生接受完全一致的教育；另一方面，汉语是我国的官方语言，很多企业单位在招聘工作人员时，能说一口流利的普通话是最基本的要求，结果导致很多少数民族学生在就业时受到影响，进而在以后的教育中更注重对汉语的学习，对本民族语言的学习日益减弱。此外，由于我国的少数民族大都分布在偏远的边疆地区，世代以放牧为生，建立专门的牧区学校既浪费资源，也难以保证教育质量。而国家撤乡并镇措施的实施更使得牧区孩子大多数进入所在苏牧上学，其接受的教育与城市基本一致，即使冠名以少数民族教育的学校在实际教育中也缺乏民族性。针对这一情况，重视少数民族教育，加强对少数民族语言的学习显得尤为迫切。

对此，我国可以参照罗马尼亚国家对少数民族的教育措施，对于各少数民族，根据地域和实际情况成立专门的少数民族学校，有专门的少数民族教师负责本民族语言教学，在考核方式上要突出民族性，将少数民族与汉族学生的考核方式差异化，保证少数民族学生在掌握本民族语言的基础上，学习基本的汉语知识。同时，在少数民族就业问题上，可以实现自产自销，即少数民族学生毕业后经过实践锻炼和培训，继续进入少数民族机构工作，这样也减轻少数民族学生选择学习本民族语言的压力。当然，最重要的是，我国是一个多民族国家，即在发展中求同存异，尊重各民族的优良文化传统和民族风俗，使全国 56 个民族和谐相处，最终实现我国多民族的大发展和大繁荣。

总之，罗马尼亚是传统的农业大国，农业经济的发展对整个国家经济的发展至关重要，只有农村经济发展了，整个国家才能实现真正程度的发展，只有农民收入增加了、富裕了，整个国家才能实现真正意义上的富裕，所以农村经济发展不容忽视，罗马尼亚政府无论在政策制定上，还是在农业技术研发和推广上，仍然需要作很多的努力。而农业大发展离不开农业科技种植人才的培养，教育则是培养人才的关键，所以农村教育同样应受到罗马尼亚整个国家的重视，无论在教育经费投入方面，还是在农村教师培训方面，以及在教育政策制定、教育资源分配等方面都应该对农村教育有所倾斜，都应该以注重农村教育为出发点，努力提高农村基础教育和二、三级教育的入学率，加强对成人教育工作的实施，培养农业科技人才，加强其劳动者在国际市场的竞争力，以实现农村教育的健康长足发展，最终促进农村社会经济的发展，促进整个国家屹立于世界民族之林。

当然，我们也要清醒地认识到，农村社会的贫困落后、农村经济发展的滞后、农村教育发展的不足是长期历史发展遗留下来的问题，也是人们教育观念滞后长期导致的结果，尤其是观念的东西，并不能在一朝一夕实现巨大的转变，而教育也是一项长期性的工程。所以，无论是罗马尼亚国家政府，还是罗马尼亚全体国民，在促进农村教育科学发展、农村社会发展繁荣的道路上仍需要大量时间和精力。我们相信，只要罗马尼亚政府和全体国民革新教育观念，注重农村教育发展，将教育作为国家发展长久之计，相信罗马尼亚农村教育会得到更好更快的发展。我们也坚信，我国在借鉴罗马尼亚国家农村教育发展经验的基础上，结合我国本身具备的诸多人力、物力优势，我国的农村教育也必将实现跨越式发展。

第四节　乌克兰农村教育改革
对我国的启示

乌克兰社会生活领域的变化依赖于国家教育体制的系统改革。在全球化背景下，乌克兰联邦、州、市级政府要为帮助乌克兰农村教育走出困境，就要更好地理解教育体系的现代化进程并提出教育创新思想，创新性改革要顺应国家教育体制文明化的趋势。乌克兰农民正追求更高的生活水准，而公民平等接受高质量的教育是达到这种生活标准的重要途径。乌克兰教育改革不仅是为了改变国家社会、政治、经济现状，更是从本质上对教育战略的紧迫性作出反应，其着眼于发展全局，着眼于普遍的正确的价值观，还要与整个教育进程的民主化一致，与整体教育思想一致。乌克兰的教育改革卓有成效，我国也处于教育改革的关键时期，应积极汲取乌克兰国家农村教育改革的精华为我所用。

一　重新审定农村教育改革目标

农村教育要为农村社会经济发展服务，所以改革领导小组需要进一步思考怎样依靠农村促进农村发展。农村发展的根本目标是农村人口生存状况与生存环境的不断改善。我国现在仍属于发展中国家，我国 21 世纪发展的主要目标是农村贫困人口及弱势群体的处境改善，这集中反映在我国历年来的中央 1 号文件里。国际社会一般将农村发展界定为农村教育、医疗卫生、经济及农村社会等多方面的发展，我国也以建设优质、高产、高效、生态、安全的产业化农业，提升农民素质，建立健全农村社会保障体系为目标建设社会主义新农村。农村发展具有综合性、多元化、规范化、现代化的特征，但仍是以人为本位，是使农村人能追求并体验生命价值与生活幸福的发展。基于这样的发展理念，教育为农村发展服务具有更明确的目标指向。

二　教育政策向优先发展的农村教育倾斜

城乡教育非均衡发展是各国政府尤其是发展中国家政府意识到的应予以解决的重大教育问题，政府制定的教育政策应以优先发展农村教育、缩小城乡差距为指导方向。国家教育政策应加大对农村尤其是偏远地区教育的财政投入，在教师薪酬待遇提高、教学条件改善、教学基础设施完善上给予一定的财政支持，吸引优秀大学生下乡进村，提升农村教学质量，致力于缩小城乡教育资源方面的差距。缩小教育资源差距的最关键因素就是筹集资金以及合理分配和使用资金。目前我国一些农村贫困人口比重大的地区陷入教育经费严重短缺的困境，因此呼吁国家、社会继续为改变这些地区农村贫困人口的教育状况给予支持和帮助。

三　加强国际合作，促进农村教育国际交流

乌克兰政府将乌克兰教育推向国际化，使其具有合作性和开放性，在欧洲一体化进程下的乌克兰认为教育是国际合作的重要方面之一，同欧洲委员会合作的根本目的就是培养新一代青年人，使他们能够分享并尊重其他国家的文化、宗教、世界观，掌握欧洲国家的语言，以备在欧洲一体化背景下的国际事务中能够应对自如。我国农村教育尚且与城市差距如此悬殊，在国际教育影响力方面更是微乎其微。但我国农村教育领域也有出类拔萃的教育典范，如洋思中学、杜郎口中学，所以，我国农村教育存在巨大的挖掘潜力。在进行教育改革时，与地理位置、建校历程及经济发展方式较类似的国际学校进行政策借鉴、办学经验交流，发展交换生学习项目等，我国农村教育会以开阔的视野在具挑战性的发展平台上提升自己。

四　构建学习型的农村社会网络

学习型农村社区是指农村社区的主要活动与农村居民的种种生活都更紧密地与学习相结合。对于我国贫困农村地区而言，需要特别积极拓展"两扫一基"和实行素质教育计划。学习型农村社区意味着需要拓展适应不同农村人群的各级各类教育，进而建立农村终身教育体系。创建学习型农村社区需要加强农村教育中心基础设施建设，例如建立图书馆、电子阅览室和社区多媒体中心；同时也需要加强活动中心基础设施建设，如娱乐广场、体育馆等，积极促进农村社区发展的教育项目及技能发展项目，为学习型农村社区创建良好环境。创建学习型农村社区对促进农村教育多样化发展大有裨益，同时为农民个人发展、农村发展作出贡献。

五　大力发展农村职业技术教育

乌克兰建立了较为完善的农村职业教育体系，为农村社会的良性发展提供了人力资本。同乌克兰相比，我国农民在国内总人口所占比例较大，城乡一体化发展和社会主义新农村的建设促使我国对农民职业技能的要求越来越高。因此，农村职业教育成为农村发展的战略选择。我国

应在总结我国农村职业教育经验教训的基础上充分汲取乌克兰农村职业教育体系的营养来更好地为我国农村社会综合发展服务。首先，农村职业教育要适应农民培训需求及农村建设需要。农村职业教育自身的规模应适应农村发展现状；农村职业教育各层次的比例要与农村发展水平相适应；专业结构要适应农村发展的市场需要，内容设置既要有通识性的知识，也要包括职业技能所必需的专业知识。其次，农村职业教育应强调培养农用人才，以学生就业为导向。学校应重点为当地建设培养适用的初、中级人才和熟练劳动者，实现毕业生和用工企业的双向选择。最后，在加强学生专业技能的同时，加强学生的职业素养的培养。要求学生遵守职业道德，端正职业行为，培养职业意识和职业情感，成为一名合格的劳动者。

参考文献

著作类：

1. ［波兰］卢克瓦斯基、扎瓦德斯：《波兰史》，常程译，东方出版中心 2011 年版。

2. 高德平：《列国志：波兰》，社会科学文献出版社 2005 年版。

3. 王一涛：《农村教育与农民的社会流动——基于英县的个案分析》，社会科学文献出版社 2008 年版。

4. 殷红霞：《我国农村家庭教育投资行为研究》，中国社会科学出版社 2010 年版。

5. 孙立群、孙福田：《农村教育与经济社会协调发展关系的研究》，中国农业出版社 2007 年版。

6. 张锦华、吴方卫：《中国农村教育平等问题研究》，上海财经大学出版社 2008 年版。

7. 廖其发：《中国农村教育问题研究》，四川教育出版社 2006 年版。

8. 温涛、宋乃庆、王煜宇：《中国西部农村教育与经济协调发展问题研究》，西南师范大学出版社 2009 年版。

9. 马国贤、赵洪斌：《我国农村义务教育财政政策：现状与思考》，江苏大学出版社 2011 年版。

10. 徐勇：《中国农村与农民问题前沿研究》，经济科学出版社 2009 年版。

11. 郑一淳：《农民科技教育学导论》，中国农业出版社 2009 年版。

12. 范先佐：《教育经济学》，人民教育出版社 2005 年版。

13. 范先佐：《教育投资体制改革的理论与实践问题研究》，华中师范大学出版社 2003 年版。

14. 李宝元：《人力资本与经济发展》，北京师范大学出版社 2000 年版。

15. 赖德胜：《教育与收入分配》，北京师范大学出版社 2000 年版。

16. 联合国教科文组织总部中文科：《教育——财富蕴藏其中》，教育科学出版社 1996 年版。

17. 梁漱溟：《教育的出路与社会的出路》，江苏教育出版社 1987 年版。

18. 潘德礼：《列国志：俄罗斯》，社会科学文献出版社 2010 年版。

19. 左玉辉、邓艳、柏益尧：《人口—环境调控》，科学出版社 2008 年版。

20. 朱小蔓、H. E. 鲍列夫斯卡娅等：《20—21 世纪之交中俄教育改革比较》，教育科学出版社 2006 年版。

21. 北京教育学院校长研修学院教育管理系：《现代教育理论专题》，北京出版社 2009 年版。

22. 程方平：《国外教师问题研究》，沈阳出版社 2000 年版。

23. 范先佐：《中国中西部地区农村中小学合理布局结构调整研究》，中国社会科学出版社 2009 年版。

24. 李水山、赵方印：《中外农民教育研究》，广西教育出版社 2006 年版。

25. 赖新元：《俄罗斯中小学教育特色与借鉴》，中国戏剧出版社 2009 年版。

26. 毛亚庆、徐辉：《俄罗斯基础教育概览》，中国城市出版社 1997 年版。

27. 孙启林、孔锴：《世界主要发达国家义务教育均衡发展比较研究》，东北师范大学出版社 2009 年版。

28. 汪霞：《国外中小学课程演进》，山东教育出版社 2000 年版。

29. 王运武、陈琳：《中外教育信息化比较研究》，电子工业出版社 2008 年版。

30. 瞿葆奎：《苏联教育改革》（下册），人民教育出版社 1988 年版。

31. 王义高：《当代世界教育思潮与各国教改趋势》，北京师范大学出版社 2000 年版。

32. 顾明远、梁忠义：《世界教育大系——苏俄教育》，吉林教育出版社

2000 年版。

33. ［加］迈克·富兰：《变革的力量——透视教育改革》，中央教育科学研究所、加拿大多伦多国际学院译，教育科学出版社 2000 年版。

34. ［俄］Л. И. 阿巴尔金主编：《俄罗斯发展前景预测——2015 年最佳方案》，周绍珩译，社会科学文献出版社 2001 年版。

35. 李秀环：《列国志：罗马尼亚》，社会科学文献出版社 2006 年版。

36. 罗马尼亚国家统计局：《罗马尼亚 1990 年统计年鉴》，国家文献出版社 1991 年版。

37. 罗马尼亚国家统计局：《罗马尼亚 2001 年统计年鉴》，国家文献出版社 2002 年版。

38. 廖其发：《中国农村教育问题研究》，四川教育出版社 2006 年版。

39. 刘圣梅主编：《罗马尼亚小百科词典》，布加勒斯特，科学和百科出版社 1986 年版。

40. 中华人民共和国教育部国际合作与交流司组编：《世界 62 个国家教育概况》，首都师范大学出版社 2001 年版。

41. ［罗马尼亚］蒂斯莫内亚努、扎哈里亚：《罗马尼亚社会和经济发展现状及前景》，子午线出版社 1977 年版。

42. 刘富华：《罗马尼亚旅游手册》，布加勒斯特，科学和百科出版社 1986 年版。

43. 马贵友：《列国志：乌克兰》，社会科学文献出版社 2003 年版。

44. ［苏］苏霍姆林斯基：《育人三部曲》，毕涉芝等译，人民教育出版社 1998 年版。

45. ［苏］库兹涅佐夫：《乌克兰农业土地所有制改革》，基辅文献出版社 1996 年版。

46. 黄济：《教育哲学通论》，山西教育出版社 2001 年版。

47. 吴雪萍：《国际职业技术教育研究》，浙江大学出版社 2004 年版。

48. 成有信：《比较教育教程》，北京师范大学出版社 2001 年版。

49. ［苏］苏霍姆林斯基：《帕夫雷什中学》，赵玮等译，教育科学出版社 1983 年版。

50. ［苏］苏霍姆林斯基：《给教师的一百条建议》，教育科学出版社 1984 年版。

51. ［苏］苏霍姆林斯基：《把整个心灵献给孩子》，杜殿坤译，人民教育出版社 1998 年版。

52. 杨东、赵家骥：《农村教育的困境与出路》，四川教育出版社 1994 年版。

53. 李守福：《农村职业教育》，北京师范大学出版社 1996 年版。

54. 李姬花、柳德米拉：《乌克兰研究》，中国社会科学出版社 2011 年版。

55. 余永德：《农村教育论》，人民教育出版社 2000 年版。

56. ［美］小弗恩·布里姆莱、鲁龙·R. 贾弗尔德：《教育财政学——因应变革时代》（第九版），人民大学出版社 2007 年版。

57. D. Middlewood and N. Burton（eds.），*Mananing the Curriculum*，Paul Chapman Publishing，2001.

58. СергеваяВ. П：《Управленеи бразовательнымиситемами》，2001.

59. РыбаковаМ. М：《Конфликт ивзаимодействиепедагогичекомп-porpecce》，1991.

期刊论文类：

1. 蔡思隆：《波兰的农业支持政策》，《中国财政》2007 年第 7 期。

2. 史朝：《保加利亚、民主德国、波兰的教育概况》，《外国教育研究》1983 年第 5 期。

3. 张天佑、吴国栋、王立生：《波兰教育体制考察报告》，《外国教育资料》1986 年第 6 期。

4. 黄朝禧：《波兰高等农业教育现状及改革动态》，《高等农业教育》2001 年第 8 期。

5. 倪伟波：《波兰的农业科技创新体系及其对我国的启示》，《西安电子科技大学学报》2008 年第 7 期。

6. 边纪：《波兰的农业科研工作》，《新农村》2005 年第 9 期。

7. 王波、杨光：《波兰农业科研创新体系》，《全球科技经济瞭望》2006 年第 3 期。

8. 熊海帆：《波兰的养老金改革及其对中国的启示》，《西南民族大学学报》2006 年第 2 期。

9. 翁森红、徐柱、阎志坚、于林清：《波兰的自然概况及农业现状》，《内蒙古科技与经济》2002 年第 1 期。

10. 黄朝禧：《波兰高等教育模式对我国教育改革的启示》，《湖北社会科学》2002 年第 10 期。

11. 喻红丹：《市场经济条件下我国农村教育面临的困境与对策》，《贵州社会科学》2004 年第 5 期。

12. 《中共中央国务院关于促进农民增收若干政策的意见》，《人民日报》2002 年 4 月 9 日。

13. 吴家庆、杨远来：《我国现阶段农村教育政策的创新及启示》，《湖南师范大学社会科学学报》2007 年 10 月 4 日。

14. 王明浩：《缩小城乡教育差距推进义务教育均衡发展》，《人民日报》2006 年 9 月 14 日。

15. 史宁中、柳海民：《中国农村基础教育：问题、趋势与政策、建议》，《教育研究》2005 年第 6 期。

16. 韩民：《关于义务教育财政体制的改革》，《国家高级教育行政学院学报》2001 年第 1 期。

17. 刘然、程路：《当前农村义务教育面临的新问题》，《人民教育》2001 年第 5 期。

18. 上官绪红：《农村教育与农村经济发展》，《农村经济》2003 年第 9 期。

19. 朱行：《俄罗斯农业政策最新变化及分析》，《世界农业》2007 年第 12 期。

20. 张泉欣：《"休克疗法"与俄罗斯农业市场化改革》，《农村经济与社会》1994 年第 5 期。

21. ［英］特欧德·沙宁：《改革下的苏联农业》，《农业发展》1998 年第 9 期。

22. ［俄］B. B. 博里索夫娜：《俄罗斯农业改革的经济后果》，《西伯利亚研究》2000 年第 4 期。

23. 林跃勤：《俄罗斯农业改革及其借鉴经验》，《俄罗斯中亚东欧市场》2006 年第 3 期。

24. 林曦：《俄罗斯农业改革措施与现行管理机制》，《中国科技论坛》

2009 年第 12 期。

25. 肖甦、姜晓燕：《俄罗斯农村学校结构改革评述》，《比较教育研究》2003 年第 12 期。

26. 常喆：《俄罗斯农村现在什么样》，《国外乡村》2008 年第 10 期。

27. 叶玉华：《俄罗斯农村中等教育的现状和改革》，《比较教育研究》1998 年第 3 期。

28. 乔木森：《俄罗斯农村的迫切社会经济问题及其解决途径》，《俄罗斯中亚东欧市场》2003 年第 6 期。

29. 姜君：《二十一世纪俄罗斯的教育改革》，《教书育人》2006 年第 S2 期。

30. 王旭阳：《俄罗斯的教育改革重点》，《比较教育研究》2010 年第 4 期。

31. 刘振天：《实践一体化教育模式：俄罗斯的社会教育工作》，《外国教育研究》1994 年第 4 期。

32. 冯永刚：《父亲责任缺失的俄罗斯家庭教育》，《中国德育》2007 年第 1 期。

33. 于海波：《俄罗斯提高农村教师职业素质的策略与启示》，《外国教育研究》2008 年第 3 期。

34. H. X. Rojuerf, "Teachers' education of Russia", *Research and Appraise of university*, 2007（1）.

35. 刘振天：《俄罗斯普通学校财政危机及改革前景》，《比较教育研究》1994 年第 6 期。

36. 于海波：《俄罗斯提高农村教师职业素质的策略与启示》，《外国教育研究》2008 年第 3 期。

37. 解月光、于淼：《俄罗斯促进农村教育信息化发展的策略》，《外国教育研究》2008 年第 3 期。

38. 刘杉杉：《俄罗斯政府近期发布的宏观教育改革方案》，《世界教育信息》2008 年第 10 期。

39. 王旭阳译：《俄罗斯国家教育创新方案——〈我们的新学校〉》，《比较教育研究》2010 年第 4 期。

40. 司洪文、张保明、袁学志：《罗马尼亚与波兰的农业及农业科研》，

《世界农业》2005 年第 6 期。

41. 周健：《罗马尼亚农村建设情况点摘》，罗马尼亚新闻网，1993 年 7 月 19 日。

42. 刘宝存、肖甦：《罗马尼亚教育的转型改革与发展趋势》，《当代教育科学》2004 年第 5 期。

43. 郑新蓉、涂元玲、黄力：《通过"导师制"促进农村教师的专业发展——罗马尼亚的经验与启示》，《教育新视野》2008 年第 12 期。

44. 黄力：《罗马尼亚：为农村教师配导师》，《教育旬刊》2009 年第 5 期。

45. 张弘：《社会转型中的国家认同——乌克兰案例研究》，《俄罗斯东亚中欧究》2010 年第 6 期。

46. 张天雪、娜佳：《乌克兰现代化进程中的中小学教师继续教育》，《比较教育研究》2011 年第 4 期。

47. ［乌］安德烈、冯希克：《1991—1995 年乌克兰青年状况与研究》，朱可亮译，《国际青年研究信息》1996 年第 13 期。

48. ［乌克兰］鲁尼亚切克·瓦季姆：《全球文明趋势化背景下的乌克兰教育发展战略》，王丽萍译，《求知》2012 年第 12 期。

49. 米军、黄轩雯：《当前乌克兰经济形势及影响因素分析——兼论中乌经贸合作》，《俄罗斯中亚东欧研究》2011 年第 4 期。

50. ［乌克兰］帕维尔·波利扬斯基：《乌克兰教育领域的国际合作》，乌克兰研究中心译，基辅科学出版社 1997 年版，第 32 页。

51. 高文：《乌克兰教育改革与苏霍姆林斯基教育思想的现实意义》，《外国教育资料》1997 年第 1 期。

52. 侯昌丽：《试析乌克兰语言政策的去俄罗斯化》，《西伯利亚研究》2012 年第 3 期。

53. 王茹：《乌克兰职业培训模块体系的分析与启示》，《天津工程师范学院学报》2007 年第 2 期。

54. 马彦、周明星：《日本、乌克兰"双师型"教师培养模式及借鉴》，《职业技术教育》2004 年第 34 期。

55. 张先强：《洋思、杜郎口带给我们的启示》，《中国教师报》2007 年 6 月 13 日。

56. 谈松华:《科学发展观与学校现代化建设》,《中国教育报》2007 年 1 月 30 日。

57. Warsw, "Prepared by the Polish Eurydice Unit in Consultation with the Experts from the Ministry of National Education, the Ministry of Science and Higher Education and Refernet", *The System of Poland*, 2008 (6).

58. Anthony Levitas, Stanistawa Golinowska, Jan Herczyński, "Improving rural education in Poland", *The center for social and economy research*, 2001 (3).

59. G. G. Sillaste, "the Social Values of Rural Schoolteachers under the Conditions of Market Economy", *Russian Education and Society*, 2005 (10).

60. Z. G. Kaleeva, "Concerns of the Rural School", *Russian Education and Society*, 2003 (6).

61. Ilghiz M. Sinnagatulill, "Expectant Times: rural education in Russia", *Education review*, 2001 (1).

62. M. P. Gurianova, "A Typology of the Rural Schools of Russia", *Russia Education and Society*, 2006 (4).

63. The World Bank, *Romania education policy note*, 2007.

64. Bucharest, "The Romanian Educational System Romanian", *Ministry of Education and Research*, 2000 (6).

65. "Production, market and consumption of the Agri-food in Romania", International Review on Public and Non-Profit Marketing, 2004 (9).

66. Hung-Lin Tao, Ming-Chin Yuan, "Optimal scale of a public elementary school with commuting costs", *Economics of Education Review*, 2005 (24).

67. ИнститутЭкономииРАН::《Опытрыночныхпреобразованийисовершенствованиесистемыгосударственногорегулирования》,《Москва》2001。

68. ГоскомстатРоссии:《 Малоепредп ринима-тельствовРоссии 》,《Москва》2001。

69. Серезинка В: Сучасна освіта в контексті реформування. К 2006.

70. Положення про республіканський Автономної Республіки Крим, обласні та Київ вський і Севасто польський міські інститути післядипломної педагогічної освіти. К. : Офіційнийвісник України, 2001, 32.

71. Типове положення про атестацію педагогічних працівників України. К. : Офіційний вісник України, 1998, 50.

72. Державна програм "аВчитель" . К. : Офіційний вісник, 2002, 13.

后 记

　　一个有着如此绵长历史的俄罗斯，一个如此尊重历史的俄罗斯，一个如此延续着历史的俄罗斯，一个如此把历史融入现实的俄罗斯，在必须跟上今天全球化步伐的今天，在世界各国农村教育改革如火如荼的今天，它的教育特别是农村教育里是否还留着乌申斯基、马卡连柯和苏霍姆林斯基的痕迹呢？作为曾深受东欧几国人文教育影响的中国，特别是受苏联教育影响的中国，今天应该用怎样的眼睛和心灵去面对它呢？我在乌克兰求学十几年，与东欧各国学术界有深厚的合作研究感情，关注它们农村教育的改革，深感责任神圣和重大。

　　本研究是在国家社会科学基金"十一五"规划2009年度教育学一般课题"东欧转型国家的农村教育发展的研究"（课题批准号BHA090091）成果的基础上修订而成。本书即将付梓之际，我的内心除了高兴以外，更多的是深深的感激之情。本书写作过程中参考了诸多专家、同行们的研究成果，这些研究拓展了我的思维，充实了我的写作，为此我要表示诚挚的谢意。我要衷心感谢我的导师朱小蔓教授，她不仅对此项课题研究提供了研究方向，还在平时和本书的写作中给了我很多的鼓励和支持，并欣然为本书写序，使本书增色许多。朱老师的治学经历和学术智慧常常启迪和激励着我在艰难的学术之路上前进。我要特别感谢我的家人，一直默默支持和鼓励着我，给我充裕的时间去写作。我要感谢内蒙古师范大学教育科学学院院长、博士生导师七十三教授的帮助和鼓励。感谢中国社会科学出版社给予我展示自己研究成果的机会，感谢责任编辑孔继萍女士付出了大量辛苦的劳动，正是她极其细致、认真、专业的工作才使得本书得以完善地呈现出来！感谢东欧各国国家教育科学院的老师们，中国社科院乌克兰研究中心何卫教授，提供了各种宝贵的材料，充实了我的论证。感谢我的研究生吕培燕等同学不厌其烦地帮我借书、查阅资料。我要感谢所有支持和帮助过我的朋友们！

　　本书可谓是我五年多思考的结晶，写作过程中的艰辛和酸甜苦辣真是一言难尽，自悟、自感、自立就是自我成长的一个过程。书稿虽已写完，高兴之余，更多的是不安，我深知由于水平有限，书中尚有许多不足。真诚地欢迎各位专家、同行和广大读者提出宝贵的意见，以便加深我对问题的理解和进一步的修改、完善。同时，我也积极地积蓄力量，准备把自己的所学奉献于人，争取使自己的人生对社会产生些微的价值，尽自己的微薄之力回报学校，回报政府和回报社会。

乌云特娜
2014 年 1 月 18 日于呼和浩特